四川省教育厅人文社会科学重点研究基地四川省教师教育研究中心项目
（TER2019-022）
四川省高校人文社科研究基地四川省中小学教师专业发展研究中心项目
（PDTR2017-06）
西华师范大学英才科研基金项目
西华师范大学精品课程项目

实践取向的
高中数学教学研究

汤强 ◎ 著

西南交通大学出版社
·成 都·

图书在版编目（ＣＩＰ）数据

实践取向的高中数学教学研究／汤强著. —成都：
西南交通大学出版社，2021.5
ISBN 978-7-5643-8019-9

Ⅰ．①实… Ⅱ．①汤… Ⅲ．①中学数学课 – 教学研究
– 高中 Ⅳ．①G633.602

中国版本图书馆 CIP 数据核字（2021）第 075633 号

Shijian Quxiang de Gaozhong Shuxue Jiaoxue Yanjiu

实践取向的高中数学教学研究 汤 强 著

责任编辑 张宝华
封面设计 何东琳设计工作室

印张 19.5 字数 309千

成品尺寸 170 mm×230 mm

版次 2021 年 5 月第 1 版

印次 2021 年 5 月第 1 次

印刷 四川森林印务有限责任公司

书号 ISBN 978-7-5643-8019-9

出版发行 西南交通大学出版社

网址 http://www.xnjdcbs.com

地址 四川省成都市二环路北一段111号
西南交通大学创新大厦21楼

邮政编码 610031

发行部电话 028-87600564 028-87600533

定价 78.00元

前 言
PREFACE

随着《普通高中数学课程标准（2017 年版）》的颁布，高中数学课程改革进入了"素养时代"，高中数学课程改革的"知识—能力—素养"走向已经逐渐清晰. 回顾 21 世纪初，高中数学课程改革针对的"过于注重知识传授倾向""课程结构过于强调学科本位、科目过多和缺乏整合的现状""课程内容'难、繁、偏、旧'和过于注重书本知识的现状""课程实施过于强调接受学习、死记硬背、机械训练的现状"以及"课程评价过分强调甄别与选拔的功能"等诸多问题已经得到了初步解决. 但是，在改革过程中，一些诸如"新瓶装旧酒""新鞋走老路""一切为了应试"等新问题也逐渐显现，这些问题极大地制约着高中数学课程改革的进程. 因此，不论是为了更高效地落实从知识到能力、从能力到素养的目标，还是更全面地转变"应试风向"，深入研究作为高中数学课程改革主阵地的高中数学教学就显得尤为必要了.

事实上，对高中数学教学进行研究的步伐一刻也没有停歇，大家也认识到，缺乏理论的教学研究，会导致实践无"根"；而离开实践的教学研究，会导致理论无"源". 也就是说，大多数相关研究不是"限"于实践本身，就实践论实践，就是"陷"于理论本源，为理论谈理论；即使涉及理论与实践结合的研究，也处于偏向哪一方的两难境地. 而本书以实践取向"串起"高中数学教学研究的"根"与"源"，力图将实践与理论在高中数学教学研究层面有机地整合起来. 我们认为，高中数学教学研究的"实践取向"源于三个方面：

（1）源于对教材的理解.

教材作为教学活动开展的主要"文本"，对它的理解对于研究高中数学教学有着举足轻重的作用．然而，如今的高中数学教材"变更"频繁，自从2003年高中数学课程改革以来，随着《普通高中数学课程标准》的颁布和修订，教材整体改编就经历了两次，还不要说，使用过程中教材本身的多次调整．如今的高中数学教材版本很多，课程改革也改变了以往"一纲一本"的现状，"一标多本"预示着多个版本的高中数学教材同时存在．这对于高中数学一线教师而言，多变更、多版本的高中数学教材，一方面为教学的广度延展增添了更多的、可供加工的"素材"，另一方面为教学的深度拓展提供了更多的、可供选择的途径．因此，对教材的理解已经成为高中数学教学研究的实践取向来源之一．

（2）源于教师认知．

尽管我们都认同"理念决定行为"，但是，对于一线教师而言，理念往往"高高在上"、难接地气，与行为常常不能"直接相连"．一线教师更多的是"我认为是这样，我就这样做"，因而，对于高中数学一线教师而言，对教学相关事物的认识才是决定其教学行为的直接"因素"．因此，他们对课标、教材、学生和学校等方面"有何认识"应该是高中数学教学研究的又一实践取向来源．

（3）源于教学现状．

教学是高中数学一线教师的常规工作，他们在教学过程中所呈现出来的情绪、言语和行为无一不反映着对数学知识、数学方法以及数学课堂、数学教育教学等的理解和认识．通过对他们在教学过程中的言语和行为的观察可以获得最原始的研究素材，对所获得的教学过程素材的分析是最接近课堂实际的研究．因此，对高中数学一线教师教学现状的调查研究是我们研究的另一个实践取向来源．

全书共7章，从教材、教师和学生等实践层面针对课程改革过程中的高中数学核心内容教学进行了较为系统的研究．

第1章"作为数学模型的高中函数内容教学研究"主要从

教材、课堂等方面研究在"数学模型思想"进入高中数学课程之后已经将函数视为数学模型的情况下，高中数学教师在教学中如何将指数函数、对数函数、三角函数处理为数学模型的构建、分析及应用过程.

第 2 章"高中数学'三角函数'教学研究"主要研究高中数学教师面对高中三角函数的教学内容，以及要求出现诸如"三角函数的'终边-始边'定义与'单位圆'定义之间的转变""三角函数教学的中心任务由服务于'三角恒等变换'转变为'作为刻画现实世界中周期运动的数学模型'"等变化时，他们在实际教学中做得如何？有哪些问题？

第 3 章"高中数学导数教学研究"主要从课堂、学生等方面研究高中数学教师的教学如何适应课程改革过程中导数内容在编排结构及内容安排上都发生变化的情况.

第 4 章"高中数学解析几何教学研究"、第 5 章"高中数学立体几何教学研究"、第 6 章"高中概率内容教学研究"这三部分内容主要采用问卷、访谈等调查法以及课堂观察法、个案分析法研究高中数学教师在应对课程改革对高中数学立体几何、解析几何、统计与概率等领域的核心内容的教学现状与对策.

第 7 章"基于教材解读的高中 HPM 教学研究"主要研究针对教材中的数学史素材，高中数学教师如何将它们融入课堂，其融入的有效途径和策略是什么等问题.

本书第 1 章由汤强、李家鑫、任小平撰写；第 2 章由汤强、张安涛撰写；第 3 章由江玩红、汤强撰写；第 4 章由汤强、王友春、任小平撰写；第 5 章由汤强、唐梦莹撰写；第 6 章由罗晓强、汤强撰写；第 7 章由汤强、赵瑜、任小平撰写. 本书的作者大都具有研究生学习经历和一线教学经验，他们带着实践取向的目标去观察课堂、访谈教师、测试学生，所关注的研究问题直指高中数学教学实践的"痛处"，所获得的研究结论回应了高中数学教学实践的需要，这对于高中数学教学有着直接的指导意义.

本书的出版得到了西华师范大学英才科研基金项目、西华师范大学精品课程项目、四川省教育厅人文社会科学重点研究基地四川省教师教育研究中心项目（TER2019-022）、四川省高校人文社科研究基地四川省中小学教师专业发展研究中心项目（PDTR2017-06）的资助，在此表示感谢！

本书适用于高等院校数学师范专业的本科生和研究生、高中数学教师、教研员以及数学教育教学研究者. 由于本书对不同的研究内容采用了不同的研究视野、运用了不同的研究方法，撰写时难免出现疏漏，不足之处敬请读者给予批评和指正！

汤 强

2020 年 12 月 20 日

于西华师范大学

目录
CONTENTS

第1章

作为数学模型的高中函数内容教学研究

　　函数是高中数学课程内容的一条主线，函数的思想和方法自始至终贯穿于整个高中数学教学．与函数内容有关的教学研究屡见不鲜，有从函数的发展史来研究函数概念教学的，有从函数的三要素来研究函数教学的，也有从函数的三种常见表达式来研究函数教学的，还有从函数的思想和方法来研究数学解题的．由于已将"数学模型思想"引入高中数学课程，课程开发者也将函数视为了数学模型，并建议将指数函数、对数函数、三角函数的教学过程视为数学模型的构建、分析及应用过程．为此，本章内容将基于教材、教师和课堂等对作为数学模型的函数教学进行深入研究．

1.1　函数的认识历程

　　函数是高中数学中的一个核心概念．人类对函数的认识经历了一个漫长曲折的过程，由具体到抽象、由模糊到准确，逐步形成一个更加抽象和精确的认识系统．

　　函数的一般概念虽在 17 世纪形成，但函数的思想，早在原始社会，伴随着人类的生产也就产生了．例如，中国的结绳计数，就是"一一对应"函数思想的体现．在经历了漫长的岁月之后，人们对函数的认识有了更加具体的体现．在 14 世纪，法国奥雷斯姆（N.Oresme）运用曲线来表示速率与时间之间的关系，到了 17 世纪，函数更多的则以曲线形态呈现出来，这就是函数的早期认识形态．

　　直到 1673 年，德国数学家、哲学家莱布尼兹（G.W.Leibniz）在他的手稿里最先用"function"一词来表示任何一个随着曲线上的点的变动而变动的量．1692 年，他第一次明确给出了函数定义："像曲线上的点的横坐标和纵坐标、切线的长度、垂线的长度等，这些所有与曲线上的点有关的量，即称为函数."　这时的函数已经蕴含了一种依赖关系.

到 1718 年,瑞士数学家约翰·伯努利(Johann Bernoulli)打破几何思想的束缚,把函数定义为:"变量的函数是由这个量和常量组成的解析表达式",即函数就是解析式.这是对函数认识的第一次升华.

瑞士数学家欧拉(Leonard Euler)于 1734 年,首次使用"$f(\ )$"来表示函数.为使函数概念适应积分的需要,在经历了一番探究和研究后,他对函数有了新的认识.于 1755 年他这样写道:"如果某些量以某种方式依赖于另一些量,而当后者改变时它也发生某种变化,则称前者为后者的函数."这是从"变化说"或"依赖说"来认识函数的,是对函数认识的第二次升华.

法国数学家柯西(Cauchy)对函数的认识是:"对于 x 的每一个值,如果 y 都有唯一确定的值与之对应,则 y 叫作 x 的函数".此定义中,把用分段解析式表示的关系式纳入函数定义中,基本上摆脱了"解析表达式"的要求,它侧重于关于变量间关系的认识.也就是说,到 18 世纪末,人们把函数拓展到了"分段函数".这是对函数概念进行的第三次扩充.

1807 年,法国数学家、物理学家傅里叶(Fourier)发现一个函数可以表示成一个无穷三角级数.1812 年,高斯(Gauss)把超几何级数作为函数,其表达式是无穷级数.这就是我们在高等数学中认识的函数:"函数在某点可展开成一个无穷多项式."

直到 1837 年,德国数学家狄利克雷(Dirichet)给出新的函数定义:"如果对于给定区间上 x 的所有值都对应着完全确定的 y 值,则称 y 是 x 的函数.至于用怎样的方法建立所指出的对应关系并不重要."这就是人们常说的经典函数定义,他还给出一个著名函数例子:$D(x) = \begin{cases} 1, & x \text{ 是有理数} \\ 0, & x \text{ 是无理数} \end{cases}$.这是对函数认识的第四次升华.

19 世纪 70 年代,美国维布伦(Veblen,1880—1960)用德国康托尔(Cantor)的"集合论"给出了近代函数的定义.此定义打破了"变量是数"的限制,强调对应关系的存在性,也就是高等数学中所指的"泛函",它使函数的概念更为抽象,更加完备.这实现了对函数概念的第五次扩充.

20 世纪中叶,"函数就是一种关系"是对函数更广泛的认识,这是对函数认识的第六次升华.

综上所述，历经三百多年，对函数的认识，大体经历了："图像"→"解析式"→"依赖说"→"对应说"→"关系说"，同时也适应了数学学科自身的发展要求和社会科技发展需求，展现和凝聚了无数数学家们的科研成果和智慧．

1.2 已有研究简介

与国外的数学课程相比，我国数学课程中引入函数概念相对较晚．像日本、美国、俄罗斯等国家在小学四五年级就开始学习函数，且多是从实际生活问题中引出函数概念，注重函数的知识背景和应用价值；而我国是在八年级（初二下）才开始真正学习函数概念，而且是从形式定义角度来学习函数概念，注重知识的系统化和完整性．

纵观我国数学课程对函数的安排和学习，大体遵循"变量说"→"对应说"→"关系说"的顺序，体现了函数的发展历程和教材编排的螺旋式结构．在初中，首次学习函数，是从运动变化观点来解释函数概念的；到了高中阶段，就用集合对应的方式来定义函数，这是对函数概念的更严谨、更全面的定义；而到了高等教育阶段，我们常把函数看成一种"关系"，对函数概念有了更加抽象、更加完备的概述．

近几年，随着课程改革步伐的加快，对中学数学中函数的研究也愈来愈广泛和深入．

首都师范大学朱文芳博士在《初中生函数概念的发展研究》一文中指出，"初中生有将近一半的人不能用运动和变化的观点看待问题，而初二是学生对函数概念认识的一个转折点，初二以后，学生无论是对文字信息还是图形信息进行加工的能力都有明显增强，但将文字信息和图形信息进行转换的能力还很低．"可见，初中阶段，我们主要是从运动变化的观点来学习和研究函数的，这正是莱布尼兹（G.W.Leibniz）和欧拉（Leonard Euler）时期对函数的认识："依赖说或变化说"．

曾国光老师在《中学生函数概念认知发展研究》一文中指出："根据对初三、高一、高三学生的访谈调查，中学生对函数概念的认知发展有以下三个阶段：作为"算式"的函数，作为"变化过程"的函数，作为"对应关系"的函数．这三个阶段符合由低级到高级、由具体到抽象的认知规律."由此可见，我国中学数学课程对函数的学习是按照函数的发展历程来设置安排的，对函数的认识也符合学生的一般认知规律.

东北师范大学郑颖萍在其硕士学位论文《高中数学函数内容教学研究》中从教材编排、课程要求以及教师的教学情况方面分析了函数教学现状中存在的不足之处，并对学生学习函数内容的实际情况进行了调查.另外，还特意从教材分析、目标把握、重难点解析、教法指导、教学案例及案例分析六个维度提出了函数内容的教学策略.显然，她主要是从课标、教材以及教师三个角度来分析和研究高中函数的教学情况并提出教学建议的.

北京师范大学戈冉冉在她的硕士学位论文《新课程理念与高中函数教学研究》中，针对高中函数教学出现的异化现象，提出了情景创设应注重实效、使用信息技术应恰到好处、教学中要把握好"过程与结论、接受与探究、传统与现代"三个平衡等建议.另外，还分别从概念、应用和学生的水平角度对函数概念和基本初等函数（Ⅰ）以及三角函数等内容提供了教学资源的开发素材.可见，此文主要是基于《普通高中数学课程标准》对函数提出的新要求："注重函数的知识背景和实际应用、突出函数的思想和方法、将现代信息技术与课堂教学有机地整合起来"，而进行的教学研究.

上海师范大学朱慧敏在其硕士论文《基于 APOS 理论的三角函数教学设计研究》中着重指出："在 APOS 理论指导下寻求三角函数的教学模式、教学设计、学生学习障碍以及相应的解决策略，从而探究新的教学理论和教学方式，寻找更加适应学生发展的教与学的契合点."

而华东师范大学张中发用 APOS 理论对数列教学进行了实证研究，得出："将 APOS 理论应用于教学能显著提高教学成绩；应用 APOS 理论指导教学能提高学生解决问题的能力；应用 APOS 理论指导教学能使学生的非认知因素得到改善."基于 APOS 理论来研究数学教学正是最近几年研究的热点，备受数学教育家和数学教育工作者的青睐.

1.3 研究问题

在高中阶段，函数被看作一种数学模型来学习，它是描述和刻画现实世界变化规律的重要数学模型.在我们的生活周围随处可见运动变化的事物，如打车时的票价随里程数的变化而变化，家庭使用的电费随用电量的变化而变化，我国人口数随时间的变化而变化，等等.《普通高中数学课程标准》要求让学生学会用数学知识来解决生活问题，以培养学生的数学应用意识. 为了达到这一基本目标，需要先了解作为教育实施者的教师是怎么认识函数模型的？在教学实践中，又是如何设计和操作的？本章立足于以上问题，将在以下方面开展研究：

（1）普通高中数学教师对函数作为数学模型来教学有着怎样的总的认知？

（2）普通高中数学教师对指数函数、三角函数、数列三种不同函数模型有着怎样的认知程度？

（3）普通高中数学教师对指数函数、三角函数、数列三种不同函数模型的教学行为是怎样的？

1.4 研究方法

1.4.1 文献分析法

通过查阅和分析相关文献，了解函数概念的发展演变史，对函数概念有了一个更准确、更深刻的认识；了解高中函数教学的相关理论和研究现状；总结别人的研究成果，提出自己的研究方向. 文献资料来源于：（1）中学数学教学类杂志，如《中学数学教学参考》《中学数学》等；（2）相关函数的专著或论文集；（3）通过 Internet 网络搜索相关文献资料，如 cnki 网站，中国期刊数据库和中国优秀博士、硕士学位论文数据库中的相关学术论文和学位论文等.

1.4.2 问卷调查法

为了了解高中数学教师对这一新理念的认知情况和新课改后关于高中数学中三类典型函数模型（指数函数模型、三角函数模型、数列模型）的教学现状，在认真研究《普通高中数学课程标准》并参考相关函数教学的论文、著作后，结合教学实践经验，根据研究目的，精心编制了此份问卷. 此份问卷共分两部分：第一部分是被选取教师的基本信息情况（见表 1-1）；第二部分是对教师关于函数模型教学的认知情况调查（见本章附录）. 问卷调查表中共有 23 道选择题，其中第 1~7 题是了解一线教师对"把函数作为一种描述客观世界变化规律的数学模型"来教学的总体认知情况;第 8~11 题是了解一线教师对作为一种典型的刻画增减变化的数学模型 —— 指数函数的认知和态度;第 12~16 题是了解一线教师对作为一种典型的刻画具有周期变化规律的数学模型 —— 三角函数的认知和态度;第 17~23 题是了解一线教师对作为一种典型的描述离散现象的数学模型 —— 数列的认知和态度.

1. 调查对象

随机调查高中数学教师 76 名,发放问卷 76 份,回收有效问卷 63 份.有效回收率 82.9%(涉及的百分比精确度为 0.1).表 1-1 是统计的被选取教师的相关信息:

表 1-1　被选取教师的主要信息

	性别	教龄	职称	学历	班级人数	培训次数	学校类别
A	50	3	6	0	1	3	48
B	13	7	35	1	3	15	6
C		42	22	61	15	17	9
D		11		1	44	28	
总人数	63	63	63	63	63	63	63

注:A~D 分别为附录中问卷调查表中对应的选项.

由表 1-1 可得知:(1)这次随机调查的高中数学教师中,男教师居多,占 79.4%,说明普通高中中从事数学教育工作的主力军为男教师.(2)教师的教龄大部分都在 11 年以上(包括 11 年),说明被调查的教师大都具备较丰富的教学经验.(3)教师们的学历基本上都为大学本科学历及其以上,说明普通高中数学教育中已形成一支具有较高学历、较高水平、较高质量的师资队伍.(4)所有被调查教师都参加过近三年县级以上的教师培训,说明所选取的教师对高中数学新课程是比较熟悉和了解的,同时也反映出教师们的专业知识较扎实.(5)被调查教师所任教的学校主要集中为城市学校,说明这次所调查的对象主要是城市里的教师,所研究的结果更能代表教育比较发达的城市学校教育.(6)所授班级基本都为大班级教学,少于 50 人的班级仅占 6.3%，这也反映出在相对较发达的城市学校里普遍还是大班级授课，说明我国的基础教育资源还匮乏，教育硬件设施还有待改善和提高.

2. 问卷的信度

根据教育测量与统计原理，本问卷采用了五点态度量表，以测量其内部的一致性信度（即 α 系数）. 采用 SPSS Statistics17 算得 $\alpha = 0.816$（见表 1-2），说明这份问卷测试题的可信度较高.

表 1-2　可靠性统计量

Cronbach's Alpha	基于标准化项的 Cronbach's Alpha	项数
.816	.844	23

3. 问卷统计方法

根据教育测量和统计学原理，调查研究的数据用 SPSS Statistics17 工具来处理，并用卡方检验来分析不同教师对某些问题的态度存在的差异性. 同时结合教师访谈，通过定量和定性的方式得出研究结果.

1.4.3　访谈调查法

本次访谈的目的主要是对问卷调查做补充和说明，以便进一步分析问卷中教师对某些问题持不同态度的原因. 现设计了以下访谈提纲：

（1）有部分高中一线教师不赞成：进行函数模型教学时，应避免对函数的定义域和值域做烦琐、复杂的训练. 对此，您怎么看？

（2）少部分高中数学教师不认同：指数函数是一个典型的描述现实中增减变化的数学模型. 您认为可能的原因是什么？

（3）有部分高中数学教师不认为：进行指数函数概念教学时，很有必要给学生介绍指数型函数的概念. 对此，您是什么态度？为什么？

（4）部分教师不赞成：三角函数是学生最难学的一种函数，也是学生进一步学习函数的最大障碍. 请问，您如何看待？

（5）部分教师不赞成：高中三角函数是对初中所学的三角函数的扩充. 请问，您怎么看待？

（6）部分教师不赞成：在三角函数的单调性、奇偶性和周期性的教学中，应更为关注周期性的教学．请问，您是什么态度？

（7）部分教师不认为：我们可以用数列模型来解决日常生活中的许多问题．请问，您如何看待？

（8）有教师认为：数列与函数的关系需分开单独讲解，以免使学生感到混乱．请问，您如何看待？为什么？

（9）部分教师不赞成：学生深入理解"等差数列是一次函数的离散形式；等比数列是指数型函数的离散表示"非常重要．请问，您持什么态度？为什么？

（10）请您针对高中数学课程中这三类典型的函数模型，提出几点宝贵的教学建议．

1.5　作为函数模型的指数函数的教学分析

1.5.1　问卷分析

基于新课程提出的"函数是描述现实生活中变化规律的数学模型"基本理念，为了了解普通高中教师对"函数作为模型"教学的新认知，现做了一份问卷调查，其中第 1～7 题调查教师对函数作为模型教学的总体认知情况（见表 1-3）．

表 1-3　教师对函数作为模型教学的总体认知数据表

（只统计赞成和很赞成的累计百分比）

	第1题	第2题	第3题	第4题	第5题	第6题	第7题
累计百分比/%	93.7	92.1	95.2	77.7	100.0	92.1	90.5

通过表 1-3 中的数据，我们可得出以下结论：

（1）第 1～7 题中，除第 4 题外，其他六道题的赞成和很赞成的累计百分比分别为 93.7%，92.1%，95.2%，100.0%，92.1%，90.5%．这说明绝大多数高中数学教师对新课程提出的"函数是一种描述客观世界变化规律的数学模型"是表示认同的，并且也赞成在实际教学中应多重视将数学模型与实际生活问题联系起来，让学生感知并体验函数在我们的实际生活和生产中是广泛存在的，从而让学生感受学习函数是非常必要的，这也体现了学习数学是有用的，并非枯燥无味的.

（2）90%以上的教师也赞成在教学中，还应将函数与其他学科相联系. 比如，在进行三角函数教学时，应列举一些物理学中的简谐运动. 通过生活中的常见问题，抽象概括出三角函数模型，让学生亲身经历数学建模的过程，从而加深对函数本质的理解 同时开展数学探究、数学建模等活动，使学生会建立简单的函数模型以解决实际问题. 这也充分体现了新课标中提出的"教师在教学时要体现数学的知识背景和应用价值，培养学生发现问题、分析问题和解决问题的能力".

（3）对第4题"在函数模型教学中，应避免对函数的定义域和值域做烦琐、复杂的训练"，有22.3%的教师持不赞成或不置可否的态度. 这说明少部分教师对函数概念教学的认识还保留在传统的"繁、难、偏"的训练教学上，在一些非本质的细枝末节上过分做文章，这与《普通高中数学课程标准》提出的新理念、新要求是不一致的. 这不但给学生增加了学习负担，让学生容易产生消极的学习心理，还造成课时紧张、课时不足的情况. 经过与一线教师的交流和访谈调查，发现其原因可能是受教师个人根深蒂固的旧观念的影响，或者受平时和高考的应试考试的影响.

而问卷的第8~11题，是对作为函数模型的指数函数的问卷调查. 其中第8题是调查教师对指数函数模型的课程观；第9~11题是调查教师对指数函数模型的教学观. 调查结果如表1-4所示.

表1-4　教师对指数函数模型教学认知的百分数表

	第8题	第9题	第10题	第11题
很赞成	17.5%	22.2%	14.3%	36.5%
赞成	65.1%	71.4%	65.1%	47.6%
不置可否	3.2%	4.8%	17.5%	1.6%
不赞成	14.3%	1.6%	3.2%	12.7%
很不赞成	0	0	0	1.6%

从表1-4的数据中，可得出以下结果：

（1）对第8题，有14.3%的教师不赞成"指数函数是一个典型的描述现实中增减变化的数学模型".这说明，还有少部分教师对指数函数的认识不到位.

（2）对第9题，有93.6%的教师赞成在指数函数概念教学时，应从生活实例中引出数学概念.这与《普通高中数学课程标准》提出："在数学教学时，应强调知识的实际背景，重视知识的发生、发展过程，让学生亲身体验这个过程，体会其中的数学思想和方法"的理念是一致的.

（3）而对第10题，79.4%的教师在指数函数概念教学时，认为很有必要给学生补充指数型函数概念，以此来辨析指数函数，而超过20%的教师不知道或不赞成给学生补充指数型函数.这表明，这部分教师对指数型函数教学不够重视，同时对学生的认知水平和心理特征不够关注.

实践表明，高中生对指数函数和指数型函数这两种概念是含糊不清的，是心存疑惑，难以辨别的，绝大部分学生不知道指数型函数，误把指数型函数当作了指数函数，其实指数函数是指数型函数的一种特殊情况.在数学知识和实际生活中，我们接触的大部分是指数型函数模型，所以，能辨别这两种概念是有必要的，它能消除学生心中的疑惑，帮助学生更好地进行知识建构.

（4）对第11题，约16%（1.6%+12.7%+1.6%=15.9%）的教师没有认识到，在指数函数教学中，加强指数函数图像的教学是非常有必要的，也是非常重要的.

指数函数在教材（人教A版）中所处的位置和地位都是十分关键的.它是学生学完函数概念和性质后，所接触的第一个具体函数模型，它能帮助学生理解和巩固函数概念，加深对函数概念本质的认识.同时，学习指数函数，也为后面学习其他基本初等函数提供了参考以及类比的学习方法，在结构上起着承上启下的作用，因此，指数函数的教学至关重要.而指数函数教学的关键之处又在于对图像的理解，所以图像教学是重点.然而，指数函数的图像是由特殊到一般，通过不完全归纳得到的，考虑到学生的心理特征和认知规律，学生对这一点是很难理解的，是心存疑虑的.另外，传统的指数函数作图像方法利用了指数函数的单调性，而单调性又是从图像归纳得到的，这就出现了教学悖论，所以图像教学又是一个难点.

由此表明，这部分教师对指数函数教学的认识还不够深刻、细腻.

为进一步探究以上结论与教师的教龄、职称以及培训次数等因素是否存在显著性关系，我们做了相关结果的卡方检验（见表 1-5）.

表 1-5　教师对指数函数模型的课程观和教学观的卡方检验

	第 8 题		第 10 题		第 11 题	
	χ^2 值	P	χ^2 值	P	χ^2 值	P
教 龄	9.84	.364	8.26	.508	9.11	.694
职 称	8.44	.208	2.69	.847	3.45	.903
培训次数	12.67	.178	11.70	.231	14.43	.274

通过表 1-5 中的数据，我们可以得出以下结论：

（1）少部分教师不赞成"指数函数是一个典型的描述增减变化的数学模型"这一观点. 通过卡方分析得出：教师的教龄、职称和参加的培训次数对教师的认知态度都无显著性影响.

这表明，这部分教师受个人的专业素质影响，对指数函数的认识还停留在知识表面层次上，没有深刻理解到指数函数的本质特征，即它是一种典型的描述增减变化的数学模型. 所以，作为教师应熟悉课标，钻研教材，反思自身的教学，准确认识数学知识，提升自身的专业素养.

（2）不同教龄、不同职称以及参加不同培训次数的教师在指数函数模型的教学认知上都不存在显著性差异.

这说明，这部分教师还需要提高自身的专业水平，如多进行教学反思和教学交流等；学校评定职称时，应多关注教师的教学能力；教师培训时，应加大教师培训力度，加深培训内容的深度以及培训范围的广度. 更重要的是，培训内容应具有针对性，应多与实际教学相结合，以便培养出一支专业知识过硬、观念新颖的高素质师资队伍.

1.5.2　教师访谈

在前面的问卷分析中，教师对三个问题存在不同的认识：第一，在教师"对函数作为数学模型教学的整体认识"中，有超过 1/5 的教师还放不下对函数的定义域和值域做复杂、烦琐的训练；第二，在教师"对指数函数模型的认识"中，超过 1/6 的教师对指数函数描述的数学模型的认识不清楚或不准确；第三，有 1/5 的教师不知道在指数函数概念教学时，有没有必要给学生介绍指数型函数的概念. 为了进一步探明其中的原因, 从被调查的教师中选取了部分教师做了访谈交流, 从中得出以下结果:

（1）教师对新课程提出的"函数作为模型教学"的新理念表示赞成. 他们认为, 函数模型主要是体现"变化规律", 也可以说是函数的"对应法则", 所以对其定义域和值域降低了要求, 以免喧宾夺主. 但是, 深受传统教学观和高考指挥棒的影响, 对某些削弱的函数内容还是"放不下"（如函数定义域和值域的求法技巧）, 在实际教学中, 大部分教师依然按原有的教学目标和教学方法教学, 在这点上还没有真正做到按《普通高中数学课程标准》的要求去教学.

（2）大部分教师对"指数函数是描述增减变化的重要数学模型之一"是认同的. 对于少部分教师的不认同态度, 我们分析, 可能是由于个人教学经验不足, 对指数函数模型的认识还不够深刻. 指数函数模型本身是一种典型的描述"增减变化"的数学模型, 它与一次函数模型、对数函数模型同是一类数学模型. 教师心中应该有如此的认识, 方能在指数函数模型教学时, 把它们有机地联系起来, 从而形成对比, 使学生更好地理解指数函数模型.

（3）大多数教师对指数函数概念的认识和教学观都很深刻和合理. 在指数函数概念教学中, 他们都要引出指数型函数概念, 让学生能够分辨出这两者之间的关系, 从而对指数函数概念的认识更加准确和深刻.

1.5.3 教学分析

前面主要通过问卷分析和访谈分析, 了解并分析了教师对"作为函数模型的指数函数"的课程观、教学观和应用价值观. 为更进一步研究教师对指数函数模型的实际教学行为, 比如, 教师是否做到从生活实例中引出指数函数的概念, 是否给学生介绍了指数型函数以便来辨析指数函数, 是否更注重指数函数图像的教学, 等等, 我们选取了"指数函数的概念和图像"教学设计中的某些教学片段以便进行研究和分析.

片段一:

【教材分析】

指数函数是重要的基本初等函数之一, 它为后面学习对数函数和幂函数提供了可借鉴的研究方法, 它在生活及生产中有广泛的应用, 所以指数函数是学习的重点.

【学情分析】

指数函数是在学生系统学习了函数概念，基本掌握了函数性质的基础上进行研究的，是学生对函数概念及性质的第一次应用. 教材中给出了两个实例：GDP 的增长问题和 C14 的衰减问题，目的是让学生感受指数函数的实际背景. 这里，本节课引用"国际象棋发明"中的一个有趣故事，来激发学生的求知欲望.

通过"教材分析"和"学情分析"，我们可发现：教师不仅对指数函数在教材中的地位和作用十分清楚，而且对指数函数在生活中的普遍存在性和应用价值也十分关注. 他能把生活中的问题与指数函数发生联系，如 GDP 的增长问题，这正体现了指数函数模型来源于实际生活中. 可见，教师对指数函数模型的背景知识和应用价值认识较高. 同时，结合了学生的已有知识经验，创设情境，探究学习.

片段二：

【教学目标】

（1）知识与技能：让学生感受指数函数的实际背景；归纳概括出指数函数的概念；能画出具体指数函数的图像；能够初步记忆、理解指数函数的图像.

（2）过程与方法：体验抽象概括指数函数概念的过程；会利用指数函数图像来研究其性质，体会数形结合思想方法的作用；会从函数的图像和解析式角度来研究函数性质的数学方法.

（3）情感、态度和价值观：体会数学活动中的特殊到一般思想、类比思想、数形结合思想、分类讨论思想之美；培养学生主动学习、合作交流的意识.

【教学重难点】

（1）重点：指数函数概念、图像和性质.

（2）难点：指数函数概念，如何由图像和解析式归纳指数函数的性质.

通过"教学目标"和"教学重难点"，可以发现：教师比较重视指数函数的实际背景. 能从生活实例中，抽象概括出指数函数的概念，突显了指数函数模型的生活背景. 同时，还把指数函数的图像作为教学重难点，从图像中归纳指数函数的性质，体现了图像的重要性及关键作用.

片段三：

【创设情境，引出新课】

多媒体演示：国际象棋起源于古印度．相传，国王为奖励发明国际象棋的宗师，问他需要什么奖励，而这位宗师金银财宝都不要，只要求国王在象棋盘中的第一个方格中放 1 粒麦子，第二个方格中放 2 粒麦子，第三个方格中放 4 粒麦子（共 64 个方格）……，后面的方格中都放前一个方格中小麦粒数的两倍，我只要棋盘中所有的麦粒数就满足了．国王听后，暗想我拥有全国的小麦，觉得这个要求很容易办到，于是痛快地答应了宗师的要求．

师：同学们觉得国王能够兑现他的诺言吗？

师：我们可以计算最后一个方格中的小麦粒数为多少？（引导学生探究规律）

生：第一个格子可看成 2^0，第二个格子是 2^1，第三个格子是 2^2，……，第 64 个格子是 2^{63}．

师：2^{63} 到底有多少粒？有多重呢？

师：公布事先算出的结果：9 223 372 036 854 775 808．约 9 百亿亿粒，折合为 2770 亿吨．而美国的数据报告显示，2012 年到 2013 年度全球小麦产量是 6.6 亿吨．若以现在的生产力，则需四百多年才能达到．也就是说，全球人类只产出不消费都需四百多年．可见，国王虽拥有无比财富，然而还不能实现他对宗师的诺言．

生：大家都被这个数字惊呆了！

师：如果我想知道第 $x+1$ 个方格中的麦粒数 y，该怎么表示呢？

生：$y=2^x$．（学生合作交流、得出结果）

师：这个 x 有限制条件吗？（引导学生注意 x 的取值范围）

生：$0 \leqslant x \leqslant 63$．（学生独立思考）

师：好的！回答得不错！

教师进行教学设计时，以一件关于国际象棋发明的趣闻轶事拉开帷幕，创设情境，鼓励学生大胆猜想，引导学生积极探索麦粒数的变化规律，得到 $y=2^x$ 表达形式（新的函数形式），从而让学生体会其爆炸增长的变化过程，形成对指数增长的初步认识．

片段四：

【指数函数的定义】

师：同学们观察 $y = 2^x$（$0 \leqslant x \leqslant 63$）和本章开头问题 2 中 C14 的衰变

问题：$P = \left(\dfrac{1}{2}\right)^{\frac{t}{5730}}$（$t \geqslant 0$），这两个函数有什么相同点或共同特征？

生：它们的形式好类似；都是函数……

师：不错！它们首先都是函数，其次它们的结构形式相似. 如果我用一个字母 a 来代替底数 2 和 $\left(\dfrac{1}{2}\right)$，且用 x 表达 $\dfrac{1}{5730}$，则它们形如同一个式子 $y = a^x$.

师：像这种函数，我们以前学过没有？

生：没有.

师：那好！今天我们就专门来学习并研究它. 首先需要给它取个名，今后好称呼它，是吧？

生：热论纷纷，积极参与. 预习的同学说，叫指数函数吧.（还有其他回答）

师：我们发现它的解析式形式像我们学过的指数式，且它的自变量 x 也在指数位置，那我们就叫它指数函数吧.（初步归纳出指数函数概念）

师：我们知道函数都有定义域，离开定义域研究函数是毫无意义的. 那么，指数函数的定义域是什么呢？（老师引导发现，学生独立思考）

师：我们前面学习了指数与指数幂的运算，知道指数幂的指数可以取任意实数 **R**，那么指数函数的自变量 x 可以取哪些值？

生：所有实数.

师：对了！指数函数的自变量 x 可以取所有实数，即它的定义域为 **R**.

师：那么指数函数就是形如 $y = a^x (x \in \mathbf{R})$ 的函数了吗？（启发学生思考是否有限制条件）

生：如果 $a = -2, x = \dfrac{1}{2}$，则 $y = \sqrt{-2}$，此式就无意义了.

师：非常好！这位同学例子举得十分到位.（对爱思考的学生要注意鼓励，以激发其他同学的积极性）

师：那也就是说 a 不能取负数了. 还有其他限制条件吗？（继续激发学生积极思考）

生：$x = -\dfrac{1}{2}$，则 $y = \dfrac{1}{\sqrt{a}}$，所以 $a \neq 0$.

师：对了！如果 x 取负数的话，$a \neq 0$. a 还有限制吗？

生：没有了.

师：那如果 $a = 1$ 的话，会出现什么情况？

生：函数值恒为 1 了.

师：如果 $a = 1$，则 $y \equiv 1$. 对这个常值函数，性质简单，我们就不做研究了，所以规定 $a \neq 1$.

让学生归纳概括出指数函数的完整定义：（老师做补充）

一般地，形如 $y = a^x (x \in \mathbf{R}$，其中 $a > 0$ 且 $a \neq 1)$ 的函数叫作指数函数.

例 1：判断下列函数是否为指数函数.

（1）$y = -2^x$；（2）$y = (-3)^x$；（3）$y = 2^{x+1}$；（4）$y = 3^{2x}$.

设计意图：对指数函数概念进行正例解析和反例辨析，让学生加深对概念的理解.

解析：只有（4）为指数函数；（1）（2）（3）都不是指数函数；但（1）（3）是指数型函数. 引出指数型函数：形如 $y = ka^x$（$k \in \mathbf{R}$，且 $k \neq 0$；$a > 0$，且 $a \neq 1)$ 的函数叫指数型函数.

通过这几个实例，归纳概括出指数函数的概念，以便对其概念进行解析和辨析. 在辨析指数函数概念时，引出指数型函数的概念，使学生能分清这两者之间的关系. 这对学生理解和掌握指数函数的概念起着重要的作用，也为后面我们建立指数型函数模型去解决生活问题做了铺垫，如教材中本节课的例 8 "人口增长模型"，形成前后呼应.

片段五：

【指数函数的性质】

师：我们在第一章中学习了函数的哪些基本性质？

生：函数的单调性、奇偶性和最值.

师：我们是从函数的哪些角度去研究其性质的？

生：可以从函数的图像、表格和解析式三个角度去研究.（老师引导启发学生）

师：对！我们研究函数性质，主要是从这三个角度去研究. 其中体现了数学中很重要的思想方法：数形结合思想.

设计意图：引导学生回顾函数有哪些基本性质？用什么方法去研究这些性质？

师：分组让学生画出 $y=2^x$ 和 $y=\left(\dfrac{1}{2}\right)^x$ 的大致图像.

设计意图：复习描点法作图；让学生体验具体指数函数图像的趋势，形成初步的感性认识.

师：用多媒体演示 $y=2^x$ 和 $y=\left(\dfrac{1}{2}\right)^x$ 的图像，让学生观察是否与自己画的图像相似. 再用"几何画板"展示 $y=3^x$ 和 $y=\left(\dfrac{1}{3}\right)^x$ 等多个具体指数函数的图像，让学生观察这些图像有什么共同特征.

（引导学生从图像伸延情况、图像位置、对称性、增减性、特殊点（拐点）等去观察.）

设计意图：通过主动参与学习活动，让学生从感性认识上升为理性认识，由形象具体思维上升到抽象概括思维，体验知识的发生过程. 使用"几何画板"作图，不但形象直观，图像也更准确，而且学生很容易发现当底数 a 变化时，图像呈不同程度的变化，且当 $0<a<1$ 和 $a>1$ 时图像变化趋势明显；需要考虑把底数 a 分类来研究，从而突破难点.

师：引导学生从指数函数的解析式角度，分析得到定义域、值域.

最后师生共同完成表 1-6.

表 1-6　指数函数的图像及性质

图像	$0<a<1$	$a>1$
定义域	**R**	
值域	$(0,+\infty)$	
性质	过定点 $(0,1)$	
	在 **R** 上递减	在 **R** 上递增
	非奇非偶	

教学优点：借助多媒体来辅助指数函数图像教学，可使学生更直观、更深刻地体会指数函数增减的变化趋势，形成感性认识；用几何画板动态演示出改变底数 a 时图像的变化过程，可使学生直观地观察到指数函数的单调性是与底数 a 有关的，从而突破教学难点．同时，也改善了传统作图法的弊端．

教学不足：此处是从特殊到一般，通过不完全归纳得出指数函数的图像的．又从图像得到指数函数的单调性，即指数函数模型的本质，尽显了数形结合思想之美．但教师未能从此进一步道破指数函数所描述的模型特征："描述增减变化的数学模型"；未能从函数模型角度将其归类：它与一次函数、反比例函数、二次函数等是同一类函数模型，而仅是对指数函数的性质进行了归纳和总结．

片段六：

【巩固练习，提升能力】

例 2：已知指数函数 $f(x) = a^x (a > 0$，且 $a \neq 1)$ 的图像经过点 $(3, \pi)$，求 $f(0), f(1), f(-3)$ 的值．

分析：要求 $f(0), f(1), f(-3)$ 的值，需要先求出指数函数 $f(x) = a^x$ 的解析式，也就是先求出 a 的值．根据其图像经过点 $(3, \pi)$ 这一条件，即可求得底数 a 的值．

解答略．

设计意图：用待定系数法来求函数解析式，让学生体会方程思想在函数中的应用；只要底数 a 确定了，指数函数的解析式也就确定了，从而明确了指数函数的确定因素．

课堂练习：教材第 58 页第 1、2、3 题．

作业布置：教材第 59 页第 5、6 题．

在例题讲解和知识训练中，教师的侧重点还是放在了指数函数模型的"解析式"和"定义域"上，这说明教师只注重了指数函数在数学知识中的应用，而忽视了在生活中的应用．为了突出指数函数模型在生活中的广泛应用性，教师可以让学生试做搜集生活中呈"指数增长或减少变化"的事或物．

综上所述，大部分教师对指数函数作为函数模型的课程理念认识较高．

教学中，能结合函数模型的实际背景引出指数函数概念，并将其与指数型函数区别开；同时，把多媒体技术与图像教学有机地整合起来，提高了作图的精确度，突破了教学难点．但是，教师未能从函数模型角度将其与同类函数模型进行比较，并且在例题和作业中，也没有体现指数函数模型在生活中的应用．

1.6 作为函数模型的三角函数的教学分析

1.6.1 问卷分析

问卷的第 12～16 题，是对作为函数模型的三角函数的问卷调查．其中第 12～14 题是调查教师对三角函数模型的课程观；第 15～16 题是调查教师对三角函数模型的教学观．调查结果如表 1-7 所示．

表 1-7 教师对三角函数模型的教学认知百分数表

	第 12 题	第 13 题	第 14 题	第 15 题	第 16 题
很赞成	12.7%	14.3%	25.4%	17.5%	19.0%
赞成	47.6%	58.7%	71.4%	71.4%	55.6%
不置可否	12.7%	9.5%	1.6%	9.5%	7.9%
不赞成	27.0%	17.5%	1.6%	1.6%	17.5%
很不赞成	0	0	0	0	0

从统计表 1-7 中，我们可得出以下结论：

（1）对第 12 题，有 39.7%（12.7%+27.0%=39.7%）的教师不赞成（不置可否）"三角函数是学生最难学的一种函数，也是学生进一步学习函数的最大障碍"．但在对学生的调查中却发现，高中阶段所学的初等函数中，三角函数是最难学的．这里出现了教师与学生认知不一致的情况．而对第 13 题，有 17.5%的教师不赞成高中三角函数是对初中所学的三角函数的扩充，9.5%的教师还持不置可否的态度．

实践表明，三角函数是高中数学的重要知识点之一，也是学生学习最困难的知识点之一，是学生进一步学习函数的最大障碍．高中三角函数也是对初中所学的三角函数的一种扩充：由锐角的三角函数扩充到任意角的三角函数;由直角三角形中边的比例定义三角函数扩充到单位圆中正弦线、余弦线、正切线来定义三角函数. 这是对初中三角函数的发展和延伸. 教材这样编排充分关注了学生的心理特征和认知规律,体现了新课程教材的螺旋式上升结构.

（2）从第 14、15 题可得知,很大一部分教师认同三角函数是"一个典型的描述现实中具有周期变化现象"的数学模型. 在教学中,应列举一些生活中具有周期变化的现象,如钟摆现象、潮汐现象、四季变化等;应创设情境,引发学生主动思考,激发学生学习兴趣;也可联系其他学科中的知识点,形成知识交汇点,如物理学中的简谐运动. 这样可让学生体验三角函数的实际背景,感受三角函数并非凭空产生的. 让学生既认识了周期现象的变化规律,体会了三角函数模型的意义,又运用三角函数模型来解决生活中的问题,体现了三角函数的应用价值.

（3）对第 16 题,有 17.5% 和 7.9% 的教师对"在三角函数的性质教学中,应更加关注其周期性的教学"持不赞成和不置可否的态度. 而第 14 题的数据显示,约97%的教师都认同"三角函数是刻画周期现象的数学模型";既然是描述周期现象的,显然周期性最重要,而对这部分,教师却不以为然. 这说明这部分教师对三角函数的认识受到了某些因素的影响.

为进一步分析教师的教龄、职称、学历等各因素,是否对以上某些结论有显著性影响,我们做了相关卡方检验（见表 1-8）.

表 1-8　对教师关于三角函数模型的课程观和教学观的卡方检验

	第 12 题		第 13 题		第 16 题	
	χ^2 值	P	χ^2 值	P	χ^2 值	P
教龄	12.814[a]	.171	12.068[a]	.210	6.623[a]	.676
职称	5.402[a]	.493	7.124[a]	.309	5.968[a]	.427
学历	3.835[a]	.699	5.486[a]	.483	1.652[a]	.949
培训次数	17.642[a]	.040	5.089[a]	.827	11.598[a]	.237
学校类别	4.672[a]	.587	3.438[a]	.752	18.712[a]	.005
性别	8.140[a]	.043	4.395[a]	.222	1.702[a]	.637

通过表 1-8 中的数据,可以得出以下结论:

（1）教师对"三角函数是学生最难学的一种函数，也是学生进一步学习函数的最大障碍"的认知态度与教师的性别和近三年参加的培训次数有显著性关系．我们从第12题与培训次数和性别的交叉表可做具体分析（见表1-9和表1-10）．

表 1-9　第 12 题的卡方检验交叉制表

		第 12 题				合计
		不赞成	不置可否	赞成	很赞成	
培训次数	0	1	1	1	0	3
	1	6	2	6	1	15
	2	6	5	5	1	17
	3 次及以上	4	0	18	6	28
合计		17	8	30	8	63

由表 1-9 中的数据分析可知：近年来参加培训次数在三次及其以上的教师，持赞成的比例最高；没有参加培训的教师中，持赞成的比例最低．也就是说，培训次数越多，教师对三角函数模型的认知越高．这说明近年来教师培训对教师的专业成长起了促进作用，而且教师培训的次数越多，教师对三角函数的理解越到位、认识越深刻，这也表明对教师进行培训是非常有必要的．

表 1-10　第 12 题的卡方检验交叉制表

		第 12 题				合计
		不赞成	不置可否	赞成	很赞成	
性别	男	10	6	28	6	50
	女	7	2	2	2	13
合计		17	8	30	8	63

从表 1-10 中的数据分析可知：男教师中只有 20% 的人不赞成"三角函数是学生最难学的一种函数，而且是学生进一步学习函数的最大障碍"；而女教师中有 53.8% 的人不赞成此观点，持赞成的也仅占 30.8%，这说明女

教师在此问题上的观点分歧很大；同时也说明男教师对三角函数知识的认知要强于女教师. 因此，今后应多关注女教师在三角函数方面的培训，应加强男女教师之间教学的交流，交换经验，进而提高女教师的数学专业素质.

（2）教师对"在三角函数的众多性质中，应更加关注周期性的教学"的认知程度与教师任教的学校类型有极其显著性关系. 我们通过第 16 题与学校类别的交叉表（见表 1-11），可做具体分析：

表 1-11　第 16 题的卡方检验交叉制表

		第 16 题				合计
		不赞成	不置可否	赞成	很赞成	
学校类别	城市学校	7	2	29	10	48
	城郊学校	1	3	1	1	6
	乡镇学校	3	0	5	1	9
	合计	11	5	35	12	63

通过表 1-11 中的数据可知：在城市学校任教的教师中，有 18.8% 的教师对"在三角函数的众多性质教学中，应更为关注周期性的教学"是持不赞成或不置可否的态度；而在城郊学校和乡镇学校任教的教师中，分别有 66.7% 和 33.3% 的教师持反对或不清楚的态度. 显而易见，城市学校的教师的教学观明显优于城郊学校和乡镇学校. 这说明在不同类别学校任教的教师对三角函数周期性的认知程度明显不同. 我们知道，农村学校地处偏远，经济落后，教育理念也相对落后，师资队伍较弱，教育设备也缺乏，这严重制约着农村教育的发展，同时也是教育不公平的一面.

1.6.2　教师访谈

在对三角函数模型的问卷分析中，从第 12 题和第 13 题的统计中，我们得知，高中教师对三角函数模型的课程观持有分歧；从第 16 题的统计中反映出，教师对三角函数模型的教学观也持不同态度，即有 1/4 的教师不赞成或不清楚三角函数的周期性应更为重要，在教学中应更加关注和体现周期性. 为进一步探究一线教师在这三个问题上是如何理解以及持何种认知和看法，我们从被调查教师中选取了部分教师，对相关问题做了教师访谈，从中可以得出以下结果：

（1）不赞成"三角函数是学生最难学的一种函数，也是学生进一步学习函数的最大障碍"的教师认为：学生最难学的以及阻碍学生进一步学习函数的应是"抽象函数""含参函数"或"导函数". 因为抽象函数没有具体解析式，也就是说，它所刻画的"变化规律"是隐藏的、不易发现的，需要从已知的性质去推导出它的其他性质，这对学生的数学思维要求很高，学生经常做不出该类型题；含参函数，主要是因为学生对其理解有很大困难，在解相关类型题时，可能会出现运算复杂或要进行分类讨论的情况；而导函数，是因为它常与高次函数、超越函数发生联系，经常出现较难的题型，如高考试卷中的压轴题. 因此，这些教师认为它们才是最难学的一种函数.

但部分教师也认为三角函数是学生进一步学习函数的最大障碍. 他们之所以这样认为，是因为之前学习的基本初等函数(Ⅰ)：指数函数、对数函数和幂函数相对容易，紧接着又学习较复杂的三角函数，而三角函数在内容和性质上都比之前学过的函数增多了，如诱导公式、和差公式，学生需要记忆的内容也就增多了，而且三角运算远比指、对数运算复杂. 因此，从学生的心理特征和认知水平上看都有一定困难.

由此可见，持不赞成态度的教师们基本是从解题角度来确定函数学习的难点的. 显然，抽象函数、含参函数以及导函数是对函数知识内容的加深，但这些函数都不能很好地描述现实生活中的变化现象，与新课程的函数模型理念有一定偏差. 我们从《普通高中数学课程标准》中也可发现，对抽象函数、三角恒等变形等内容也是降低了要求，减少了相关知识点，并删减了过于复杂、烦琐的函数训练内容，只是侧重体现几种具体的、典型的初等函数模型，如指数函数、对数函数和三角函数等.

（2）对"高中三角函数是否是初中三角函数的扩充"说法，有的教师认为：从横向看，高中三角函数是对初中三角函数基本概念的完善；从纵向看，无论是内容的增多、性质的扩充，还是应用的拓广，高中三角函数都得到了加强. 但有的教师却不以为然，他们认为：从三角函数的产生和发展来讲，三角函数最先出现在几何中，而后独立出来形成三角学，再发展成今天的三角函数之说，也就是说，"三角函数"最先是解决几何中的测量等问题的；高中三角函数主要是看成描述周期现象的函数模型，是从函数角度来研究学习的，而初中三角函数则主要是从几何角度来学习的，所以说这两个阶段的三角函数是有很大差别的，联系并不大.

根据以上教师对三角函数的两种不同认识，我们也发现在教学中存在两种不同的教学方式：一种是用单位圆来定义三角函数；另一种是用边与边的比例来定义三角函数. 而《普通高中课程标准实验教科书　数学》（人教版）是采用单位圆来定义三角函数概念的，这可能给有些教师造成高中三角函数与初中三角函数没有联系的错觉. 教材选择单位圆来定义，是方便后续的进一步学习，只是教学方式不同而已；但本质上，它是三角学的继续发展，也就是说，是初中三角函数的扩充.

（3）大部分教师在课堂教学和知识训练中还是较突出和频繁地强调和训练三角函数的单调性、最值以及变换等方面，而对其周期性却轻描淡写. 他们认为，在高考试卷中经常以一道大题来考查三角函数的解析式变换和单调性，而周期性一般是以一道选择题或填空题来考查. 可见，教师的教学突出点还是高考常考点.

1.6.3　教学分析

在前两节中通过问卷分析和教师访谈，我们了解并分析了教师对"作为函数模型的三角函数"的课程观、教学观和应用价值观. 现在，为进一步了解教师的"知行合一"情况，如在教学中，是否真正做到从现实背景中来探究三角函数；是否突出了对周期性的教学或对周期性的强调等，我们选取了"正、余弦函数的图像教学"中的教学片段来进行案例分析.

片段一：

【教材分析】

本节课是我们学习三角函数概念后，继而研究其性质的"准备课"，是为后面研究三角函数性质做铺垫的. 对函数性质的研究，我们通常以函数图像为载体，通过对图像的直观观察，归纳出图像特征，最后抽象出函数性质，这正体现了数形结合思想.

三角函数是刻画周期变化现象的数学模型. 对于周期函数，我们只要研究清楚它在一个周期内的性质，其整体性质也就完全清楚了. 因此，我们要先学习周期性，再学习单调性和奇偶性等.

从教师对三角函数的"教材分析"中，我们可发现，教师对三角函数的认识是较准确的，抓住了模型的特征（周期性）. 即要研究三角函数的整体性质，只需要研究它在一个周期内的性质即可. 这样的教学设计，正突出了周期性的重要性.

片段二：

【创设情景，引入新课】

多媒体演示："简谐运动"实验.

"将塑料瓶底部扎一个小孔做成一个漏斗，再挂在架子上，就做成了一个简易单摆. ……物理学中把简谐运动的图像叫作"正弦曲线"或"余弦曲线"."（多媒体展示实验图像），如图 1-1 所示.

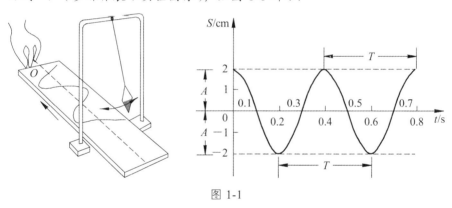

图 1-1

师：通过上述实验，你对正弦函数、余弦函数的图像是否有一个直观的印象？如果我们用数学的方法画出该函数的图像，该怎么办呢？（引导学生积极思考，学生可能会回答用"描点法"）

生：描点法.

师：如果用描点法来画，不够精确，且不好描点. 下面我们利用正弦线画出比较精确的正弦函数图像.

本讲课一开始就引入学生熟知的物理实验：简谐运动，当学生对图像形成感知后，再设置问题，进而探索正弦函数图像的准确作法，引出新课. 本节课突出了三角函数的模型背景，真正做到从学生熟悉的情境中引出数学知识，进行探究学习.

片段三：

【设置问题，推进新课】

问题 1：一般角的三角函数值都是取近似值，不易描出对应点的精确位置．那么我们如何得到任意角的三角函数值，并用有向线段长表示出来呢？怎样得到函数图像上点的两个坐标的准确数据呢？也就是说，如何得到 $y = \sin x, x \in [0, 2\pi]$ 的精确图像呢？

问题 2：如何得到 $y = \sin x, x \in \mathbf{R}$ 的图像？

多媒体演示：作正弦函数图像．（老师先让学生阅读教材、思考讨论，指导复习正弦线）

解决问题 1：第一步，在直角坐标系的 x 轴上取一点 O_1，以 O_1 为圆心、单位长为半径作圆．从 $\odot O_1$ 与 x 轴的交点 A 起，把 $\odot O_1$ 分成 12 等份．过 $\odot O_1$ 上各分点作 x 轴的垂线，得到对应于：$0, \dfrac{\pi}{6}, \dfrac{\pi}{3}, \dfrac{\pi}{2}, \cdots, 2\pi$ 等角的正弦线（确定纵坐标）．相应地，再把 x 轴上从 0 到 2π 这一段分成 12 等份（确定横坐标）．

第二步，把角 x 的正弦线向右平移，将它的起点与 x 轴上的点 x 重合（相当于"描点"），再把这些正弦线的终点用光滑曲线连接起来，就得到函数 $y = \sin x, x \in [0, 2\pi]$ 的图像（相对于"连线"），如图 1-2 所示．

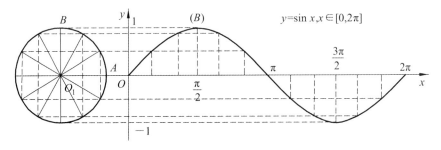

图 1-2

解决问题 2：因为终边相同的角有相同的三角函数值，所以函数 $y = \sin x, x \in [2k\pi, 2(k+1)\pi), k \in \mathbf{Z}$ 且 $k \neq 0$ 的图像，与函数 $y = \sin x, x \in [0, 2\pi)$ 的图像的形状完全一致．因此，我们只要将函数 $y = \sin x, x \in [0, 2\pi)$ 的图像向左、右平行移动（每次移 2π 个单位长度），就可以得到正弦函数 $y = \sin x, x \in \mathbf{R}$ 的图像，如图 1-3 所示．

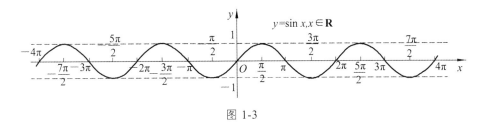

图 1-3

教师以"问题串"的形式来探究三角函数图像，先提出问题，再解决问题，引发学生积极思考。本讲利用单位圆和三角函数线来作图，解决了问题 1；在此基础上，利用三角函数的周期性，问题 2 也迎刃而解。这里突出了三角函数的周期特征。但其中用单位圆和函数线来作三角函数的图像，学生是很难发现且不易理解的，这也体现了三角函数是一个学习难点。

教师让学生经历画函数图像的过程，可使学生对三角函数的"变化规律"形成图像认识，从而将文字语言转化成图像语言，并从图像中直观地认识其周期变化，形成感性认识。这也从图像角度间接地体现了三角函数的模型特征。

此外，将图像教学与信息技术有机地整合起来，利用多媒体技术画正弦函数图像，生成动态的演示过程，使图像更加形象、生动。另外，本节课要求的作图较多，使用多媒体作图，大大节省了时间，提高了课堂效率，这也是三角函数教学的一个亮点。

片段四：

【变式练习，能力提升】

变式训练 1：画出函数 $y = |\sin x|, x \in \mathbf{R}$ 的简图。

教学活动：老师引导学生思考 $y = |\sin x|$ 的意义，让学生发现只需将 $y = \sin x$ 在 x 轴下方的图像翻折上去即可。进一步探究发现，只要我们画出 $y = |\sin x|, x \in [0, \pi]$ 的图像，然后向左、右两边每次平移 π 个单位就可以得到 $y = |\sin x|, x \in \mathbf{R}$ 的图像。所以，现在又将问题转化为用"五点法"作出 $y = \sin x, x \in [0, \pi]$ 的简图。

解答过程：多媒体呈现。

【课堂小结，知识建构】

让学生主动总结本节课学习的主要内容，老师做提示和补充。

（1）要画较精确的正弦函数图像、余弦函数图像的方法是什么？要画快捷、实用的正、余弦函数图像的方法是什么？根据三角函数之间的关系，又可从什么角度来画函数图像？

（2）我们先画出正、余弦函数在 $[0, 2\pi]$ 上的图像，然后利用正、余函数的什么特点，把它扩展到整个实数 **R** 上的？

（3）本节课涉及哪些数学思想方法？

通过"变式训练"和"课堂小结（2）"，让学生进一步了解周期性在作图中的作用，以引起学生对周期性的注意和重视.

综上所述，教师在三角函数图像教学中，把三角函数图像与物理学科中的简谐运动发生联系，形成知识交汇点，通过物理实验，来得到周期变化的图像，进而让学生猜想三角函数的图像可能与之相似，引出课题. 通过画正弦函数图像，让学生体验"周而复始"的变化规律，体会三角函数是典型的描述具有周期变化现象的数学模型，从感性上，加深了学生对三角函数的认识. 同时，图像教学也突出了周期性的重要性和关键作用.

1.7 作为函数模型的数列的教学分析

1.7.1 问卷分析

问卷的第 17~23 题，是对作为函数模型的数列的问卷调查，旨在了解教师对数列在高中数学中的地位和作用的认知情况，以及对新课标提出的新的教学目标和内容要求是否熟悉. 其中，第 17，19，23 题是调查教师对数列模型的课程观；第 18，21，22 题是调查教师对数列模型的教学观；第 20 题是调查教师对数列模型的应用价值观. 调查结果如表 1-12 所示.

表 1-12　教师对数列模型的教学认知百分数表

	第 17 题	第 18 题	第 19 题	第 20 题	第 21 题	第 22 题	第 23 题
很赞成	27.0%	19.0%	15.9%	19.0%	36.5%	6.3%	20.6%
赞成	66.7%	69.8%	73.0%	63.5%	57.1%	34.9%	55.6%
不置可否	3.2%	4.8%	9.5%	14.3%	3.2%	3.2%	11.1%
不赞成	3.2%	6.3%	1.6%	3.2%	3.2%	55.6%	11.1%
很不赞成	0	0	0	0	0	0	1.6%

根据表 1-12 中的数据，我们可得到以下结论：

（1）对第 17 题，有 93.7%（27.0%+66.7%=93.7%）的教师赞成数列是高中数学的一个知识重点，也是教学难点；对第 19 题，有 88.9% 的教师认同数列是一种特殊的离散函数，这可以帮助学生进一步认识函数的本质；而对第 23 题，有 23.8%（11.1%+11.1%+1.6%=23.8%）的教师不认同或不能深入理解"等差数列是一次函数的离散形式，等比数列是指数型函数的离散表示"，这对学生来说很重要.

这说明，大多数教师对数列在新课程中的地位和作用是清楚的，对数列是一种特殊的函数也是高度认可的；但少部分教师对"等差数列与一次函数、等比数列与指数型函数的关系"的认知程度较低.

（2）对第 18 题，有 88.8% 的教师认同对数列可以从函数角度来进行教学，而对第 22 题，又有 41.2%（6.3%+34.9%=41.2%）的教师是赞成数列与函数的关系需分开讲，以免学生感到混乱. 这里，部分教师出现了认知上的冲突. 对第 21 题，93.6% 的教师赞同在数列教学中应从生活实例中引出数列概念.

这说明，绝大多数教师都认为应从数列的生活背景中，创设情景，引出数列概念. 这与《普通高中数学课程标准》提出的新教学理念："要体现数学的知识背景"是相一致的；而对数列的教学处理，可能会存在多种教学方式：有的会从函数范畴来教，有的会从数列角度来教，或有的从函数与数列交叉点来教，等等.

（3）对第 20 题，有 14.3% 的教师不清楚可以用数列模型来解决日常生活中的许多问题.

这说明，这部分教师对数列的应用价值不够清楚或没有重视. 数列模型的原型来源于我们的生活和生产中；反过来，又可以用它去解决我们生活中类似的问题，并且这些问题在生活中是常见的，如教育储蓄、购房贷款、人口增长、考古年限等问题. 让学生用数列去解决这些问题，参与数学建模的过程，体会其中的数学思想方法，有助于提高学生学习的积极性，使其感受学习数列是很有用的.

为进一步探究以上结论与教师的教龄、职称、学历等因素是否有显著性关系，我们又做了相关的卡方分析（见表 1-13）.

表 1-13　关于数列的课程观、教学观以及应用价值观的相关结论的卡方检验

| | 第 20 题 | | 第 22 题 | | 第 23 题 | |
	χ^2 值	P	χ^2 值	P	χ^2 值	P
教龄	13.765[a]	.131	43.654[a]	.000	12.872[a]	.378
职称	4.031[a]	.673	21.635[a]	.001	7.706[a]	.463
学历	10.385[a]	.109	15.772[a]	.015	7.945[a]	.439
班级人数	16.828[a]	.051	3.053[a]	.962	27.472[a]	.007

从表 1-13 中的数据，我们进一步得出以下结论：

（1）教师对"数列在生活中的应用价值"的认知程度与教师的教龄、职称、学历和所教班级人数都无显著性关系. 这说明此问题受教师的个人专业素养影响较大.

（2）不同教龄、不同职称、不同学历的教师对"数列与函数"的教学处理存在显著性差异. 我们可对第 22 题与教师教龄和学历的交叉表（见表 1-14 和表 1-15）做具体分析.

表 1-14　第 22 题与教师教龄交叉制表

| | | 第 22 题 | | | | 合计 |
		不赞成	不置可否	赞成	很赞成	
教龄	≤5 年	1	2	0	0	3
	6～10 年	3	0	4	0	7
	11～20 年	24	0	15	3	42
	≥21 年	7	0	3	1	11
合计		35	2	22	4	63

从表 1-14 中的数据可知：在不赞成"数列与函数的关系要分开讲"的教师中，教龄在 5 年及其以下的教师中约占 2.8%、6～10 年的教师中占 8.6%、11～20 年的教师中占 68.6%、21 年以上的教师中占 20%. 可见，随着教龄的逐渐增长，持不赞成的比例会越来越高，但到了一定年限（20 年），持不造成的比例又会下降，这说明他们对数列教学的认识随着教龄的增长

会更加深刻，处理得也会更加合理、更加恰当．当然，对于超过 20 年的教师，这可能与他们的知识老化有关．

表 1-15　第 22 题与教师学历交叉制表

		第 22 题				合计
		不赞成	不置可否	赞成	很赞成	
学历	大专	1	0	0	0	1
	本科	34	2	22	3	61
	研究生	0	0	0	1	1
合计		35	2	22	4	63

从表 1-15 中的数据可知：研究生学历和大专学历的教师各一名，在统计学上不具有代表性，所以他们的选择不宜参考．但这也从侧面反映出，高中数学教育还紧缺高学历的教师人才．因此，为了提高教师的教学理论水平和教研水平，还需鼓励教师继续学习．而从本科学历的教师中，也可明显地发现教师对"数列的教学处理方式"存在严重分歧．

（3）教师对"等差数列与一次函数、等比数列与指数型函数之间的关系"的认知程度与教师所教班级的人数有显著性关系．我们可对下面的交叉表（表 1-16）做具体分析．

表 1-16　第 23 题与班级人数交叉制表

		第 23 题					合计
		很不赞成	不赞成	不置可否	赞成	很赞成	
班级人数	30～39 人	0	0	0	0	1	1
	40～49 人	1	0	0	2	0	3
	50～59 人	0	3	1	9	2	15
	≥60 人	0	4	6	24	10	44
合计		1	7	7	35	13	63

从表 1-16 中的数据可知：授课班级人数在 49 人及其以下的教师极少，大多数教师授课班级人数在 60 人以上，而大班级授课的教师中，近 4/5 的教师认为学生深入理解"等差数列与一次函数、等比数列与指数型函数"之间的关系是非常重要的，这能帮助学生更好地理解和掌握等差、等比数列．这也

说明，虽是大班级教学，但教师对数列教学的认识还是较为准确和深刻的.

1.7.2　教师访谈

在对作为函数模型的数列问卷分析中，从第 20 题的调查统计可看出，部分教师对数列模型的应用价值还不十分清楚；从第 18 题和第 22 题的统计中发现，教师对数列的教学方式存在重大认知分歧；而从第 23 题的统计中又得知，教师对等差数列和等比数列与一次函数和指数型函数之间的关系有不同程度的认识. 为进一步探明以上三个问题，选取了部分教师，进行了教师访谈，得出了以下结论：

（1）大多数教师认为，数列与我们的生活息息相关，能用数列知识来解决生活中的相关问题，如小学时的数数、衣服的尺码标准、存款的利息增长等问题. 并且，数列本身作为一种数学模型，其数学概念、定理和公式等就是从实际问题中抽象出来的；反过来，我们又用数学模型去解决生活中的类似问题.

这说明，大部分教师是熟知数列模型的应用价值的，并认为学生了解数列模型的应用价值是有必要的. 这与《普通高中数学课程标准》提出的"认识数学的应用价值，从而形成解决简单实际问题的能力"和"发展学生的数学应用意识"基本理念和要求是相吻合的.

（2）关于数列的教学方式，大多数教师是在讲数列的同时补充与函数的关系，两者兼之，交叉教学. 如数列的概念，可解释为"定义在正整数集或其有限子集上的函数"；数列的通项式，也可看成对应的函数"解析式". 这样可把数列与函数紧密联系在一起，能使学生明白可将数列看成函数来学习；也有一部分教师是先把数列知识讲完，再补充说明：数列也可看成一种特殊的函数；极少数教师是从函数的范畴来讲数列，教师们认为学生对函数的认知水平还较低，若用数列的上位概念——函数来同化教学，学生很难理解，会造成认知上的障碍.

由此可看出，教师们基本都是把数列与函数统一起来讲解，并将函数的思想和方法渗透到数列教学中，自始至终体现数列与函数之间的关系，从而揭示数列就是一种特殊的函数，是函数的另一种表达形式.

（3）许多教师认为，学生深入理解"等差数列是一次函数的离散形式，等比数列是指数型函数的离散表示"是非常重要的. 因为等差、等比数列是高中阶段要学习的两种最基本的数列，同时也是我们生活中常见的两种数学模型，它为我们后面学习递推数列奠定了基础. 因此，要求学生熟练掌握和深刻认识等差、等比数列. 而使学生理解"等差数列是一次函数的离散形式，等比数列是指数型函数的离散表示"，能更好地帮助学生从函数思想上来理解和掌握等差、等比数列.

这表明，教师对等差、等比数列十分重视，对学生学习等差、等比数列的要求也较高. 因为高中数列问题主要是以等差、等比数列为载体展开的，同时它们又很好地体现了数列的本质特征，即"等差数列是一次函数的离散形式，等比数列是指数型函数的离散表示".

（4）据了解，目前高中学校几乎都是大班授课（70 人以上），许多教师认为，大班授课的工作量较大，教学任务过重，老师很少有时间进行教学反思和总结；还有，大班教学操作性不强，有些教学策略和方法得不到很好施展，如不能充分尊重个体差异性、难以进行探究性学习. 由此看出，班级人数对教师的教学方式和教学任务有一定影响.

1.7.3　教学分析

通过问卷分析和教师访谈，我们了解并分析了教师对"作为函数模型的数列"的课程观、教学观和应用价值观. 为了进一步研究教师关于数列的教学行为与认识是否统一，比如：是否注重从生活问题中引出数列相关概念；是否重视数列的实际应用教学；对数列的相关概念教学具体是采用哪一种教学方式，下面以"等差数列（第一课时）"为案例进行教学分析.

片段一：

【教材分析】

数列是高中数学重要内容之一，它在我们的实际生产和生活中有着广泛的实际应用. 它不仅是对前面函数的承接，而且也为后面学习数列、函数的极限做好了铺垫，在教材中起着承上启下的作用.

数列作为一种特殊的离散型函数，当然与函数思想密不可分，而等差数列是我们在学习了数列有关概念和给出数列的两种表示方法 —— 通项公式和递推公式的基础上，对数列知识的进一步深入了解和拓展. 从特殊数列入手来研究数列的性质，然后拓展到一般数列，是数学中常用的研究方法. 另外，把研究等差数列的方法迁移到今后要学习的等比数列上，也体现了数学中的类比思想.

通过"教材分析",我们可发现,教师对数列在高中数学中的地位和作用是十分熟悉的.学习数列其实是我们对函数所做的进一步的研究和学习,也为以后学习高等数学(极限、级数等)奠定了基础,起着承前启后的作用.同时,教师对数列在实际生活和生产中的应用价值也很关注.而本讲课"等差数列",正是从特殊数列入手,来进一步研究数列性质的.

片段二:

【学情分析】

(1)学生已经学习了函数知识,会用函数的思想和方法来处理一些问题,能以函数的观点认识等差数列(如等差数列的图像、单调性等).但要以函数的观点指导解题还有些困难,还不能用函数这一上位概念来同化等差数列这一下位概念.因此,关于等差数列的概念教学,若采用概念生成教学法,更符合学生的认知规律.

(2)学生已经学习了数列的基本知识,会类比数列是一种函数,得出"等差数列是一次函数的离散形式".

(3)学生已经具备简单的"观察—归纳—猜想—证明"能力,故而可让学生自主探究等差数列的通项式,可引导学生进行严谨的推理并证明其通项式.

(4)通过前面对函数的相关知识的学习,学生已经具备初步的数学建模能力,能从简单的生活背景中抽象出数学模型,进而形成数学概念.

从"学情分析"中,我们可得知,教师把数列看成一种函数,并希望用函数的思想方法来进行等差数列的教学,但考虑到学生对函数的认知水平,学生可能不容易理解用函数的概念来同化等差数列.因此,从生活实例中归纳生成出等差数列的概念更符合学生的认知水平.另外,教师在分析了等差数列与一次函数之间的关系后,可以引导学生通过类比数列与函数的关系得出.并且,学生具备了一定的数学建模基础,可以为抽象出等差数列模型做准备.

片段三:

【教学目标】

(1)知识与技能:记忆等差数列的通项公式,理解等差数列与一次函数的关系;理解等差中项的概念;会根据等差数列的定义和通项公式来判断和证明一个数列是否为等差数列；已知通项公式 $a_n = a_1 + (n-1)d$ 中的任意三个量，会求另外一个量.

（2）过程与方法：通过生活实例建立等差数列模型，体验数学发现和创造的过程；体会等差数列通项公式推导过程中的各种方法（归纳法、迭代法、累加法）.

（3）情感、态度和价值观：在应用等差数列的通项公式解决问题时，体会其中所蕴含的函数思想和方程思想；在应用等差数列来解决实际问题的过程中，体会等差数列在日常生活中的广泛应用性，以培养学生的学习兴趣.

【教学重难点】

（1）重点：等差数列的概念及其通项公式；理解等差数列与一次函数之间的关系.

（2）难点：探索并掌握等差数列的通项公式及其通项公式的应用；体会其中的数学思想方法.

从"教学目标"和"教学重难点"中，我们又可发现，教师把等差数列与一次函数的关系作为本讲的知识目标和教学重点，可见教师要求学生需很好地理解这两者之间的关系；从"过程与方法"的教学目标中，可反映出教师很关注等差数列模型的实际背景，注重模型的过程教学；同时，从"情感、态度和价值观"目标中又可看出，教学设计体现了等差数列的应用价值，目的在于培养学生利用数列模型解决问题的能力.

片段四：

【创设情景，引入新课】

师：在日常生活中，像教育贷款、购房贷款、存款利息等这些实际计算问题，同学们以后接触的会比较多. 这些问题都与数列中一个特殊的数列相关，本节课我们就专门来学习研究这个特殊的数列.

问题呈现：

"情景1：我们常常这样数奇数：1，3，5，__，__，__，__，… ①

情景2：女子举重比赛中有较轻的四个级别体重组成数列（单位：kg）：

$$48，53，58，63.$$ ②

情景3：一个水库的水位是 20 m，每天放水降低 3 m，最低降至 5 m，那么从开始放水算起，到最低水位那天，水库每天的水位组成数列（单位：m）：

$$20，17，14，11，8，5.$$ ③

情景 4：存入银行 10000 元钱，活期年利率为 0.72%，按照单利计算，5 年内各年末的本利和（单位：元）分别为

$$10072, \quad 10144, \quad 10216, \quad 10288, \quad 10360. \qquad ④$$

时间	年初本金/元	年末本利和/元
第 1 年	10 000	10 072
第 2 年	10 000	10 144
第 3 年	10 000	10 216
第 4 年	10 000	10 288
第 5 年	10 000	10 360

【合作交流，探索新知】

师：让学生观察上面的数列①、②、③、④，发现它们有什么共同特点？

生：经观察分析，我们可发现：

对于数列①，从第 2 项起，每一项与前一项的差都等于 __2__；

对于数列②，从第 2 项起，每一项与前一项的差都等于 __5__；

对于数列③，从第 2 项起，每一项与前一项的差都等于 __－3__；

对于数列④，从第 2 项起，每一项与前一项的差都等于 __72__．

也就是说，从第 2 项起，每一项与前一项的差都等于同一个常数，从而归纳概括出等差数列的概念．

……

师：在日常生活中，我们常常用到的等差数列有衬衫的尺码等．大家还能举出一些例子吗？

这里教师采用了"生成概念"的方式．他从一系列生活实例中抽象出等差数列的概念，这不仅体现了等差数列的知识背景，更加体现了数列模型的"源"．同时，又让学生联想到生活中具有等差变化的事或物，引发学生积极思考，突出等差数列在生活中的常见性．

片段五：

【例题剖析，强化概念】

例题 1：判断下列数列是否为等差数列？

（1）2，4，8，16，…

（2）4，4，4，4，4.

（3）1，2，4，6，8，…

（4）$a_n = 3n - 5, n \in \mathbf{N}^+$.

从例题 1 的第（4）小题中，我们可发现，a_n 是关于 n 的一次形式；也可看成 a_n 是 n 的一次函数. 而 $\{a_n\}$ 就是一个等差数列，这里不仅介绍了一种判断等差数列的方法，而且其中隐藏了等差数列与一次函数之间的关系，为后面继续探究两者之间的关系埋下了伏笔.

片段六：

【引导探究，合作交流】

师：如同我们在前一节看到的，能否确定一个数列的通项公式对研究这个数列有重要的意义；同学们思考下，等差数列有通项公式吗？如果有的话，是什么形式呢？

方法 1：观察法.

我们知道，数列的通项公式表示的是数列 $\{a_n\}$ 的第 n 项与序号 n 之间的关系. 下面请同学们观察数列①，②，③，④，找出其中的规律，分别写出它们的通项公式：

对于数列①，其通项公式是 $a_n = 2n - 1$ 或 $a_n = 1 + 2(n-1)$；

对于数列②，其通项公式是 $a_n = 48 + 5(n-1)$；

对于数列③，其通项公式是 $a_n = 20 - 3(n-1)$；

对于数列④，其通项公式是 $a_n = 10072 + 72(n-1)$.

从而归纳概括出等差数列的通项公式为：$a_n = a_1 + (n-1)d$.

方法 2：累加法.

……

方法 3：归纳法.

……

方法 4：迭代法.

……

这里介绍了推导等差数列通项式的许多方法，其中的方法 1 为观察法. 从函数的表示方法角度看，观察法就相当于从"列表"中观察数列的变化规律，通过不完全归纳得到通项公式. 其实，我们还可从"图像"角度得到等差数列的通项公式，因为等差数列的点分布在一条直线上，只要得到直线的方程，即可得到等差数列的通项式．教师可试着引导学生从图像角度推出通项式，给学生耳目一新的感觉，从而使学生进一步体会两者之间的关系．

片段七：

【讲解例题，巩固新知】

例题2：某市出租车的计价标准为1.2元/km，起步价为10元，即最初的4 km(不含4千米)计费10元．如果某人乘坐该市的出租车去往14 km处的目的地，需要支付多少车费？

解答：（多媒体演示）．

随堂练习：教材第39页练习第2题．

例题3：已知数列$\{a_n\}$的通项公式为$a_n = pn + q$，其中p, q为常数，那么这个数列一定是等差数列吗？

解答：（多媒体演示）．

通过例题2，列举平常生活中的打车付费问题，并从实际问题中抽象出数列模型，然后用数列知识解决实际问题，体现了"数学建模"思想，也体现了等差数列的应用价值，从而让学生感知学习等差数列是有用的．这与新课标提出的"注重数学知识的应用价值和培养学生情感、态度和价值观"理念是相一致的．

通过例题3，进一步揭示了等差数列与一次函数之间的关系，从而得到了判断一个数列是否为等差数列的另一种方法．再次突出本讲课的教学重点．

片段八：

【探究学习】

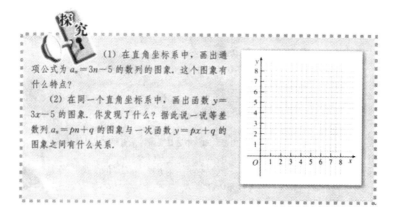

作业布置：教材第 39 页练习第 3、4、5 题；

教材第 40 页习题 2.2 A 组第 1、2、5 题.

本节课最后设计"活动探究"，旨在让学生通过作图来探究等差数列与一次函数的关系，以加深学生对等差数列的认识，即等差数列就是一次函数的离散表达形式，突出了两者之间的本质联系. 但将其安排在本节课的最后，可能会受课堂时间影响，不能充分揭示等差数列与一次函数之间的本质联系，如作为课后思考，恐不能达到预期设计的目的. 其实，在探索通项式时，可从图像角度，由点的分布情况与对应一次函数的关系得出等差数列的通项式. 这不但揭示了两者之间的关系，而且还从函数角度推出了通项式，可谓一举两得.

"作业布置"，旨在训练学生的建模能力，培养学生解决问题的能力. 这关注到了等差数列的实际应用，体现了等差数列的应用价值.

综上所述，教师通常采用"数列与函数的关系"交叉教学，还从生活实例中，先归纳概括出等差数列，再研究等差数列，同时揭示了等差数列与一次函数的关系，并不断渗透体现. 这种教学方式并未采用从函数的角度来统筹数列教学，这与教师对"数列可以从函数的角度来教学"的认知不相符合. 但教学中，等差数列的应用价值得以体现了.

1.8 教学现状及建议

1.8.1 作为模型的函数教学现状

通过问卷调查和教师访谈，再结合实际教学分析，发现教师对新课标提出"把函数作为数学模型来教"的新理念的认知水平较高，教学时注重了模型的实际背景，多从实际问题中引出函数模型；突出了函数的模型特征，如三角函数模型的周期特征、数列的函数本质，但也有揭示不够深刻的，如指数函数的增减特征. 但轻视了函数模型在实际问题中的应用，多是体现在数学知识中，而在生产和生活中体现得较少，如指数函数模型、三角函数模型.

1. 作为函数模型的指数函数教学现状

通过调查分析和教学案例分析，发现大部分教师对指数函数作为函数模型的教学认知水平较高. 教学中, 能充分体现指数函数模型的实际背景, 也能更加关注指数函数的图像教学. 但是对指数函数的模型特征揭示得不够深刻、实际应用也较少. 具体研究结果如下:

（1）少部分教师对指数函数是刻画"增减变化"的数学模型不知道或不清楚, 这主要受教师个人专业素质的影响. 从函数模型的角度, 没能够准确认识指数函数的本质.

（2）在指数函数教学中时, 绝大多数教师都关注了指数函数的实际背景, 并从生活问题中引出指数函数概念, 体现了数学模型源于生活问题的实质.

（3）大部分教师认识到了指数型函数和指数函数是同等重要的, 且在课堂教学中, 让学生辨别指数型函数和指数函数, 以加深学生对指数函数的理解.

（4）在指数函数图像教学中, 教师将重点放在了对指数函数性质的归纳上, 却未能从图像角度进一步揭示指数函数的模型特征.

2. 作为函数模型的三角函数教学现状

关于作为函数模型的三角函数的教学, 绝大部分教师对三角函数是刻画"周期现象"的数学模型的认知程度较高; 但部分教师对三角函数的内容和地位的认识不准确, 如认为抽象函数才是学生学习函数的最大难点, 不赞成高中三角函数是对初中三角函数的扩充. 具体相关结论如下:

（1）在三角函数教学中, 教师注重与其他学科的联系, 体现了用不同的学科方法来研究同一类问题, 反过来也说明了三角函数作为函数模型在其他学科中的应用性.

（2）对三角函数的教学, 教师多采用情境教学, 并从实际生活中的周期现象中引出课题, 体现了三角函数的模型特征.

（3）在三角函数教学中, 多数教师关注了周期性的教学, 突出了三角函数的本质性. 但少数教师对此认知程度较低, 这是受应试观点的影响, 并将重心放在了单调性等性质上. 同时, 这与学校类别也有显著性关系.

3. 作为函数模型的数列教学现状

对作为函数模型的数列而言:

（1）教师对"数列是一种离散函数"的认知程度很高, 这是一个典型的刻画离散现象的函数模型.

（2）教师的数列课程观较高. 把数列定为高中数学的一个重点知识，并利用函数的思想和方法来解决数列相关问题，以突出数列的难点；而少数教师对数列的应用价值的认知程度不高.

（3）在数列教学中，教师注重模型的实际背景，并从实际生活问题中来研究数列；对数列的教学方式基本采用"数列与函数的关系"交叉教学，将数列与函数相互渗透，自始至终体现两者之间的关系.

1.8.2　作为模型的函数教学建议

根据上述研究结论，我们认为：

第一，函数教学需从现实生活中归纳概括出函数的概念，再把函数应用于现实生活中，去解决简单的实际问题. 这就是荷兰数学家和数学教育家弗赖登塔尔（H.Freudenthal）提出的：数学教学必须"源于生活，寓于生活，用于生活".

第二，函数教学，需凸显函数的模型特征，淡化不必要的形式训练，加深对函数的现实认识.

第三，突出函数思想方法的教学，特别是对于数列教学，要突出函数的思想.

1. 作为函数模型的指数函数的教学建议

1）以科学的课程观为指导

指数函数是学生在学习了函数概念并研究了函数的基本性质后，紧接着学习的第一个基本初等函数. 在知识生成过程中，指数函数起着承前启后的作用. 也就是说，学习指数函数不仅是对前面学习的函数概念的加深认识和理解，而且也为后面学习对数函数、幂函数和三角函数等提供了类比研究的方法. 从数学思想方法上讲，这是一个演绎的过程，从函数概念到具体的函数，即从一般到特殊的学习研究. 可见，指数函数在课程安排上处于非常重要的地位.

2）以恰当的教学方法为手段

《普通高中数学课程标准》要求学生把函数作为描述客观世界变化规律

的重要数学模型来学习，结合实际问题，感受运用数学概念建立数学模型的过程和方法，强调指数函数、对数函数和幂函数是三类不同的函数增长模型．因此，教师在指数函数教学中，应注重指数函数模型的知识背景，从生活实例中寻找指数函数模型，创设情景，引出指数函数概念．让学生体验知识的生成过程，体会指数函数模型在我们实际生产和生活中的广泛存在性；利用现代信息技术，借助几何画板来画指数函数的图像，能使图像更精确、更直观，让学生对指数函数形成感性认识．最重要的是，关于"函数"的教学，关键在于对其"图像"的教学，因为我们常从图像角度来研究一个函数的性质．这也更符合学生现阶段的认知水平和心理特征．利用几何画板作图像，还能生成动态的图像，让学生通过观察随着指数函数的底数 a 的变化，图像也随之变化，进而归纳概括出指数函数的单调性是与底数 a 有关的，并对指数函数进行分类研究（$0 < a < 1$ 和 $a > 1$）．学生在观察图像时，不知不觉地就突破了本节课的难点．可见，现代信息技术在教学中也产生了至关重要的作用；在指数函数图像教学中，不仅仅是从图像得到基本性质即可，还要从图像揭示指数函数刻画的是怎样的函数模型．

3）通过实际应用来体现

数学模型的原型源于现实生活，而又高于现实生活．指数函数模型可以从生活实例中抽象出来，反过来，它又可刻画和解决包括原型在内的更广泛的一类问题．教学时，教师不能仅仅局限在数学知识的训练上，还应搜集呈指数增减的相关问题或创造性地设计呈指数增长的有趣问题（如生活垃圾增长），让学生参与"数学建模"活动，利用指数函数知识来解决问题，以培养学生解决实际问题的能力，这正体现了数学知识的应用价值．也就是说，让学生不但要知道指数函数"是什么"，而且还要知道用它能"干什么"．

2. 作为函数模型的三角函数的教学建议

1）树立正确的课程观

三角函数内容安排在数学 4 必修第一章中，根据普通高中数学必修模块的教学顺序（1-4-5-2-3），它刚好是学生学完基本初等函数（Ⅰ）：指数函数、对数函数、幂函数和函数的应用后，继续学习的另一种重要的基本初等函数. 我们可类比研究基本初等函数（I）的方法来研究三角函数，以便让学生掌握研究函数的方法并体会其中的数学思想，进而加深对函数本质的认识.《普通高中数学课程标准》将三角函数作为描述周期现象的重要数学模型，在数学和其他学科中都具有重要的作用. 为了突出这一本质内容，课程删减了一些内容：如任意角的余切、正割、余割和反三角函数等；同时也降低了一些要求：如在三角恒等变形中，不要求掌握积化和差、和差化积和半角公式等，不要求做复杂、技巧性强的恒等变形等. 因此，教师应理解、吃透新课程，抛开旧观念，树立新思想，对削减的内容要"放得下"，同时对新增的知识也要能"拿得起". 还有，高中三角函数无论从内容和应用上讲，还是从三角函数的发展史看，都是对初中三角函数的扩充，教师应具有这种认识观.

2）突出模型的特征教学

学习数学模型的最好方法是经历数学建模的过程，即首先从大量的实际背景中概括抽象出三角函数的概念（数学模型），然后利用数学方法研究三角函数的性质，最后运用这些数学模型去解决与其类似的问题. 因此，教师在三角函数教学中，应树立一种数学模型的观念，用数学模型的观点统筹这些内容.

进行三角函数教学时，教师应多关注以下两点：（1）根据学生的生活经验，创设丰富的情境，如通过物理学中的单摆、圆周运动，以及生活中的潮汐现象、四季变化、一星期天数变化等实例，使学生感受周期现象的广泛存在性，进而认识周期现象的变化规律，体会三角函数是刻画周期现象的数学模型以及三角函数模型的意义.（2）注意三角函数模型的实际应用，即运用三角函数来刻画和描述周期变化的现象，建立简单数学模型，解决一些简单的实际问题.

在三角函数教学中，教师要突出其周期性. 如在定义任意角的三角函数时，若利用单位圆和角的终边来定义，只要角的终边相同，它们的三角函数值就相等；又如，在正弦函数、余弦函数的图像教学中，先作出 $[0, 2\pi]$ 区间上的图像，然后由其周期性，得到整个实数 **R** 集上的图像，并通过图像直观地感受周期性及其重要意义；再如，要得到三角函数在 **R** 上的所有单调区间、对称轴或对称中心、最值，这些结论都依赖于周期性.

从关于三角函数模型的问卷分析中，发现教师对三角函数周期性的认知程度与其任教的学校类别有显著性差异. 在城市学校任教的教师对周期性的认知程度明显高于在农村学校任教的教师. 我们可从以下几方面来提高农村教师的教学观：教师培训时，建议增多农村教师的名额，为他们提供更多的专业培训机会；组织城市教师"下乡送教"活动，为农村教师提供学习、交流的平台；在城市学校和城郊学校、城郊学校和乡镇学校之间进行教师轮岗制试点，实现优师优资共享，以先进教育理念带动落后教育理念，共同促进教育发展. 与此同时，政府应加强农村教育建设，引进高素质人才，提高师资队伍建设.

3）增加三角函数的实际应用

因为三角函数模型在数学和其他学科以及实际生产、生活中都有着广泛的应用，所以教师应注重培养学生实际操作和解决问题的能力. 在这个内容教学中，可以插入"数学探究"或者"数学建模"活动，鼓励学生综合运用基本初等函数模型解决实际问题. 例如，可以提供一个简单的实际问题背景及一些数据信息，让学生选择适当的初等函数模型来刻画和解决该问题. 在此过程中，应鼓励学生使用计算机进行函数拟合，以帮助他们探索和解决问题.

3. 作为函数模型的数列的教学建议

1）加深对数列本质的认识

数列是刻画离散现象的数学模型. 离散现象在自然界中是普遍存在的，人们常常通过离散现象去认识连续现象，这就使得数列在数学中占有重要的地位，同时也成为高中数学中的经典内容，成为高等数学中研究的重要内容.

《普通高中数学课程标准》把等差数列和等比数列作为两种特殊的数列来学习，强调在具体的问题情境中发现等差关系或等比关系，既突出了问题意识，又有助于学生对数学本质的认识. 体会等差数列与一次函数、等比数列与指数型函数的关系，实现了数列与函数的融合.

2）融入函数的思想和方法

在教学中，要通过日常生活中的实例来引入并讲解数列的概念和几种表示方法. 要特别突出数列是一种特殊的函数, 如通过列数 (列表)、图像、通项公式 (解析式) 来表示数列, 让函数的"身影"随处可见, 并将函数融入其中. 切不可将数列独立于函数之外, 单纯地进行讲解.

组织学生探究等差数列、等比数列与一次函数、指数型函数之间的关系, 让学生从函数观念、连续与离散关系的角度来认识数列, 突出其本质.

3) 体现数列的生活应用

引导学生做必要的基本技能训练, 让学生掌握数列中各量之间的基本关系, 但要控制难度和复杂度, 不要过度地搞一些"计算烦琐, 人为技巧化"的难题和偏题. 应关注学生对数列模型本质的理解, 注重实际应用.

多从实际生活中列举实例, 如贷款、利率、人口增长、放射性物质的衰变等, 让学生从中抽象出数列模型, 并应用数列知识解决实际问题. 又如《普通高中数学课程标准》里提供的关于教育储蓄的案例, 应组织学生进行研究性学习. 教师要以此为例, 引导学生从实际生产和社会生活中寻找更广泛的探究题材, 以便真正将"认识数学的应用价值, 从而形成解决简单实际问题的能力"这一新课程的基本理念落实到数学教学中.

【附录】

教师问卷调查表

尊敬的教师:

您好! 首先感谢您能参加本次关于函数模型教学研究的问卷调查. 问卷不记名, 答案无正确与错误之分, 请务必按照您的真实想法和做法对问卷中的问题做出真实地回答. 您的真实回答将在很大程度上提高本次研究的可信度和有效度, 改进课堂教学, 提高数学教学效率. 谢谢您的合作!

一、您的基本情况 (请在符合您情况的选项前的号码上打"√"):

1. 性别: (A) 男　　(B) 女

2. 年龄: (A) 30 岁以下 (含 30 岁)　　(B) 31～40 岁　　(C) 41～50 岁　　(D) 51 岁及以上

3. 教龄: (A) 5 年以下 (含 5 年)　　(B) 6～10 年　　(C) 11～

20 年　　（D）21 年以上（含 21 年）

4. 职称：（A）中学二级及以下　　（B）中学一级　　（C）中学高级及以上

5. 现在的学历：（A）中专（高中）及以下　　（B）大专　　（C）本科　　（D）研究生

6. 任教每个班级的人数：（A）30～39 人　　（B）40～49 人　　（C）50～59 人　　（D）60 人及以上

7. 近三年参加县级以上教师培训次数：（A）0　　（B）1 次　　（C）2 次　　（D）3 次及以上

8. 任教学校：（A）城市学校　　（B）城郊学校　　（C）乡镇学校

二、请遵照您内心真实的感受和思考如实完成以下选择题（全为单选，请在符合您情况的选项前的号码上打"√"）.

1. 基于对新课程理念的理解，我认为应当把"函数"作为"一种描述客观世界变化规律的重要数学模型"来教.

A. 很赞成　　B. 赞成　　C. 不置可否　　D. 不赞成　　E. 很不赞成

2. "作为数学模型的函数"的教学，应更加重视生活实例的引入，让学生感受函数模型的广泛存在性和重要性.

A. 很赞成　　B. 赞成　　C. 不置可否　　D. 不赞成　　E. 很不赞成

3. 在函数模型教学中，应多引导学生联系生活经历和实际问题，列举、描述各种各样的函数模型，体会不同的函数模型的作用，以进一步理解函数的本质.

A. 很赞成　　B. 赞成　　C. 不置可否　　D. 不赞成　　E. 很不赞成

4. 在函数模型教学中，应避免对函数的定义域和值域做烦琐、复杂的训练.

A. 很赞成　　B. 赞成　　C. 不置可否　　D. 不赞成　　E. 很不赞成

5. 在函数模型教学中，应采取多次接触，反复体会，螺旋上升，逐步加深理解，循序渐进的方式，不能一蹴而就.

A. 很赞成　　B. 赞成　　C. 不置可否　　D. 不赞成　　E. 很不赞成

6. "作为数学模型的函数"教学，应重视与其他学科的联系和应用.

A. 很赞成　　B. 赞成　　C. 不置可否　　D. 不赞成　　E. 很不赞成

7. 在函数教学中，应恰当插入数学探究、数学建模活动，让学生体会利用简单的函数模型来解决简单的实际问题，同时让学生学会从实际问题中抽象出简单的函数模型.

　A. 很赞成　　B. 赞成　　C. 不置可否　　D. 不赞成　　E. 很不赞成

8. 指数函数是一个典型的描述现实中增减变化的数学模型.

　A. 很赞成　　B. 赞成　　C. 不置可否　　D. 不赞成　　E. 很不赞成

9. 对指数函数概念进行教学时，需要从生活实际问题中引出概念.

　A. 很赞成　　B. 赞成　　C. 不置可否　　D. 不赞成　　E. 很不赞成

10. 在指数函数概念教学中，很有必要给学生介绍指数型函数的概念.

　A. 很赞成　　B. 赞成　　C. 不置可否　　D. 不赞成　　E. 很不赞成

11. 在指数函数的概念、图像和性质的教学中，应该更加重视图像的教学.

　A. 很赞成　　B. 赞成　　C. 不置可否　　D. 不赞成　　E. 很不赞成

12. 三角函数是学生最难学的一种函数，也是学生进一步学习函数的最大障碍.

　A. 很赞成　　B. 赞成　　C. 不置可否　　D. 不赞成　　E. 很不赞成

13. 高中三角函数是对初中所学的三角函数的扩充.

　A. 很赞成　　B. 赞成　　C. 不置可否　　D. 不赞成　　E. 很不赞成

14. 三角函数是一个典型的反映具有周期现象的数学模型.

　A. 很赞成　　B. 赞成　　C. 不置可否　　D. 不赞成　　E. 很不赞成

15. 三角函数教学应注重知识的背景，需要从问题情景中导出概念.

　A. 很赞成　　B. 赞成　　C. 不置可否　　D. 不赞成　　E. 很不赞成

16. 在三角函数的单调性、奇偶性和周期性的教学中，应更为关注周期性的教学.

　A. 很赞成　　B. 赞成　　C. 不置可否　　D. 不赞成　　E. 很不赞成

17. 数列是高中数学的一个重要知识点，同时也是教学难点.

　A. 很赞成　　B. 赞成　　C. 不置可否　　D. 不赞成　　E. 很不赞成

18. 数列可以从函数的视角来进行教学.

　A. 很赞成　　B. 赞成　　C. 不置可否　　D. 不赞成　　E. 很不赞成

19. 数列可以帮助学生进一步认识函数的本质.

　A. 很赞成　　B. 赞成　　C. 不置可否　　D. 不赞成　　E. 很不赞成

20. 我们可以用数列模型来解决日常生活中的许多问题.

A. 很赞成　　B. 赞成　　C. 不置可否　　D. 不赞成　　E. 很不赞成

21. 数列教学需要通过生活实例来引出.

A. 很赞成　　B. 赞成　　C. 不置可否　　D. 不赞成　　E. 很不赞成

22. 数列与函数的关系需分开单独讲解，以免使学生感到混乱.

A. 很赞成　　B. 赞成　　C. 不置可否　　D. 不赞成　　E. 很不赞成

23. 学生深入理解"等差数列是一次函数的离散形式，等比数列是指数型函数的离散表示"非常重要.

A. 很赞成　　B. 赞成　　C. 不置可否　　D. 不赞成　　E. 很不赞成

第2章

高中数学"三角函数"教学研究

三角函数在高中数学课程中属于传统教学内容,具有许多特殊的性质,同时也是中学阶段唯一一个被系统研究的周期函数模型,在数学和其他领域中都有相当重要的作用. 但是,在实际教学中,三角函数历来都是一个难点. 随着课程改革的推进,高中三角函数的教学内容、要求都在发生变化,比如,三角函数的"终边-始边"定义与"单位圆"定义之间的转变;再比如,三角函数教学的中心任务由服务于"三角恒等变换"转变为"作为刻画现实世界中周期运动的数学模型";等等. 这些变化预示着高中数学教师需要通过改变"以往"的教学设计理念、改进"以往"的教学实施过程来适应. 那么,一线高中数学教师在实际教学中做得如何,有哪些问题,这些都亟待进行深入研究.

2.1 已有研究简介

纵观国内数学文献,对高中三角函数内容进行研究的文章很多,但大多都集中在三角函数的概念学习、教材比较以及学生害怕学习三角函数的原因等理论研究方面,而针对其教学现状的实证性研究较少. 为此,本次研究采用了问卷调查法、访谈法和课堂观察法等研究方法,对四川省高中三角函数教学现状进行调查,希望获得当前四川省高中三角函数教学的真实情况.

有学者对学生对三角函数概念的学习进行了研究. 例如,华东师范大学的硕士生胡慧敏通过研究,发现学生主要是借助表象来理解和表征概念的,这说明新课改对学生掌握三角函数概念有一定的影响. 她对学生的学习状况进行了研究,认为:(1)获得概念就是形成合适的概念表象;(2)函数知识和任意角概念对三角函数概念的掌握影响较大;(3)教学中应留给学生足够的时间进行反思，以便让学生进行反省和抽象．

有学者对中美两国三角函数的教材结构进行了研究．例如，高令乐就详细地比较了美国天才教育教材和我国人教 A 版教材中三角函数的教材结构的区别．他发现，两种教材中的栏目都很丰富，设置了多样的图表，注重数形结合．但是，这两种教材的习题，在题量、题型和素材等方面都有差异，在知识结构上也有差异．天才教育教材的特色是数学探究、数学应用、数学建模和数学文化，这对于我国高中数学新课程改革很有借鉴意义．

有学者对高中生学习三角函数困难的原因进行了研究，并且针对这些原因，对未来高中三角函数课程的改革方向进行了预测．例如，朱勋彬发现 30%的学生都害怕学习三角函数，尤其是对三角函数定义的学习，繁多复杂的公式也使学生望而却步．他对未来三角函数的教学内容和课改思路进行了展望：（1）改革三角函数的定义．建议直接用单位圆的有向动半径在水平方向上的投影定义角的余弦，竖直方向上的投影则是角的正弦．（2）删掉两角和与差的正弦、余弦和正切，以及倍角、半角公式．（3）利用计算器进行角度与弧度的转换，求解三角函数值，直接画出它的图像并研究其性质．

有学者从课程实施方面找出了学生学习三角函数困难的原因．例如，姚琳认为，学生之所以学习三角函数不顺利，其原因就在于课程教材和教学实施．在三角函数定义的教学中，要重视数学思想的连贯性，将直角坐标系中点的位置的确定作为切入点，把锐角三角函数延伸到任意角的三角函数．认为：（1）三角函数教学要注重新旧知识之间的结合点和转折点．（2）教学中要重视对三角函数的发展过程进行展示，以使学生从数和形两方面去理解三角函数概念．（3）将合情推理与严密叙述论证相结合．（4）设计富有挑战性的问题，激发学生的求知欲．

2.2　研究设计

2.2.1　研究目的

本次研究的目的在于通过对高中三角函数教学现状的调查研究，深入了解高中阶段数学课程的实施情况，以及教师和学生的适应程度．并针对三角函数的教学现状，提出一些具体反思与建议．

2.2.2　研究对象

在问卷调查方面，选取高中阶段的老师和学生作为调查对象．在课堂观察方面，随机选取了高一上学期的几名数学教师的三角函数教学课堂作为观察对象．课后，再对他们进行访谈．

2.2.3　研究方法

1. 文献研究法

文献法主要是通过阅读有关书籍和报纸杂志，以及上网查阅资料等，来了解国内学者对高中三角函数内容的研究情况．

2. 比较研究法

以《普通高中课程标准实验教科书数学 4（A 版）必修》与《全日制普通高级中学教科书（必修）数学第一册（下）》中三角函数部分的引言和三角函数的定义为研究对象，用文本比较的方式，探讨与原有教材相比，现行教材有哪些改进，它又是怎样去体现新课标理念的，希望能为高中数学教师的三角函数教学提供一些有用的信息．

3. 问卷调查法

经过大量的文献阅读后，根据研究目的编制"新课标下高中三角函数教学现状调查问卷"（详见附录），该问卷是我与指导教师反复讨论、审定和修改而成的有效资料．问卷调查后，对回收的有效问卷的全部数据，采用 Excel 统计软件进行处理和统计．

4. 课堂观察法

通过随堂听课以及参加教育部门和学校组织的观摩课听课评课活动，观察师生行为，记录课堂教学情况，探究一线高中数学教师对变化的适应状况以及出现的问题．

5. 访谈法

访谈法是本次研究所采用的辅助方法. 通过对调查问卷数据进行统计分析，发现问题；然后对部分高一数学教师进行访谈，进一步深入了解他们对于高中三角函数教学的真实想法.

2.2.4　数据处理

数据的定性与定量分析：首先，根据调查问卷的维度定性地划分问题类型，再采用 Excel 统计软件对调查问卷的数据进行定量的处理和统计，将具体结果以百分比的形式给出，并且在第四小节用相应的图表显示出来. 其次，结合访谈和课堂观察中所获得的资料进行合理的组合和定性分析. 最后针对问题进行反思.

2.3　基于高中教材分析的"三角函数"定义研究

2.3.1　三角函数引言的比较

在《普通高中课程标准实验教科书数学 4（A 版）必修》（现行教材）与《全日制普通高级中学教科书（必修）数学第一册（下）》（原有教材）这两种教材的三角函数部分的引言中，每一章内容的开头都有一个章头图和引言. 其篇幅虽然不大，但它却简要地介绍了本章所要学习的主要知识内容和教学目标，起到了很好的引入作用. 另外，引言中还列举了许多贴近学生生活的且与本章所学知识息息相关的实例：一是给本章知识进行一个直观地展示，二是能激起学生的求知欲. 所以，引言对于数学教学起着非常重要的作用.

在现行教材引言的开头，给周期性下了一个一般性的定义：现实世界中的许多运动、变化都具有循环往复、周而复始的现象，这种变化规律叫作周期性. 然后再辅以昼夜交替和四季变化等现象进行说明. 但是在原有教材的引言中，却没有对周期性进行明确的定义，只是讲了钱塘江潮汐是一种周期性现象，然后在第二段对物理学中的周期运动进行了简单的描述，即在这样的运动当中，每间隔相同的时间，运动物体的轨迹完全相同（原教材）. 两者相比较，现行教材对周期性的新定义更加直观形象，也与后面三角函数值的周而复始的变化规律相呼应，有利于同学们对三角函数周期性的理解. 另外, 现行教材的引言更体现了对周期性的重视, 突出了三角函数是刻画周期性变化规律的函数模型.

两种版本教材的引言中, 为了说明周期性, 都列举了大量的例子. 在原教材中, 列举了钱塘江潮汐、车轮、风车扇叶、小球的自由摆动以及弹簧的简谐振动等; 而现行教材的引言中, 则是列举了昼夜交替、四季变换、月圆月缺、作匀速圆周运动的物体、作简谐运动的物体、交流电等. 原教材中, 以钱塘江潮汐为章头图, 图像比较小, 模糊不清, 这对于很多没有真正看到过钱塘江大潮的同学来说, 很难在头脑中形成一个直观的具有周期性的潮涨潮落的画面; 很多同学也没有真正看见过风车, 还有由于车轮的转动过快, 其上某点的运动具有周期性, 也不是那么容易可以直接观察出来的. 这些例子不具有普遍性, 不适用于所有的学生. 但是, 现行教材就很好地认识到这一点, 所举的例子更加贴近生活. 首先, 它以一个月中月亮的圆缺变化为章头图, 图形较大, 画面精美, 我们都知道月有阴晴圆缺, 但是很多人都不明白月亮变化的具体时间以及每一阶段的名称; 可是, 章头图为我们提供了答案, 它能激发学生的求知欲, 引起学生学习的热情. 其次, 现行教材还列举了昼夜交替和四季变换这两个同学们熟悉得不能再熟悉的例子来说明周期性, 更加形象直观地说明了周期性的定义, 使周期性更容易被学生接受理解, 也体现了数学与我们的日常生活是息息相关的. 再次, 现行教材还列举了作匀速圆周运动的物体、作简谐运动的物体、交流电三个物理学中常见的现象, 体现了数学与其他学科的联系, 说明了数学的基础性和应用性.

其实, 仔细体会现行教材引言中所举的例子, 你就会发现编者的良苦用心. 以前, 很多学生都不知道学了数学到底有什么用, 因为在生活中, 经常用到的是加减乘除, 而其他的数学知识学了过后, 几乎就没有用过. 在现行教材引言中, 所举的例子都是经过作者精挑细选的, 小到物体质点、大到宇宙天体的运动, 其中都含有数学的影子. 这样就可以让学生明白, 数学已经渗透到我们日常生活中的每一个角落, 几乎所有学科的发展都离不开数学, 让学生深切感受到数学是有用的, 从而产生学习数学的内在动机. 现行教材还非常强调数学的应用性, 重视培养学生的数学应用意识.

原有教材虽然也提到三角函数是描述周期运动的函数模型, 但是重视得不够, 它更加强调三角函数的一些关系式、三角恒等变换以及已知三角函数值求角等变形方法和计算. 但是在现行教材的引言里，这些一点都没有提到，而是提出了一系列问题：如何在数学中刻画客观现实世界中的周期性变化规律，三角函数到底是怎样的一种函数，在解决具有周期性变化规律的问题中周期性到底发挥哪些作用，等等. 这样做有三个好处：第一，通过这些设问，引发学生对未知事物产生好奇，从而激起学生探索三角函数的欲望，激发学生学习数学的动力. 第二，突出了三角函数在刻画周期性变化规律的函数模型中的主干地位. 第三，体现了三角函数与现实世界的紧密联系，着重强调了三角函数的应用功能.

2.3.2　三角函数定义的比较

原有教材采用的是终边定义法，即"正弦、余弦、正切、余切、正割、余割都是以角为自变量，以比值为函数值的函数，以上六种函数统称为三角函数". 其优点是进行三角函数求值运算时简单快捷. 然而三角函数的所有性质、图像和公式的推导，都是借助于单位圆得出，但原有教材却没有明确单位圆在三角函数学习中的中心地位，致使很多学生忽略了单位圆在三角函数学习中的重要性. 而三角函数内容的一个典型特点就是公式繁多复杂，那么怎么才能记住这么多的公式呢？这也是大部分学生害怕学习三角函数的一个很重要的原因. 而在现行教材中，采用的是单位圆定义，即"正弦、余弦、正切都是以角为自变量，以单位圆上点的坐标或坐标的比值为函数值的函数，我们将它们统称为三角函数". 这样就明确提出了单位圆在三角函数学习中的中心地位，引导学生借助单位圆的直观，去探索三角函数的性质、公式以及图像的来龙去脉. 这样一来，学生会在头脑里形成一个以单位圆为中心的知识网络，便于理解和记忆. 同时，现行教材采用单位圆定义，还有许多其他好处.

高中数学教师在进行函数定义教学时，都会着重强调函数满足的是"一一对应"和"多对一"法则. 另外，我们在书写函数表达式时，习惯上都是以 x 为自变量，y 为因变量. 但是，如果采用"终边定义法"，则正弦 $\sin\alpha = \dfrac{x}{r}$，余弦 $\cos\alpha = \dfrac{y}{r}$，都是以比值为函数值. 如图 2-1 所示.

设 $P, P_1, P_2, \cdots$ 都是角 α 终边上不同位置的点，则

$$r = \sqrt{x^2 + y^2}\ ,\quad r_1 = \sqrt{x_1^2 + y_1^2}\ ,\quad r_2 = \sqrt{x_2^2 + y_2^2}$$

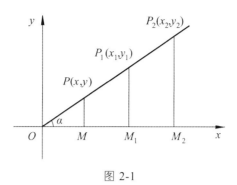

图 2-1

由终边定义可得到

$$\sin\alpha = \frac{y}{r}, \quad \sin\alpha = \frac{y_1}{r_1}, \quad \sin\alpha = \frac{y_2}{x_2}, \quad \cdots$$

$$\cos\alpha = \frac{x}{r}, \quad \cos\alpha = \frac{x_1}{r_1}, \quad \cos\alpha = \frac{x_2}{r_2}, \quad \cdots$$

函数定义对高一学生来说是一个难点，一部分学生根本就没有真正理解其中的含义．在这里，老师如果处理不好，或者学生没有认真听课，很容易引起这样的误会，即一个 α，同时有多个函数值与之对应，即"一对多"问题．然而从高中函数定义的角度来看，它根本就不是一个函数，这样就容易引起学生认知上的混乱．而现行教材中用单位圆来定义三角函数：$\sin\alpha = y, \cos\alpha = x$，就很好地避免了这种情况的发生．因为单位圆上的任意一点的坐标都是独一无二的，即每一个 α 都只有唯一的一个 x 或 y 与之对应，这很好地符合了高中对函数的定义，学生们接受起来比较容易．

《普通高中数学课程标准》中对三角恒等变换等传统三角函数内容进行了精简，同时还对一些内容降低了学习要求．其目的就是突出三角函数作为描述现实世界中周期运动的数学模型的本质．周期性是三角函数的第一性质．原有教材仅仅是从代数角度来说明周期性的，即由诱导公式 $\sin(\alpha + 2k\pi) = \sin\alpha$，$\cos(\alpha + 2k\pi) = \cos\alpha$ $(k \in \mathbf{Z})$，来推导出正弦函数、余弦函数的周期性．而现行教材不但用了诱导公式来说明正弦函数的周期性，还强调在前面的学习中，教师要引导学生通过对正弦线的变化规律的观察，来体会正弦函数值的"周而复始"的变化规律，让学生直观地"看见"正弦函数的周期性，达到数形结合的目的．这样学生的理解会更加透彻，印象也更加深刻. 新课程提倡积极主动、勇于探索的学习方式，这一点在现行教材中体现得淋漓尽致. 现行教材只是推导了正弦函数的周期，然后让同学们自己去探索余弦函数的周期. 采用单位圆定义后，学生就会很自然地利用单位圆中三角函数线的直观形象去探索余弦函数的周期，大大降低了探索的难度，对于观察、探究和分析等数学能力并不强的高一学生而言，这无疑会更加符合他们的实际情况. 而且通过对三角函数的数和形两方面的研究，学生能够知道知识的来龙去脉，并且体验再创造数学的乐趣，从而激发学习数学的兴趣.

我们学习新函数，都是从函数的图像和性质（定义域、值域、单调性、奇偶性）等方面着手去研究. 采用终边定义法，如果要求三角函数的定义域和值域，还要经过一系列的运算，比较麻烦. 而采用单位圆定义法，则可以在图像上，利用三角函数线，将其定义域、值域、单调性直观地展示出来，较好地体现了知识的来龙去脉，容易被学生接受，可以克服他们学习三角函数时的恐惧感.

比如求三角函数的值域、单调性等性质，我们也可以通过单位圆的三角函数线的变化规律，直观地展示出来. 下面以正弦函数为例，如图 2-2 所示.

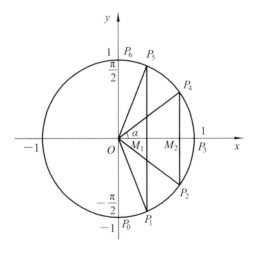

图 2-2

当 $\alpha \in \left[-\dfrac{\pi}{2}, \dfrac{\pi}{2} \right]$ 时，从图像中角 α 的正弦线

$$\overrightarrow{OP_0} \to \overrightarrow{M_1P_1} \to \overrightarrow{M_2P_2} \to \vec{0} \to \overrightarrow{M_2P_4} \to \overrightarrow{M_1P_5} \to \overrightarrow{OP_6}$$

的变化趋势可以看出：

当 $\alpha \in \left[-\dfrac{\pi}{2}, \dfrac{\pi}{2} \right]$ 时，随着角 α 的增大，其正弦值 $\sin\alpha$ 也在逐渐增大；

当 $\alpha = -\dfrac{\pi}{2}$ 时，$\sin\alpha$ 取到最小值 -1；

当 $\alpha = \dfrac{\pi}{2}$ 时，$\sin\alpha$ 取到最大值 1.

当 $\alpha \in \left[\dfrac{\pi}{2}, \dfrac{3\pi}{2} \right]$ 时，由

$$\overrightarrow{OP_0} \to \overrightarrow{M_1P_1} \to \overrightarrow{M_2P_2} \to \vec{0} \to \overrightarrow{M_2P_4} \to \overrightarrow{M_1P_5} \to \overrightarrow{OP_6}$$

的变化趋势可以看出，随着角 α 的增大，$\sin\alpha$ 的值反而减小（见图 2-3）；

当 $\alpha = \dfrac{\pi}{2}$ 时，$\sin\alpha$ 取到最大值 1；

当 $\alpha = \dfrac{3\pi}{2}$ 时，$\sin\alpha$ 取到最小值 -1.

所以当 $\alpha \in [0, 2\pi]$ 时，$-1 \leqslant \sin\alpha \leqslant 1$.

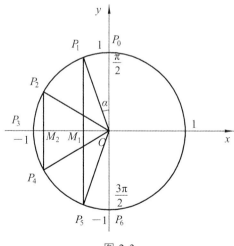

图 2-3

再根据单位圆的周期性，我们可以得到：当 $\alpha = 2k\pi - \dfrac{\pi}{2}$ 时，$\sin\alpha$ 取得最小值 -1；当 $\alpha = 2k\pi + \dfrac{\pi}{2}$ 时，$\sin\alpha$ 取得最大值 1.

所以正弦函数的值域是 $[-1,1]$.

同时，借助单位圆的直观，还可以引导学生初步了解正弦函数的单调递增区间是 $\left[2k\pi - \dfrac{\pi}{2}, 2k\pi + \dfrac{\pi}{2}\right]$，单调递减区间是 $\left[2k\pi + \dfrac{\pi}{2}, 2k\pi + \dfrac{3\pi}{2}\right]$.

综上所述，我们可以深刻体会到单位圆在三角函数学习中的重要作用，以及现行教材采用"单位圆定义"的必要性.

2.4 问卷调查的结果分析

2.4.1 对课程观念变革的适应现状

课程理念体现了课程对所培养人才的要求，高中数学教师对课程理念的理解程度，决定了高中数学教师的教学行为. 下面将根据调查结果，对教师对课程所倡导的课程目标、教学观和学生观的适应程度进行分析.

1. 对课程提倡的课程目标的适应现状

课程改革的核心理念是促进学生的全面发展与和谐发展，这也是素质教育的主要目的. 过去，人们总是认为："学习成绩好的学生就是优生，就是我们学校教育的目的所在."其实，这种认识是极其错误的，优秀的学生是应该全面发展的. 中学数学教育是基础教育，所有的学生都应该学好数学，只有极少数的人才会成为数学工作者. 所以，数学课程不仅仅是传授给学生系统的数学知识，更重要的是要培养学生学会学习的能力，并在这个过程中形成正确的情感、态度和价值观. 针对学生的全面发展，课程提出了三维目标：知识与技能目标，过程与方法目标，情感态度和价值观目标. 在三角函数教学中，我们只有将这三个目标有机地结合起来，才能培养出真正优秀的学生. 为了调查高中数学教师对新课程所倡导的课程目标的理解程度，设置了以下三道题目（见表 2-1）.

表 2-1

3. 通过对三角函数的教学实践，您认为知识与技能目标			
A.很好把握	B.可以把握	C.不好把握	D.很难把握
6	28	5	0
15.4%	71.8%	12.8%	0
4. 通过对三角函数的教学实践，您认为过程与方法目标			
A.很好把握	B.可以把握	C.不好把握	D.很难把握
7	27	5	0
18%	69.2%	12.8%	0
5. 通过对三角函数的教学实践，您认为情感、态度与价值观目标			
A.很好把握	B.可以把握	C.不好把握	D.很难把握
2	23	14	0
5.1%	59.0%	35.9%	0

1）对知识与技能目标的适应程度

通过对三角函数的教学实践，对于知识与技能目标，有 15.4%的老师认为很好把握，有 71.8%的老师认为可以把握，还有 12.8%的老师认为不好把握. 数学基础知识和基本技能一直都是我们数学教学的核心，《普通高中数学课程标准》中对基础知识的定义增加了"新的内涵，即数学概念、结论产生的背景、应用"，强调了基础知识的形成过程. 在三角函数教学中，三角函数的单位圆定义可以借助初中所学的锐角三角函数来推导，而三角函数的性质、公式和图像又可以利用单位圆和三角函数线来推导，直观形象，便于学生合作交流和自主探究. 经历三角函数知识的形成和发展过程，能够让学生更好地理解三角函数概念和结论的本质，并且在反复认识数学本质的过程中，提高自己的数学素养，同时还能让学生认识到学习数学的意义，进而激发学习数学的兴趣.

在《普通高中数学课程标准》中，对于基本技能的要求也发生了一定的变化. 首先由以前的"会提出、分析和解决有实际意义的或在相关学科、生产和日常生活中的数学问题的能力"，变成了"数学的提出、分析和解决问题（包括简单的实际应用问题）的能力"，明显可以感觉到《普通高中数学课程标准》对数学建模的重视、对数学应用性的重视、对培养学生数学应用意识的重视. 而三角函数是描述现实世界中周期运动的数学模型，所以在三角函数教学中，我们应当充分利用这一点，培养学生的应用意识. 其次，《普通高中数学课程标准》中还新增了"独立获取数学知识的能力". 也就是说，我们在教学中，不仅仅是传授给学生数学知识，还应该培养学生独立思考、自主探究，最终学会学习的能力. 其实，三角函数给我们提供了一个理想的平台，在教师的引导下，学生可以借助单位圆和三角函数线的直观形象，去探索、发现和归纳三角函数的相关性质，逐渐学会学习.

2）对过程与方法目标的适应程度

通过对三角函数的教学实践，对于过程与方法目标，有18%的老师认为很好把握，有69.2%的老师认为可以把握，有12.8%的老师认为不好把握. 很多学生之所以觉得三角函数难学，其中一个重要原因就是三角函数的公式繁多复杂，而且，很多学生都是靠死记硬背，采取机械记忆，效果可想而知. 出现这种情况，我们老师要负很大的责任. 因为一些老师在进行三角函数教学时，花很少的时间就将这些公式"推导"出来，然后将更多的时间花在练题上，利用题海战术进行巩固训练. 长期的实践已经证明，这样做只会事倍功半，不利于学生对知识的长期记忆.

而在新课标中，已明确提出要让学生知道知识的来龙去脉，注重提高学生的思维能力，要倡导积极主动、勇于探究的学习方式. 因此，在进行三角函数教学时，教师要充分利用单位圆和三角函数线，将三角函数的性质、公式和图像等的推导过程，直观形象地展示出来，使学生经历知识的形成和发展过程，做到知其然，更知其所以然. 同时，还要鼓励学生参与其中，让学生学会从直观形象的图像中，归纳、概括出三角函数的性质，进而培养学生观察、发现和分析数学问题的能力.

3）对情感、态度与价值观目标的适应程度

通过对三角函数的教学实践，对于情感、态度与价值观目标，只有64.1%的老师认为可以把握，还有多达35.9%的老师认为不好把握. 原因在于，这些老师认为相对于知识与技能，情感、态度与价值观都是隐性的东西. 而且，三角函数知识历来都是一个难点，一个很大原因就是三角函数的公式、性质复杂繁多，让很多学生望而却步. 学生在学习三角函数时信心不足，学习的积极性自然也不高. 为此，现行教材对三角函数采用的是单位圆定义，借助单位圆和三角函数线的直观形象，让学生在已有知识经

验的基础上，经历三角函数的性质以及公式的形成与推导过程，让学生有能力去完成对三角函数知识的再创造，从而形成自己的知识体系．通过这些训练，学生会明白三角函数并不是天才的产物，自己也能很轻松地理解和掌握三角函数知识，学习起来有了信心，自然也就有了学习的积极性．

　　例如，在两角和与差的正弦、余弦以及正切公式的学习中，现行教材以两角差的余弦公式 $C_{(\alpha-\beta)}$ 为基础，推导出了两角和的余弦公式 $C_{(\alpha+\beta)}$．但是，它并没有给出两角和与差的正弦公式 $S_{(\alpha+\beta)}$，$S_{(\alpha-\beta)}$ 和正切公式 $T_{(\alpha+\beta)}$，$T_{(\alpha-\beta)}$ 的推导过程，而是给了我们两个探究．如果教师在教学中，引导学生自己去推导剩下的四个公式，以及在下一节的"二倍角的正弦、余弦以及正切公式"的教学中，也引导学生自己去探究，让学生知道这些公式的来龙去脉，明白这些公式之间的内在联系，那么学生就会在头脑里建立起一个以 $C_{(\alpha-\beta)}$ 为中心的知识网络（见图 2-4）；这样一来，学生就能轻松地掌握这些公式，即使遗忘了，也可以借助公式 $C_{(\alpha-\beta)}$ 进行快速的推导，学习起来也会很轻松，能产生积极的情感体验，从而激发起学习三角函数的内在动机．

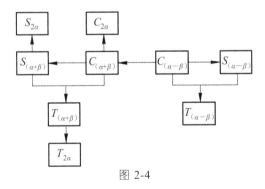

图 2-4

2. 对教学观念变革的适应现状

　　在高中数学课程的实施过程中，高中数学教师的教学观念十分重要．因为一个教师的教学观念，决定着这位教师"教什么，怎么教"，从而也就决定了学生"学什么，怎么学"，这对于数学新课程的实施具有非常重要的意义．而三角函数，因其内容的特殊性（数形结合、形象直观），非常适合用来培养学生的观察、探索和分析等数学能力．因此，在三角函数教学时，教师的教学观念，就显得尤为重要．针对教师在高中三角函数教学中教学观念的调查，我设置了一道多项选择题，涉及范围较广，旨在全面了解在新课程实施后，高中数学教师的教学观念是否发生变化和提升．设计的题目是："数学新课程实施以来，您对高中三角函数教学的看法是（   ）"，统计结果如表 2-2 所示．

表 2-2

15. 数学新课程实施以来，您对高中三角函数教学的看法是（ ）		
A. 主要是传授知识、技能	13	33.3%
B. 主要是培养学生自主学习的能力	18	46.2%
C. 是知识、技能、方法和态度的统一	21	53.8%
D. 是师生对话、交流和知识创新的过程	18	46.2%
E. 是应该更注重实践化的教学	11	28.2%

在此题中，除 A 选项外，其他四个选项中的教学观念都比较符合新课程的理念．而对结果进行统计时，我发现在被调查的 39 名数学教师中，仅有 3 人只选择 A 选项，占总人数的 7.7%；他们仍然认为，高中三角函数教学主要是传授知识和技能，还没有转变教学观念．但是，另外高达 92.3%的老师至少选择了 B，C，D，E 中的其中一个，这说明绝大部分数学教师对新课标的理念比较认同，已经转变了教学观念．

3. 对学生观变革的认识现状

为了调查高中数学教师对于学生学习主体地位的认识，设置的题目是："在新课程改革背景下，对于三角函数的教学，您认为学生的参与是否重要？"（见表 2-3）．

表 2-3

2. 在新课程改革背景下，对于三角函数的教学，您认为学生的参与是否重要？			
A. 非常重要	B. 一般重要	C. 不重要	D. 完全没必要
31	7	1	0
79.5%	17.9%	2.6%	0

分析表明，有 79.5%的老师认为非常重要，有 17.9%的老师认为一般

重要，这说明绝大部分老师还是比较认同学生的主体地位的；有 2.6% 的老师认为不重要，这说明他们还没有认识到学生的主体地位.

反对者认为学生在学校的数学学习，其主要任务是接受系统的数学知识. 然而要想在这么短的时间里，接受大量的系统的数学知识，并且还要巩固，还要学会运用（即会解题），那就只有靠接受学习（满堂灌）. 其实不然，实事是他们走入了一个误区. 固然，在高中阶段，时间紧、任务重，教师们采用的教学方法主要还是接受学习，但是，这和传统的"老师在上面讲、学生在下面听"的满堂灌式的接受学习有本质的区别，因为这是有意义的接受学习，它是积极主动的. 也就是说，在数学教学中，不管这个认识活动有多么特殊，学生总是需要在自己的头脑里进行建构和组织，这一点老师是无法替他们完成的. 而学生学习的能动性和自主性正是学生学习主体性的体现，所以，教师的教学活动应建立在尊重学生的主体性基础上.

而三角函数的教学正好给我们提供了一个很好的平台，因为三角函数的所有性质、公式和图像的出发点都是三角函数的单位圆定义，借助单位圆、三角函数线的形象直观，可以让所有的同学都能轻松参与其中，让学生自己去探索，去发现，去创造数学. 这样的教学，表面上看是比"满堂灌"要用更多的时间，但是采取这种教学方式培养出来的学生，对于三角函数知识，不但能知其然，更能知其所以然，有利于学生的长期记忆和灵活运用. 从掌握知识的时间来看，反而节省了时间. 同时，还能使学生获得成功的体验，建立起学习数学的兴趣，产生进一步学习数学的需要，学习起来就能事半功倍.

2.4.2　高中数学教师在三角函数教学中的实际表现分析

1. 对现行教材中三角函数定义的理解

在本次课程改革中，三角函数是少有的几个连定义都发生了变化的内容. 现行教材中，采用的是单位圆定义法，其优点在于它是三角函数的所有性质的出发点，直观形象，可以培养学生探索、发现和归纳的能力；但是它也有缺点，与终边定义法相比，新定义在一些求三角函数值的运算中过于烦琐，浪费时间，特别是在高考中，这是一个致命伤. 因此，到底是单位圆定义法好还是终边定义法好的争论一刻也没有停止. 于是，为了调查 "高中数学教师对现行教材中三角函数的单位圆定义法是否认同" 设置了以下问题（见表 2-4），并结合课堂观察，进行分析.

表 2-4

7. 您对现行教材中三角函数的单位圆定义法认同吗?			
A. 非常认同	B. 基本认同	C. 基本不认同	D. 完全不认同
7	28	4	0
17.9%	71.8%	10.3%	0

分析表明：大多数的数学老师对三角函数的单位圆定义还是比较认同的，但是仍有 10.3% 的老师基本不认同单位圆定义. 下面的内容选自高中人教 A 版必修四第一章第 1.2.1 节 "任意角的三角函数" 中的部分例题.

例 1　求 $\dfrac{5\pi}{3}$ 的正弦、余弦和正切值.

解：在直角坐标系中，作 $\angle AOB = \dfrac{5\pi}{3}$（如图 1.2-4）. 易知 $\angle AOB$ 的终边与单位圆的交点坐标为 $\left(\dfrac{1}{2}, -\dfrac{\sqrt{3}}{2}\right)$. 所以，

$$\sin\frac{5\pi}{3} = -\frac{\sqrt{3}}{2},$$

$$\cos\frac{5\pi}{3} = \frac{1}{2},$$

$$\tan\frac{5\pi}{3} = -\sqrt{3}.$$

图 1.2-4

例 2　已知角 α 的终边经过点 $P_0(-3, -4)$，求角 α 的正弦、余弦和正切值.

分析：如图 1.2-5，由 $\triangle OMP \backsim \triangle OM_0 P_0$，可求出相应的三角函数值.

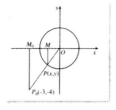

图 1.2-5

解：由已知可得：

$$OP_0 = \sqrt{(-3)^2 + (-4)^2} = 5.$$

如图 1.2-5，设角 α 的终边与单位圆交于点 $P(x, y)$.
分别过点 P、P_0 作 x 轴的垂线 MP、M_0P_0，则

$$|M_0P_0|=4,\quad |MP|=-y,$$
$$|OM_0|=3,\quad |OM|=-x,$$
$$\triangle OMP \backsim \triangle OM_0P_0.$$

于是，

$$\sin\alpha=y=\frac{y}{1}=-\frac{|MP|}{|OP|}=-\frac{|M_0P_0|}{|OP_0|}=-\frac{4}{5};$$

$$\cos\alpha=x=\frac{x}{1}=-\frac{|OM|}{|OP|}=-\frac{|OM_0|}{|OP_0|}=-\frac{3}{5};$$

$$\tan\alpha=\frac{y}{x}=\frac{\sin\alpha}{\cos\alpha}=\frac{4}{3}.$$

这两道例题都是求三角函数值的，现行教材是通过单位圆定义来求解，我们发现其过程相当烦琐. 特别是第二道例题，由于已知点 P_0 不是单位圆上的点，所以教材先是求出点 P_0 到原点的距离 $r=|OP_0|=5$，再根据 $\triangle OMP \sim \triangle OM_0P_0$，利用相似比将点 P_0 转化成角的终边与单位圆的交点，最后再利用单位圆定义求解. 而且，如果角不是第一象限角，还要注意其符号的选取. 由此可见，其解题过程烦琐复杂. 课后，很多同学也反映，做题时思维有点混乱，感到有点困难，这也是那些老师不认同单位圆定义的主要原因.

但是，现行教材的编写者们真的就没有考虑到采用单位圆定义会出现这种情况吗？答案是否定的. 课程改革并不等于革命，并不是彻底地推倒重建，过去多次课程改革的经验，告诉我们一个事实，课程改革的首要任务是理性地反思当前课程的现状，不仅仅是反思它的弊端，同时还要反思它的优势. 现行教材的编写者们对于这一点，应该有比较深刻的认识. 所以，他们在突出单位圆定义在三角函数内容中的中心地位的同时，没有放弃终边定义的优势，即在现行教材的旁白中给出了终边定义法，只不过这些老师并没有仔细去揣摩教材编写者的意图. 另外，很多老师还有一个顾虑，就是同时教给学生两种定义，会造成学生思维上的混乱，还会增加学生的负担. 那么，教师在三角函数的定义教学中，如何处理好这两种定义之间的关系，就显得尤为重要. 下面是一位资深教师 L 老师的任意角三角函数定义的第一课时的教学片段，其中就较好地处理了这两种定义的关系，值得我们借鉴.

L 老师的教学流程是：由我们初中所学的锐角三角函数的定义引入，先推广到任意角的终边定义，然后再引入单位圆，推导出单位圆定义. 这时，一定要注意进行总结，反复强调这两种定义之间是一般与特殊的关系. L 老师在任意角三角函数定义教学的第二课时，对上节课所学的两种定义进行了复习巩固：

L 老师：上节课我们学习了任意角三角函数的定义，请同学们回忆一下，我们昨天是怎么进行定义的.

学生甲：就是角 α 的终边与单位圆的交点 $P(x, y)$ 的坐标或者坐标的比值：

$$\sin \alpha = y, \quad \cos \alpha = x, \quad \tan \alpha = \frac{y}{x}$$

L 老师：对，这就是单位圆定义，我们以角为自变量，角的终边与单位圆的交点的坐标或者坐标的比值为函数值. 这就是我们对现行教材中三角函数的定义. 我们当时说还有一种定义？（随机选择同学起来回答）

学生乙：也可以在角的终边上任意取一点 $P(x, y)$，它到原点的距离为 r，则

$$\sin \alpha = \frac{y}{r}, \quad \cos \alpha = \frac{x}{r}, \quad \tan \alpha = \frac{y}{x}$$

L 老师：这个我们称作终边定义法，这也是我们的老教材中的定义. 现在再来看一下这两种定义之间有什么联系. 终边定义法是在终边上任意取一点 P，如果我们将这一点特殊化，令 $r = 1$，再引入单位圆，就得到了单位圆定义. 这两者之间是一般与特殊的关系.

这样一来，L 老师就能成功地将两种定义都教给学生，并在教学过程中渗透了特殊与一般的数学思想. 在后续的学习中，L 老师也比较注重引导学生明白单位圆定义和终边定义各自的优点，以便取长补短. 这样，学生同时学习了这两种定义，也没有像一些老师所担心的那样会加重学生的学习负担. 同时还引导他们明白这两种定义的内在联系，也没有造成他们在认知上的混乱.

2. 对三角函数部分教材处理的情况

"教材是课程目标的载体，是实施教学的主要资源." 课程改革必然会

提出课程目标，它会直接反映在教材内容的变化上．现行教材的编写是严格按照课程标准中的要求进行的．而与原有教材相比，现行教材中对三角函数内容做了许多调整，这些调整背后都隐藏着课程目标的变化，绝非无的放矢．这就要求数学教师在教学时，要忠于教材，按照课程标准中的要求进行教学．为了调查高中数学教师对三角函数部分教材处理的情况，设置了以下三道题目（见表2-5）．

表 2-5

8. 与原有教材相比，现行教材中对三角函数内容做了许多调整，您觉得现行教材这样调整合理吗？			
A. 十分合理	B. 比较合理	C. 不合理	D. 很不合理
1	32	6	0
2.6%	82.0%	15.4%	0
1. 高中数学新课程中涉及的三角函数内容及其编排有一些变化，您熟悉这些变化及其理由吗？			
A. 非常熟悉	B. 比较熟悉	C. 不太熟悉	D. 很不熟悉
9	25	4	1
23.1%	64.1%	10.2%	2.6%
9. 您讲授三角函数时，是否会补充新课标要求外的知识点？			
A. 经常	B. 有时	C. 较少	D. 从不
3	27	8	1
7.7%	69.2%	20.5%	2.6%

调查发现，大多数教师认为三角函数内容调整的合理，但仍有15.4%的教师认为三角函数内容调整得不合理；有87.2%的老师熟悉三角函数内容及其编排的变化以及这些变化的理由，有12.8%的老师不熟悉三角函数内容及其编排的变化以及这些变化的理由；而且高达97.4%的老师在讲授三角函数时，会多多少少地补充课标要求外的知识点．分析其原因，有以下两点：

第一，《普通高中数学课程标准》中明确提出了高中数学三角函数的教育目标，即教师教什么，怎么教，学生学什么，怎么学，而这也是现行教材中三角函数内容变化的依据，它对于高中三角函数的教学具有非常重要的指导意义．但是，一些教师特别是一些老教师，相信自己的教学经验，忽视了《普通高中数学课程标准》的指导作用，没有仔细去研读《普通高中数学课程标准》，所以，他们对于现行教材中三角函数内容的巨大变化感到困惑，而在教学中也仍然是按照以前的教学经验去安排教学.

第二，现行教材中，对传统的三角函数内容做了较大幅度的删减，对一些内容的要求也降低了，那些仔细研究了《普通高中数学课程标准》的数学老师，能明白这些变化的依据. 但是，一部分人仍然心存疑虑，不知道课改后的高考到底怎么考. 所以，很多教师对于那些被删去的内容或要求降低了的内容总是感觉到不那么放心，于是加深了教学内容的深度，重新拾回那些被删掉的内容，把那些要求降低了的内容也再度提高要求.

3. 教师的教学方式

教师的教学方式，对学生的发展有着巨大影响，因为学生数学能力的养成，在一定程度上是由教师的教学方式所决定的. 而三角函数，因其内容的特殊性（数形结合、形象直观），非常适合用来培养学生的观察、探索和分析等数学能力. 因此，教师教学方式的选择，就显得尤为重要. 为了调查高中数学教师在三角函数中教学方式的选择，设置了以下问题（见表2-6）.

表 2-6

6. 在三角函数教学中，您主要采用哪种教学方式？			
A. 以讲解为主	B. 多练少讲	C. 以提问为主	D. 以探究为主
9	9	4	17
23.1%	23.1%	10.2%	43.6%

数学教师选用最多的教学方法是"以探究为主"，占 43.6%；"以提问为主"的占10.2%，两者共占53.8%. 这说明，就总体而言，数学教师在教学过程中，选择教学方法还是比较倾向于使用新课标所提倡的教学方法. 但是分别有23.1%的老师选择"以讲解为主"和"多练少讲"这两种传统的教学方式. 新课标倡导"积极主动，勇于探索的学习方式"，这一点在现行教材的三角函数内容中体现得淋漓尽致. 在这一部分内容中，共设置了20个思考，15个探究，17个旁白问题，甚至在一些公式和性质的推导中，也留下一些空白，由学生积极去填补完整.

例如，在现行教材必修四中第三章的 3.1.2 节"两角和与差的正弦、余弦、正切公式"中，教材以两角差的余弦公式 $C_{(\alpha-\beta)}$ 为基础，推导出了两角和的余弦公式 $C_{(\alpha+\beta)}$. 但是，它并没有给出两角和与差的正弦公式 $S_{(\alpha+\beta)}, S_{(\alpha-\beta)}$ 和正切公式 $T_{(\alpha+\beta)}, T_{(\alpha-\beta)}$ 的推导过程，而是给了我们两个探究，以引导学生自己去推导剩下的四个公式.

通过这个例子我们发现，教材编写者充分考虑了学生的实际情况，且以学生已有的知识经验和能力为基础. 对于那些热爱数学、数学基础较好的学生，完全能够在教材的引导下进行自学；而对于那些对数学兴趣不高或者数学基础不好的学生，也可以在课堂上，在老师与教材的引导下去探究，去寻找知识的来龙去脉，体会知识的产生及推导过程. 最后，再用一个旁白问题，引导学生去归纳总结这六个公式之间的内在联系，形成一个以 $C_{(\alpha-\beta)}$ 为中心的知识网络，便于学生理解记忆. 这样一来，学生不但能真正地掌握这些知识，还能体验发现数学、再创造数学的乐趣，增强学习数学的信心，培养其自主学习的能力.

而很多教师对"学生探究"的主要顾虑是教学时间紧张，没有那么多时间让学生去探究. 其实不然，新课程《普通高中数学课程标准》中非常重视基础知识和基本技能的教学，那么如何使学生更好地掌握基础知识和基本技能呢？上面的例子给我们做了一个很好的示范，即让学生在教师的引导下，去发现、去探究三角函数知识的来龙去脉，并体会其蕴含的数学思想与方法. 学生在经历了对三角函数知识的再创造过程后，才能明白它们的本质，才能真正将这些知识纳入自己原有的知识网络中去，形成一个完整的知识体系. 所以，从知识掌握及培养学生学习数学的兴趣角度来看，现有教学方法大大节省了教学时间.

更重要的是，相对于传授给学生知识，更重要的是培养学生获取知识的能力，以及独立学习的能力. 因此，在平时的数学教学中，学生自己有能力探索出来的东西，就一定要让学生自己探索，教师只是起一个组织者和引导者的作用.

4. 学生能力的培养

数学给很多学生的感受就是枯燥无味，而且在日常生活中除了用到加减乘除等数学运算外，他们不知道数学还有什么用处. 因此，很多学生对学习数学的积极性不高，甚至厌恶．针对这种情况，新课标明确提出要"发展学生的数学应用意识"，即将学到的数学知识运用到日常生活与生产实践中去．而三角函数作为描述现实世界周期变化运动的数学模型，是培养学生数学应用意识的重要内容．我们应该充分发挥三角函数的应用性，培养学生的数学应用意识，从而激发起学生学习数学的兴趣．为了调查高中数学教师对于三角函数应用性的重视程度，设置了以下问题（见表2-7）．

表 2-7

10. 在三角函数教学中，你是否重视"三角函数作为描述周期变化运动的数学模型这一本质"？			
A. 非常重视	B. 比较重视	C. 不太重视	D. 很不重视
13	23	3	0
33.3%	59.0%	7.7%	0
11. 您认为培养学生运用三角函数知识解决实际问题应该是（ 　）．			
A. 非常重要	B. 比较重要	C. 不太重要	D. 很不重要
12	20	7	0
30.8%	51.3%	17.9%	0

分析表明，在三角函数教学中，对于"三角函数作为描述周期变化的数学模型"这一本质，有33.3%的老师非常重视，59.0%的老师比较重视，但是有7.7%的老师不太重视．而在"您认为培养学生运用三角函数知识解决实际问题是否重要"这个问题中，有30.8%的老师认为非常重要，有51.3%的老师认为比较重要，还有17.9%的老师认为不太重要．这说明，绝大部分教师比较重视三角函数的应用性，以及培养学生应用意识的必要性．但是，还是有相当数量的教师忽视了这个问题．

《普通高中数学课程标准》中三角函数部分的内容发生了很大变化，主要是对传统的三角函数内容进行了较大的删减，例如，删减了余切、正割、余割以及反三角函数等；同时对一些内容的要求也降低了，例如，对三角恒等变换，不要求做复杂的恒等变形．《普通高中数学课程标准》这样处理，就是为了突出"三角函数是刻画周期变化的数学模型"的本质．这体现了《普通高中数学课程标准》对三角函数的应用性的重视，以及对培养学生应用意识的重视．在必修四的第一章中，将"三角函数模型的简单应用"单独列为一节，并在其中讲解了如何利用三角函数来描述"一天中温度的变化、太阳光线与房屋的修建、潮汐与船进港"等具有周期性的现实问题. 通过对这些内容的学习，可以帮助学生认识到数学就在我们身边，数学与我们的实际生活息息相关，我们能用数学知识去解决实际问题，数学是有用的，从而使学生产生"我要学习数学"的迫切需要，这样就能最大限度地调动起学生学习数学的积极性，激发他们学习数学的兴趣 同时，让学生经历解决实际问题的过程，不仅能培养他们探索、发现和分析的能力，还能培养他们克服困难的勇气，磨砺他们的意志，培养他们透过现象看本质的唯物主义辩证观.

由于学生在学校学习的时间只占其人生中的很小一部分，在将来的生活和工作中，他们会遇到种种疑问和困难，这时不会有专门的老师来教他们解决问题. 从这个意义上来说，教会学生学会学习的能力，比传授给学生知识更加重要. 授人以鱼不如授人以渔，所以课程倡导"合作交流、自主探究"的学习方式，而自主探究是培养学生学会学习的重要途径，同时还能培养学生克服困难的勇气，形成正确的人生观和价值观. 为了调查高中数学教师对学生自主探究的认同程度，设置了以下问题（见表2-8）.

表 2-8

12. 现行教材中三角函数部分设置了很多"思考探究"，您认同花大量的时间让学生自己探究吗？			
A. 非常认同	B. 基本认同	C. 基本不认同	D. 完全不认同
5	20	11	3
12.8.%	51.3%	28.2%	7.7%

在现行教材中，三角函数部分设置了很多"思考探究"，有28.2%的老师基本不认同花大量的时间让学生自己探究，还有7.7%的老师表示完全不认同. 下面从与一位资深数学教师的谈话中，来分析其原因：

研究者：L老师，明天我讲三角函数线，我准备这样上课：首先由我引导学生推导出余弦线，然后由学生探究正弦线，最后我们共同来探究正切线. 这一节课，我预计就讲三角函数线的定义，然后再做一道练习题（让学生画三角函数线）.

L老师：你这样讲的话，一节课就只能讲三角函数线的定义了，它的一些性质，比如利用三角函数线来求三角函数的值域，利用三角函数线求角的范围，你什么时候讲呢？

研究者：利用三角函数线来推导三角函数的性质，可以单独讲一节课，这样学生也能理解得更加透彻．

L老师：但是，这样的话，你后面的练习还要讲一节课．那么，三角函数线这一节内容你就要讲三节课时间，但是，课标规定这节内容只讲两节课，这里时间用得过多会让后面的学习不好安排．

研究者：哦，那么三角函数线的定义，就只有直接讲了．

L老师：嗯，三角函数线定义是一个难点，很多学生都不能理解，学生哪里探究得出来，还是老师直接讲吧！

这一段谈话是在上"三角函数线"这一节课前与L老师的交流．三角函数线是一个难点，学生理解起来比较困难，很多学生不知道三角函数线是怎么得来的，到底是个什么东西，于是决定在这堂课中，采用探究式教学，引导学生和教师一起探究三角函数线的由来，让学生经历三角函数线的发生发展过程，从而加深对三角函数线的认识．

从上面的谈话可以看出，制约"学生探究"的主要因素是课堂教学时间．虽然三角函数删减了许多内容，并引入了单位圆、向量等工具，大大简化了三角函数概念、性质和公式的推导过程，但是三角函数的课时也由原来的46课时减少到32课时，所以从教学时间角度来说，三角函数的教学难度并没有明显的降低．根据课堂观察，在进行三角函数教学时，教学时间还是比较紧张的．所以，很多教师，特别是老教师对于放手让学生自己探究，还是持反对态度．

另外，很多教师觉得学生的知识和能力都非常有限，探究出来的东西比较肤浅，不能系统化，最后还是需要教师来讲解，反而浪费了时间．同时在学生探究的过程中，往往还会出现一些不可预测的事件：一是可能会超出教师的掌控，二是会影响教学的连续性，这些都会导致课堂效率的降低，而这恰恰是很多教师都不喜欢看到的．

还有，学生能力的培养是一个长期的过程，见效比较慢，容易被人们忽视．而人们看一个学生是否"优秀"，往往都是根据他的学习成绩来判断的；而判断一个教师是不是"好教师"，其标准也是他班上学生在高考中的升学率. 因此, 在高考的压力下, 很多数学教师的教学目标就直接指向了高考, 并在知识的深度和广度上下足了功夫. 可以预见, 在家长、学校、社会对学生和教师的评价没有改变之前, 这种重知识、轻能力的局面将会长期存在.

5. 学生数学思想的培养

《普通高中数学课程标准》对学生数学思想方法的培养非常重视, 在现行教材的三角函数部分, 到处都渗透着数学思想方法, 其中, 最主要的数学思想方法就是数形结合思想; 另外, 还有化归、特殊化、类比等数学思想方法. 为了调查高中数学教师 "在三角函数教学中, 是否有意识地渗透数学思想方法", 设置了以下题目 (见表 2-9).

表 2-9

13. 在三角函数教学中, 您是否有意识地渗透 "数形结合、类比联想以及一般化" 等数学思想方法?			
A. 经常	B. 偶尔	C. 很少	D. 从不
30	9	0	0
76.9%	23.1%	0	0

分析表明, 有 76.9%的老师经常有意识地渗透 "数形结合、类比联想以及一般化" 等数学思想方法, 有 23.1%的老师偶尔会这样做. 这说明, 所有的高中数学教师都有在教学中渗透数学思想方法的意识, 但是有一小部分教师的意识还不够强烈. 所谓数学思想, 是指现实世界的空间形式和数量关系反映到人们的意识之中, 经过思维活动而产生的结果. 而数学方法则是处理、探索、解决问题时, 实施有关 "数学思想" 的技术手段与操作程式. 数学方法以数学思想为指导, 而数学思想要借助数学方法来体现, 两者互为表里、相互为用, 所以我们一般将两者统称为数学思想方法. 数学思想方法是人们对数学知识进行高度提炼与概括后, 对数学知识的本质认识. 一个良好的知识结构, 不在于知识点的多少, 而在于如何将这些知识有机地联系起来, 形成一个系统的知识网. 而要想完成这个目标, 就要求我们必须抓住这部分知识的本质. 对数学而言, 数学思想方法就是数学

的灵魂，而数学的本质是联系各方面数学知识的纽带. 也只有掌握了数学思想方法，才能将各部分数学知识有机地结合起来，创建合理的数学知识结构，同时还能促进学习效果的正迁移.

学习了数学知识，并不等于就拥有了数学能力，数学能力的形成以数学知识的掌握为基础，只有将数学知识运用于实践，才能使我们的数学能力得到发展. 实践证明，用题海战术作为发展学生数学能力的途径并不成功，其关键在于忽视了数学思想方法在数学问题解决过程中的作用. 数学思想方法是数学中的精髓，它对数学问题的解决起着指引方向的作用，而在数学问题解决的过程中，将伴随着学生数学能力的发展. 因此，学生在掌握足够的数学知识的基础上，发展数学能力的关键就在于对数学思想方法的掌握和运用.

下面是对任意角三角函数定义教学第一课时和第三课时两节课的课堂观察：

【任意角三角函数定义教学第一课时】

在任意角三角函数定义的教学中，最初的终边定义法为 $\sin\alpha = \dfrac{y}{r}, \cos\alpha = \dfrac{x}{r}, \tan\alpha = \dfrac{y}{x}$，其中点 P 是角 α 终边上的任意一点. 数学上一直都追求简洁美，那么我们能不能找到一个合适的点，使得这个比值更简单呢？我们将这个点特殊化，即当点 P 到原点的距离 $r=1$ 时，即点 P 为角的终边与单位圆的交点时，提出单位圆定义：$\sin\alpha = y, \cos\alpha = x, \tan\alpha = \dfrac{y}{x}$.

【任意角三角函数定义教学第三课时】

L 老师：我们研究了正弦线、余弦线，接下来该研究什么？

学生：正切线.

L 老师：正弦、余弦所对应的线段比较明显，好找，但是正切 $\tan\alpha = \dfrac{y}{x}$ 是坐标的比值，没有具体的线段，怎么找啊？

学生：思索.

L 老师：能不能特殊化. 你想，正切值与点 P 在终边上的位置有关吗？

学生：没有.

L 老师：那能不能特殊化，使它的比值更简单，类比前面的 $\sin\alpha = \dfrac{y}{r}$ 到

$\sin \alpha = y$ 的变形.

学生：使 $r = 1$，就可以得到.

L 老师：那么现在呢？

学生：令 $x = 1$，则 $\tan \alpha = y$.

L 老师：对. 按我们所对应的，纵坐标 y 能找到吗？

学生思考一会，有人说可以过点 A 做 x 轴的垂线.

L 老师：非常好. 我们过点 A 做 x 轴的垂线，它与 OP 交于一点，这个点我设为 T，它的横坐标是 1，纵坐标就是我们要找的 y. 这样，我们就可以用它的纵坐标来表示它的正切值，通过特殊化，就可以使这个式子更简单，即 $\tan \alpha = y$.

通过课堂观察，可以发现 L 老师在任意角的三角函数定义的教学中，渗透了特殊化和类比等数学思想方法. 这说明 L 老师在数学教学中，还是比较注重数学思想方法的渗透，对学生数学能力的培养还是比较重视的.

6. 现代信息技术的应用

现代信息技术的快速发展，对我们的数学教学产生了重大影响，特别是像三角函数这一类建立在图像基础上的内容. 由于三角函数的所有性质、公式和图像都是以单位圆定义为出发点，所以现代信息技术与三角函数教学的有机整合，有利于我们揭示三角函数知识的本质；通过对三角函数知识的动态变化过程的演示，有利于增加课堂容量，提高教学效率，激发学生学习数学的兴趣. 为了调查高中数学教师在三角函数教学中现代信息技术的使用情况，设置了以下问题（见表 2-10）.

表 2-10

14. 在三角函数教学中，您使用信息技术的情况是（　　）.			
A. 经常使用，效果很好	B. 经常使用，效果一般	C. 偶尔使用	D. 几乎不用
10	11	13	5
25.7%	28.2%	33.3%	12.8%

分析表明，有 12.8% 的教师几乎不用，有 28.2% 的老师经常使用，但效果一般，这说明信息技术在三角函数课堂中的应用还存在一定的问题.

在三角函数教学中，我们用得最多的现代信息技术是多媒体教学．在几乎不用多媒体教学的这一部分教师中，大多数是老教师，由于他们所处的年代落后，没有学习过多媒体应用技术，现在想学已感力不从心，所以他们已经习惯用传统的方法进行教学．还有一些教师，是因为学校的条件有限，没有安装多媒体教学设备，比如某高中的老校区就没有安装多媒体教学设备，导致这些老师无法使用多媒体进行教学．

另外，高达 28.2%的老师经常使用多媒体教学，但是效果一般，主要有以下三方面的原因：

第一，很多教师在应用多媒体进行三角函数教学时，为了吸引学生的注意力，总是把画面设计得过于生动形象，结果学生的注意力都被那些生动的画面给吸引了，忽视了数学知识，本末倒置．

第二，一些教师在进行多媒体教学时，将数学知识直接"放映"出来，往往还在推导第一步的时候，学生就已经看到了最后的结果，结果使学生丧失了一个自己逐步推导和探究的过程，而教师只是起到了一个放映师的作用．

第三，用传统方法进行教学，教师们在板书时，都会注意将一些重要的知识点和解题步骤留在黑板上，这对于那些当时可能还没有理解的同学，后面还有机会对照黑板上老师的讲解，进行再次理解．然而，一些教师"迷信"多媒体教学，过度地应用多媒体技术，而由于使用多媒体教学时，我们制作的课件是一页一页的，老师讲完一页就翻过一页，对那些没有听懂的同学，已没有机会对照老师的讲解进行再次理解．

综上所述，我们发现，现代信息技术虽然对我们的三角函数教学有很多好处，但是，我们也不能过度依赖它，新课程要求要"恰当运用现代信息技术，提高教学质量"．因此，我们要将现代信息技术与传统的教学方法有机地结合起来，取其精华，去其糟粕，才能使现代信息技术更好地为我们的数学课堂服务．

2.5 一些反思

通过对调查问卷、访谈以及课堂观察的结果进行分析研究，我们发现，高中数学教师在三角函数教学中，对课程变化的适应情况，总体上良好．但是，还存在一些不足．

2.5.1 对于课程标准的不重视

通过调查，我们发现，很多数学教师对高中数学教材中三角函数内容的变化感到不适应．为什么会出现这种情况，其中一个重要原因就是这些老师对于《普通高中数学课程标准》的重视程度不够，没有仔细去研究它．所以，他们不知道新课标要求通过三角函数这部分内容，来培养学生什么样的数学素养．《普通高中数学课程标准》作为我国新课程的基本纲领性文件，体现了新课程的基本理念，而现行教材作为《普通高中数学课程标准》的载体，充分体现了《普通高中数学课程标准》的要求．现行教材中三角函数内容变化的依据，就在《普通高中数学课程标准》之中，这就需要我们的高中数学教师去细细体会、去研究《普通高中数学课程标准》，并从中弄清楚两个问题：一是老师"教什么，怎么教"；二是学生"学什么，怎么学"？ 同时，相关部门和学校要大力宣传新课程的基本理念，对所有高中数学老师进行关于新课程的培训，使得广大一线数学教师都能在教育观念上与新课程理念一致．

2.5.2 教师教学观念上的不适应

通过问卷调查和课堂观察，我发现，在三角函数教学中，部分教师的教学观念并没有与时俱进，采用的仍然是以讲解为主和多练少讲等传统的教学方式．而《普通高中数学课程标准》要求教师通过三角函数的教学来培养学生学会学习的能力，关注的是"人"的全面发展，而不仅仅是考试成绩；所有的学生都应该学好三角函数，都应该从中有所收获，而不仅仅是一部分优生能够考出好的成绩．因此，在面对新课程提倡的"以人为本"教育理念时，他们感到迷惘和彷徨，对新课程中高中三角函数内容的变化不适应．学生是学习的主体，在数学教学中，不管这个认识活动有多么特殊，不管这个知识有多么特殊，学生总是需要在自己的头脑里进行建构和组织，这一点老师是无法替他们完成的．而传统的课堂教学中，经常是"教师在上面问，学生在下面被动地答；教师在黑板上写，学生在下面抄；教师经常考的知识点，学生就努力地背"．在这样的教学模式下，学生一直都是在机械地被动地学习，不能甚至不会去主动交流和沟通．久而久之，他们就会失去学习数学的兴趣．

课程改革要求教师必须转变自己的角色，要尊重学生在学习中的主体地位，提倡学生的数学学习不能仅仅局限于接受、模仿、记忆和练习，还必须有自主探索、合作交流、动手实践和阅读自学等数学学习方式．三角函数的教学正好给我们提供了一个很好的平台，因为三角函数的所有性质、公式和图像的出发点都是通过单位圆定义的，借助单位圆和三角函数线的直观性，可以让所有的同学都轻松参与其中，由学生自己去探索，去发现，去创造数学．这样一来，学生对于三角函数知识不但能知其然，更能知其所以然，有利于学生的长期记忆和灵活运用．同时，要注意突出三角函数的模型本质，培养学生从现实生活中抽象出数学模型的能力，培养学生的数学应用意识，让学生感觉到数学是有用的，数学就在我们身边，从而激发起学生学习数学的内动力．

2.5.3 要探究，还是要效率

"合作交流，自主探究"是新课程提倡的学习方式，但是在三角函数教学中，很多教师对于放手让学生进行自主探究持反对态度．究其原因，主要是学生能力不足，放手让学生去探究会降低课堂效率，而现在教学时间又非常紧张，所以很多数学教师就选择牺牲了"探究"．所谓课堂效率，是指在课堂规定的教学时间内所取得的教学效果的大小，其中教学效果包括数量与质量．那么，怎样的课堂才算是高效的课堂？我们应当明白，一个高效的课堂不仅仅有量，还应该有质（即学生对知识的理解程度）．而在三角函数教学中，由于其内容的特殊性（数形结合、形象直观），非常适合用来培养学生的探究、发现和归纳能力，培养学生的应用意识，并最终使学生学会学习．所以，教师应该根据学生的实际情况，引导学生去探究、去归纳、去经历三角函数知识的再创造过程，这样学生才能真正掌握这些知识，才会灵活地运用，从而大大地提高课堂质量．相反，按照传统的"满堂灌"进行教学，然后在辅以题海战术对所学知识进行巩固和提高，这对于学生数学能力的培养有用吗？答案是否定的，因为会解题并不是新课程对学生的培养目标．所以，从掌握知识和培养学生数学能力的角度来看，"合作交流，自主探究"式的学习无疑会大大节省时间，提高课堂效率．而学生学起来轻松，自然会对数学产生兴趣，提高数学学习的积极性，学习起来将会更加有效率．因此，在三角函数教学中，自主探究不但不会与课堂效率相矛盾，反而会提高课堂效率．

2.5.4　部分教师的教育理论水平有待提高

课程改革提出了十大基本理念，很多教师对此还是比较支持认同，但是也有一部分老师对此一笑置之、不以为然，认为是空话．这说明，他们的教学理念仍然没有转变过来，仍然认为教师才是教学过程中的主体，学生只要被动地接受知识，学习成绩好就行了．这种教学理念对于学生的培养是非常不利的．特别是高中数学教学，数学以其抽象闻名，被称为思维的体操；但在学生眼中，则成为枯燥的代名词．而在三角函数部分，公式繁多复杂，很多学生别说灵活运用了，连记都记不住．那么如何才能让学生把这些繁多复杂的三角函数知识变成自己的东西，构建自己的知识体系，是高中数学教师在三角函数教学中所要解决的主要问题．因此，要改变这部分教师的教学理念，已迫在眉睫了．学校和相关教育部门应该多层次、多渠道地为广大一线的高中数学教师充电，督促他们与时俱进．而作为一名高中数学教师，也不能只钻研教学，还应该时常阅读一些心理学、教育学以及教育心理学的相关书籍，了解认知主义、建构主义以及有意义的接受学习等学习观，不断地学习和吸收世界先进的教育理念，提高自己的教育理论水平．这样一来，教师就能明白新课程理念的依据所在，才能自觉地将新课程理念落实在课堂教学中，并在科学理论的指导下，设计和组织三角函数的教学过程，实现对学生的最有利培养．

2.5.5　对三角函数定义教学的处理

现行教材对三角函数采用的是单位圆定义，明确提出了单位圆在三角函数学习中的中心地位，这样可以帮助学生形成一个以单位圆为中心的知识体系，便于理解三角函数知识的来龙去脉．但是，这也有一个缺点，即在进行三角函数求值运算的时候，如果利用单位圆定义求解，过程非常烦琐，浪费时间．特别是在争分夺秒的高考战场中，这是致命的．而采用终边定义的话，运算则非常简捷，这也是很多教师对终边定义情有独钟的主要原因．那么我们在三角函数定义的教学中，如何来解决这个问题呢？我们能否找到一种办法，将这两种定义的优势结合起来，取长补短呢？这也是我们迫切需要解决的问题．但是，在这个过程中，我们一定要注意一个问题，就是不要按照原有教材那样去教，即按照"终边定义"去教．我们始终要明确一个原则，就是终边定义虽然在运算中比较简捷，但是在整个三角函数的知识体系中，单位圆定义才是中心，这对于学生构建自己的三角函数知识结构至关重要．因此，如何在以单位圆定义为主的基础上，融入终边定义的优势，才是处理好三角函数定义教学的关键．

2.5.6 现代信息技术的运用

现代信息技术的快速发展，对我们的数学教学也产生了重大影响，特别是像三角函数这一类建立在图像基础上的内容．在三角函数教学中，将现代信息技术与三角函数教学有机整合，通过对三角函数知识的动态变化过程的演示，揭示三角函数知识的本质，同时还能增加课堂容量，提高教学效率，激发学生学习数学的兴趣．但是，我们也不能过于依赖它，要恰当地运用现代信息技术，以提高教学质量．此外，我们还要将现代信息技术与我们传统的教学方法有机地结合起来，取其精华，去其糟粕，这样才能使现代信息技术更好地为我们的数学课堂教学服务．

【附录】

高中三角函数内容教学现状调查问卷

尊敬的老师：

您好！为了了解高中数学三角函数的教学现状，烦请您在百忙之中抽出时间完成答卷．您的回答仅当作研究之用，不会用于评价个人，不会署名，殷切希望您能认真完成每一道题．说出您的真实想法，您的真实想法有利于数学教学研究，同时您可以把此当成您教学的一次难得的反思和回顾的机会！非常感谢您的合作！在此，也祝您工作顺利，万事如意！

一、您的基本情况（请在符合您情况的选项前的号码上打"√"）

1. 教龄　A. 5 年以下　（　　）　　　　　　B. 6～10 年　（　　）
C. 11～15 年　（　　）　　　　　D. 15 年以上　（　　）

2. 学校类型
A. 国重点（　　）　　　　B. 省重点（　　）　　　　C. 市重点（　　）

二、请遵照您内心真实的感受和思考如实完成以下选择题（全为单选，请在符合您情况的选 项前的号码上打"√"）．

1. 高中数学新课程中涉及的三角函数内容及其编排有一些变化,您熟悉这些变化及其理由吗? （　　　）

A. 非常熟悉　　　B. 比较熟悉　　　C. 不太熟悉　　　D. 很不熟悉

2. 在新课程改革背景下,对于三角函数的教学,您认为学生的参与是否重要?（　　　）

A. 非常重要　　　B. 一般重要　　　C. 不重要　　　　D. 完全没必要

3. 通过对三角函数的教学实践,您认为知识与技能目标（　　　）.

A. 很好把握　　　B. 可以把握　　　C. 不好把握　　　D. 很难把握

4. 通过对三角函数的教学实践,您认为过程与方法目标（　　　）.

A. 很好把握　　　B. 可以把握　　　C. 不好把握　　　D. 很难把握

5. 通过对三角函数的教学实践,您认为情感、态度与价值观目标（　　　）.

A. 很好把握　　　B. 可以把握　　　C. 不好把握　　　D. 很难把握

6. 在三角函数教学中,您主要采用哪种教学方式? （　　　）

A. 以讲解为主　　B. 多练少讲　　C. 以提问为主　　D. 以探究为主

7. 您对新教材中三角函数的单位圆定义法认同吗? （　　　）

A. 非常认同　　　B. 基本认同　　　C. 基本不认同　　D. 完全不认同

8. 与原有教材相比,现行教材中对三角函数内容做了许多调整,您觉得现行教材这样调整合理吗? （　　　）

A. 十分合理　　　B. 比较合理　　　C. 不合理　　　　D. 很不合理

9. 您讲授三角函数时,是否会补充新课标要求外的知识点?（　　　）

A. 经常　　　　　B. 有时　　　　C. 较少　　　　　D. 从不

10. 在三角函数教学中,你是否重视"三角函数作为描述周期变化运动的数学模型这一本质"?（　　　）

A. 非常重视　　　B. 比较重视　　　C. 不太重视　　　D. 很不重视

11. 您认为培养学生运用三角函数知识解决实际问题应该是（　　　）.

A. 非常重要　　　B. 比较重要　　　C. 不太重要　　　D. 很不重要

12. 现行教材中三角函数部分设置了很多"思考探究",您认同花大量的时间让学生自己探究吗? （　　　）

A. 非常认同　　　B. 基本认同　　　C. 基本不认同　　D. 完全不认同

13. 在三角函数教学中,您是否有意识地渗透"数形结合、类比联想

以及一般化"等数学思想方法？（　　　）

　　A. 经常　　　　　　　B. 偶尔　　　　　　C. 很少　　　　　　D. 从不

14. 在三角函数教学中，您使用信息技术的情况是（　　　）.

　　A. 经常使用，效果很好　　　　　　B. 经常使用，效果一般

　　C. 偶尔使用　　　　　　　　　　　D. 几乎不用

15. 数学新课程实施以来，您对高中三角函数教学的看法是（　　　）.

（可多选）

　　A. 主要是传授知识、技能

　　B. 主要是培养学生自主学习的能力

　　C. 是知识、技能、方法和态度的统一

　　D. 是师生对话、交流和知识创新的过程

　　E. 是应该更注重实践化的教学

第3章

高中数学导数内容教学研究

导数是高中数学的核心内容,它为研究函数提供了有效的途径和简便的方法，在天文学、力学、工程学、经济学等自然科学以及其他科学领域中的应用也是相当广泛的. 高中数学课程改革中，导数内容在高中数学课本中的编排结构及内容安排上都发生了较大的变化. 教师对这些变化适应得如何；在这些变化下，学生对导数内容掌握得如何，这些问题都亟待探究.

3.1 微积分的发展历程

在数学历史进程过程中，微积分曾经指的是无穷小的计算. 从更加本质的层面来说，微积分学是研究变化的一门学科，就像几何学是研究形状的一门学科，代数学是研究代数运算和解方程的一门学科. 在 17 世纪，艾萨克·牛顿与戈特弗里德·莱布尼兹在前人的基础上，推导出了现在所学的微积分的基本理论. 牛顿和莱布尼兹的伟大成就在于他们能够明确地认识到曲线的斜率和速度这两个实践问题之间的紧密联系，并让这个新的统一的方法变成了科学技术上强有力的工具之一. 在我国，刘徽的极限思想是道家的无限分割以及墨家极限思想的发展和完善，这也是在数学研究和实践中具体体现的. 微积分学知识，不仅仅在经济学和工程学等研究领域里应用广泛，而且它还可以用来解决仅依靠代数学不能有效解决的问题——数学的和实际的一些复杂问题. 微积分是在代数学、三角学以及解析几何学这三门学科的基础上才得以发展起来的，而且包括微分学、积分学两大分支. 函数、速度、加速度和曲线的斜率等问题，我们都可运用一套通用的符号来进行演绎计算. 微积分学基本定理已经指出：微分和积分是互为逆运算的，这就是这两种理论被统一为微积分学的原因. 我们可以选择这两者之中任意的一个，并作为起点来讨论微积分学，但是在我们高中数学的实际课堂中，一般需要先引入微分学.

微积分的初步知识，在很早以前就已经成为国外中学数学课程的必修或者选修内容，美、日等国家对微积分的教学一直都是比较重视的，教学目标也很明确. 其中，日本微积分教学的理论要求相对低一点，主要以图形及实例这样一个直观的形式，来让学生了解微积分初步知识的基本概念和计算方法，强调它在学生生活实际中的应用. 而我国把微积分初步知识一直作为高中数学的选修内容，尽管在新教材中微积分也出现在选修部分之中，但是学者和一线教师们对微积分教学的研究从未间断过. 田斌在《微积分初步及教育价值》一文中系统地阐述了微积分的基础知识和概念，以及微积分与我们生活的联系；张中平在《新课程理念下的高中微积分教学设计研究》一文中探究了新课程理念下高中数学应该怎样进行教学设计，并给出了具有实践意义的微积分教学设计，为我们的课堂教学提供了方向；易娟在《关于高中微积分的教学研究》一文中针对微积分的课时安排及教学案例进行了研究，提出了对微积分的基本定理应该如何进行教学的教学建议；王凤艳在《中学微积分课程的教学研究》一文中通过实例比较分析了初等微积分与大学微积分之间的密切关系，在对高中微积分教材进行对比分析以及对课程实施进行思考以后，用具体的教学实例论证了微积分教学的具体策略，做到了细致、简明.

3.2 已有研究简介

导数作为微积分的一个核心概念，其本身就有着丰富的背景和广泛的实际应用，导数知识在世界各地都相继出现在了高中数学课程中，很多国家都把它编入高中必修课程，这体现的是世界性的一个大趋势. 微积分初步知识在美、日、德、俄、英、法等国家，都进入了必修课程当中，其中，美国的数学教育改革要求学生系统地学习导数的基本内容及概念，以使学生对函数及应用有一个更深的理解和应用，体会导数在其他学科解决实际问题时发挥的巨大作用. 日本在教学大纲中强调了导数的重要地位，要求学生了解导数的概念及计算，注重导数的实际运用. 而在我国，导数及其应用的知识在高中数学课程中一直是作为选修内容来教学的；教育部在2003 年制定了《普通高中数学课程标准》，课标中提出通过大量的实例，让学生体会导数的意义，学习导数的思维和内涵，应用导数去探究函数问题，以提高学生运用导数解决数学问题和生活中实际问题的能力，达到学以致用的目的. 随着教学改革和高考的不断发展变革，导数思想已经大量渗透到高考试题中，高考数学试卷中导数的题量一般是在一道计算题左右，或者一两道填空、选择题. 这使得一线数学教师更加重视导数的教学，更多的数学教育工作者更加关注导数的课程设置问题. 其中，项义武、张奠宙先生做了"用瞬时速率来作为导数教学的最初概念"等课程设置方面的研究.

高中数学课程改革实施以后，导数内容进入了初等数学，导数不但为解决函数问题提供了简便的方法和思想，而且在学生解决不等式和方程的根的问题上起到了无法替代的作用. 因此，如何让学生轻松地领悟导数数学思想方法的价值以及提升用导数来解决实际生活问题的能力，是新课程改革后一个新的研究热点. 其中，张党光在探究新课标的基础上，根据导数教学中存在的相关问题，给出了"准备、引导并探究、情景问题创设、体验性教学、反思及交流"等导数的教学策略. 对于处于高中阶段的学生来说，学习导数，更适合利用物理背景来进行导数的讲授，而不是通过形式化的极限和连续概念进行导数教学；秦德生的研究符合学生的认知发展规律，强调了对于导数教学需要淡化形式的教学实际. 在数学史与导数内容有机结合上，王芳在《数学史融入导数教学的行动研究》一文中提出了"学生对于导数概念的理解，主要建立在导数伪概念的基础之上，而缺乏对导数概念本质的理解"的全新观点. 在充分调查和研究高中生在学习"导数及其应用"过程中所遇到的困难的基础上，孙雪钰在《高中生在"导数及其应用"学习中的困难及教学策略研究》一文中针对这些所遇到的困难制订了一些相应的教学策略，对在导数的教学过程中，如何有效地提高学生的学习效率进行了比较系统的论述. 对关于导数的教材内容及编排设置等方面，胡明涛在《人教 A 版、B 版高中数学教材微积分部分比较研究》一文中做出了阐述. 从我国对导数内容的研究情况可以看出，研究导数教学、导数教材设置、学生学习困难等方向的比较多，但还是没有做到足够的完善，而对导数的教学现状进行调查研究以及实践探索，然后提出课堂中具体的教学建议的研究还比较少，这是所需要继续努力的方向.

3.3 研究设计

3.3.1 研究对象

本章主要以高中数学中"导数"的教学为研究内容，因此，将课堂的组织者 —— 教师作为主要研究对象，把一线教师对"导数"的认知状况及教学行为作为研究的主要内容.

3.3.2 问卷调查

1. 问卷设计

《普通高中数学课程标准》对高中数学导数部分的"极限"内容及教材编排、教学要求、教学目标等都做出了较大的变化和创新，明确提出"在一系列问题引导下，同学们将经历从平均变化率到瞬时变化率来刻画现实问题的过程，从代数和几何两个方面理解导数的含义，体会导数思想，并运用导数探索函数的单调性、极值等性质及其在实际中的应用，感受导数在解决数学问题和实际问题中的作用."从教学要求可以看出，课程的变化在于更加注重在教学设计中"以学生为中心"的教学原则，而在实际的教学过程中实现以教为主到以学为主的重心转移和由他律到自律的发展. 从新编教材可以看出，在导数及其应用的每个知识点都发生了顺序方面的变化，突出"平均变化率—瞬时变化率—导数—导数的几何意义"这样一条思想主线，其知识框架如表 3-1 所示.

表 3-1   高中课程中导数内容知识框架

平均速度	平均变化率	割线斜率
瞬时速度	瞬时变化率	切线斜率
导数		
基本初等函数导数公式、导数运算法则		导数和函数单调性的关系
		极（最）值与导数的关系

原有教材中导数部分的知识框架总结如表 3-2 所示.

表 3-2　原有教材中导数内容的知识框架

数学归纳法	极限的四则运算
数列、函数极限	函数的连续性
导数	
和差积商、复合函数的导数	函数的单调性和极（最）值
基本导数公式、常见函数的导数	微积分建立的时代背景和历史意义

原有教材在导数这部分知识的发生顺序是:数列—数列极限—函数极限—函数连续—导数—导数的应用—不定积分—定积分,从知识的发生顺序可以看出,原有教材的逻辑结构设计是相当严密的.

在认真分析和研究对比这两个版本教材的基础上,通过查阅图书和杂志等文献,并结合自身的教学实践经验,精心制作了这份问卷.该问卷的调查对象是高中数学教师,他们都拥有丰富的教学实践经验,对数学的一线教学工作有很深刻的见解,从而可以对研究提出很多很好的建议.问卷是以五点态度量表形式,针对教师以导数知识的认知状况及教学行为方面为主来设计问题的.本问卷共分两部分:第一部分是被选取教师的基本信息情况,包括教师五个方面的基本信息;第二部分是教师对导数知识的认知状况及教学行为的问卷调查,共30道选择题,其中前18道是教师对导数部分的认知状况,后12道是教师在导数教学方面的行为状况.以下是该问卷第二部分的提纲:

1) 教师对高中数学导数内容的认知状况

针对教师对导数部分的认知状况,总共设计了 18 道题目,其中前 7 道题目是教师对导数知识本身的认知状况,8~12 题是针对教师对导数教学的认知状况,13~18 题是针对教师在教材内容方面对导数的认知状况.

（1）教师对导数知识本身的认知状况.

微积分在数学中有着不可替代的地位,而导数是微积分的初步知识,导数这一工具在高中数学中逐渐普及.导数这一部分内容对学生的知识学习和生活实际都有什么样的影响,需要通过教师日常的切身体会来进行选择.

问题 1,2 是联系学生生活实际,从教师角度,探究教师如何认知导数知识的学习,对学生日常生活会有怎样的影响,在学生生活中的地位如何.

问题 3，4 通过了解学生函数学习及运算能力的情况，来反映这些知识储备对学生后续学习导数的影响程度．

问题 5，6，7 从导数概念相关的知识出发，研究在导数的实际教学中，教师进行教学设计时，对应该注重的教学重难点有怎样的看法．

（2）教师对导数教学的认知状况．

采用"舍弃极限"讲导数还是先介绍极限再讲导数概念是一个争议已久的话题，做出有益的探索非常有必要．因此，根据这一话题，重点研究教师对"舍弃极限"讲导数的看法，以对新、旧教材中没有极限将会出现什么样的问题进行探索，以及如何更好地组织导数教学．

问题 8，9 探究教师在课堂教学过程中，对导数知识的重视程度及难易的认知状况．

问题 10 是在新、旧教材中一个最明显的变化基础上，即舍去"极限"内容来讲"导数"以后，教师对导数的教学会有怎样的认知．

问题 11，12 探究教师在课堂教学过程中，该如何利用和分配课堂时间，对采用什么方法来提高学生的课堂学习效率的具体看法．

（3）教师在教材内容方面对导数的认知状况．

课改以后，教材发生了较大的改变，包括教材的编排、知识内容的取舍等，因此，第 13~18 题针对的是教师对教材的看法．

问题 13，14 根据教师对导数及其应用进入高中数学以及应该让导数在高中数学中占有什么样的地位的看法，来分析教师对导数内容教材编排的认知情况．

问题 15，18 研究教师在导数的教学设计过程中，需要对教材做出哪些改变，对知识要按照一定的发生顺序来讲解是否有自己的建议．

问题 16，17 通过了解教师在导数及其应用章节的知识补充情况，反映在课改后，教材的变化是否满足课堂的教学要求，是否需要对教材进行有效的补充以期达到教学目标，教师会有什么样的具体看法．

2）教师在导数及其应用方面的行为状况

针对教师在导数方面的行为情况，共设计了 12 道题目，包括教师在教学过程中对极限的运用情况，对教学、教材的处理情况、学生的行为状况以及导数工具化的处理．

（1）教师的教学行为.

问题 19 是了解教师在没有极限的情况下，会如何处理导数的教学.

问题 20，21 是为了研究教师怎样教的问题而制订的，即了解在教材基础上，教师会否对知识点做出补充，在新课讲解中会有怎样的变化.

问题 22 是研究教师在导数这一解题工具方面，会有怎样的教学行为.

（2）教师对教材的处理情况.

问题 23，24 主要是通过教材的习题情况，调查一线教师在对习题的数量及难易程度方面的处理情况.

（3）通过教师了解学生的行为状况.

教师的教，离不开学生的学，因此，有必要了解学生在导数知识学习上会有怎样的行为状况.

问题 25，26 是针对学生的预习情况来编制的，这样就可以反映出学生对导数及其应用的重视程度，以及对上一个部分知识储备的影响情况.

问题 27 通过了解学生对导数知识的喜爱重视程度，从而分析学习兴趣对学生的学习行为有怎样的影响.

问题 28，29，30 通过了解学生在解与导数相关的题目时的情况，来分析学生如何处理习题以及考试当中遇到的问题.

2. 调查对象

问卷的调查对象是随机调查的高中数学教师 67 名，发放问卷 67 份，回收有效问卷 56 份. 有效回收率为 83.6%. 表 3-3 统计了被选取教师的相关信息.

表 3-3　被选取教师的相关信息

	教龄	学历	班级人数	培训次数	学校类别
A	7	3	4	1	45
B	23	39	9	4	11
C	16	14	19	11	
D	9		24	40	
E	1				
总人数	56	56	56	56	56

注：A～E 分别为附录问卷表中对应的选项.

从表 3-3 中统计的数据来看，我们可以总结出以下认知信息：

（1）这次随机调查的高中数学教师当中，大多数教师的教龄在六年以上，而且占 46.4%的教师，其教龄在十一年以上。这说明被试教师在一线工作时间较长，拥有丰富的一线教学经验，能更好更直接地反映出高中数学的教学现状，可以为研究提供具有实践价值的教学建议。

（2）被试教师们的学历相当大一部分为大学本科及其以上学历，占全体被试者的 90%以上。这说明普通高中数学教育中已形成一支具备较高学历、较高水平、较高质量的师资队伍。

（3）从班级人数来看，虽然大多数老师来自城区学校，但是教师所授课的班级人数基本上都在 50 人以上，而采取 50 人以下这种小班教学模式的相当少。可以看出，我国的基础教育资源还匮乏，师资力量仍然有待改善和提高，需要采用更加合理的方式来分配教育资源，促进教育的公平发展。

（4）大部分教师近三年来县级以上教师培训都在三次及以上，反映出大部分教师是熟悉和了解新课改的。他们可以通过培训、交流来提高自己的数学专业知识和技能，对新课改有更加深刻的认识。

（5）80.4%的教师来自城区学校，反映出这次所调查的对象主要是城区里的任教教师，所研究的结果更能代表教育比较发达的城市学校教育。

总体上来看，此次问卷的调查对象具有较广泛的代表性，可以从各个方面来反映出高中数学导数内容的教学现状。

3. 问卷的信度和统计方法

根据教育测量与统计原理，本问卷采用的是五点态度量表，所以要测量其内部一致性信度（即 α 系数）。采用 SPSS Statistics17 算得 $\alpha = 0.820$（见表 3-4），说明这份问卷测试题的可信度较高。

表 3-4　可靠性统计量

Reliability Statistics		
Cronbach's Alpha	Cronbach's Alpha Based on Standardized Items	N of Items
.820	.817	30

问卷采取的统计方法是根据教育测量和统计学原理，对调查研究的数据通过 SPSS Statistics17 工具来处理，并用卡方检验来分析不同教师对某些问题的态度存在的差异性. 同时结合教师访谈，通过定量和定性的方式得出研究结果.

3.4 教师对高中数学导数内容的认知状况分析

3.4.1 教师对导数知识作用的认知状况

1. 教师对导数知识作用的认知调查分析

问题 1，2 通过联系学生的生活实际，从教师角度，探究教师对导数知识学习的把握情况，以及导数学习对学生日常生活会有怎样的影响，在学生生活中的地位如何. 调查情况如表 3-5 所示.

表 3-5　导数知识作用的认知

	A	B	C	D	E
1 题	23.2%	48.2%	16.1%	10.7%	1.8%
2 题	0	33.9%	25.0%	37.5%	3.6%

第 1 题是调查教师对导数与高中数学日常学习的认知情况的. 从表 3-5 中的统计数据可以看出：有 71.4%的教师赞成导数知识的学习对高中生学习其他数学知识是有很大帮助的，并且 23.2%的教师持很赞成态度. 这说明大多数一线教师对导数在高中数学中的作用是持肯定态度的，这一点基本上是一致的. 可见，导数知识的学习无论对学生的学习还是对老师的教学都有很大的帮助. 在《人教 A 版》选修教材 1-1 第三章第 3 节中讲到了函数单调性的另外一种定义方式，这是高中数学除必修 1 中用关于增、减函数定义来探究函数单调性以外的一种方法. 用导数知识来探究函数的单调性，不仅教给了学生另一种方法，更让学生从导数思维角度来认识函数的单调性.

第 2 题主要是调查教师对导数与高中生日常生活的认知情况. 从表 3-5 中的数据可以看出：仅有 33.9% 的教师对此持赞成态度，而且没有教师持很赞成的态度；有 66.1%教师持不置可否或者不赞成的态度，其中还有一些老师持很不赞成的态度. 从此题可以看出, 导数知识的学习对学生日常生活的影响或者帮助不是很大, 有时候几乎是没有影响的. 从上述结论可以看出, 大部分教师对导数在日常生活中的作用的认识不够深刻, 这主要是受为考试而考试的影响, 没有看到导数在解决生活中利润最大、效率最高、用料最省等问题上发挥的巨大作用.

2. 学生的知识储备对导数学习的影响认知

问题 3, 4 是了解学生之前学习阶段所具备的知识储备和学习能力对导数学习有何种影响, 教师对此有什么样的认知状况. 前期数学知识的学习是不是后续学习的基础, 是循序渐进还是一步到位的, 调查结果如表 3-6 所示.

表 3-6 学生的知识储备对导数学习的影响认知

	A	B	C	D	E
3 题	16.1%	50.0%	21.4%	12.5%	0
4 题	14.3%	26.8%	19.6%	37.5%	1.8%

函数作为微积分的一个基本概念, 在高中数学的学习中至关重要, 与数学知识的各个部分联系的都很紧密. 第 3 题就是了解教师对导数与函数的相互关系的认知情况的, 87.5%的教师都不反对 "函数知识学习的好坏对学生导数学习的影响较大" 这一说法. 从某种意义上来说, 函数的学习其实从小学教育就已经开始, 几乎贯穿学生的整个学习生涯; 导数及其应用中需要学生学习并掌握基本初等函数的导数公式, 比如指数函数、三角函数、二次函数的求导问题等. 因此, 函数的学习在导数学习之前, 对导数的学习和教学有着较大的影响, 并且起着基础性作用. 赞成这一说法的人数占有一半, 但还不能看出函数的学习对导数学习是否有决定性作用. 从统计数据可以清晰地看出, 存在部分教师 (33.9%) 持不赞成或者不置可否的态度. 因此, 为了进一步研究其他因素对该问题的影响, 针对第 3 题的态度选择情况与各因素间是否存在显著性差异进行了卡方检验, 数据统计如表 3-7 所示.

表 3-7　函数知识对学生导数学习的认知的影响因素

	Value	df	Asymp.Sig. (2-sided)
教龄	18.099[a]	12	.113
学历	11.987[a]	6	.062
参加教师培训的次数	12.848[a]	9	.170

由表 3-7 可以发现，教师的教龄、学历以及参加教师培训次数的不同在第 3 题的选择情况上不存在显著性差异（$p > 0.05$）. 这一结果说明，教师的教龄、学历以及参加教师培训的次数等因素虽然不同，但是并不影响对第 3 题选择的态度，大家对函数知识学习的好坏对导数学习影响大小的认知情况差别很小.

在导数学习的过程中，会遇到大量的运算，有的甚至可以用复杂来形容. 为了了解教师认知中学生数学方面的运算能力对导数学习的影响，设置了第 4 题. 从表 3-6 可以看到，41.1% 的老师是赞成运算能力对学生导数学习有较大影响的，而其余的教师持不置可否或者不赞成的看法，这说明在导数的学习中，学生的运算能力的影响情况并不明显. 但在导数的学习过程中，在运用"导数运算法则"求两个函数加、减、乘、除的导数时，涉及较复杂的运算公式，如

$$\left(\frac{f(x)}{g(x)}\right)' = \frac{f'(x)g(x) - f(x)g'(x)}{(g(x))^2} \ (g(x) \neq 0) \, ,$$

而导数的运算公式比较多且比较繁杂，又需要学生具备良好的数学计算能力和运算习惯.

3. 教师对导数知识本身的认知调查分析

问题 5，6，7 是教师对导数知识本身的认知调查，是为了研究导数知识本身的重、难点以及导数概念与导数后续学习的关系，进一步分析教师对于导数本身在知识讲解时的具体看法. 数据统计结果如表 3-8 所示.

表 3-8　教师对导数知识本身的认知

	A	B	C	D	E
5 题	5.4%	37.5%	30.4%	25.0%	1.7%
6 题	12.5%	35.7%	17.9%	28.6%	5.3%
7 题	7.1%	60.7%	14.3%	17.9%	0

第 5 题是研究教师对导数的几何意义与导数计算的重视程度的认知情况的. 从统计结果来看，教师们的态度相对分散，有 30.4%的教师持不置可否的态度，而有 26.7%的教师持不赞成态度，持赞成态度和不赞成态度的比例几乎相等. 之所以有这样的研究结果，说明有部分教师还是把导数的几何意义与导数的计算放在了同样重要的位置上，而有一部分教师更加重视学生在导数学习过程中的数学思维的发展，把学生学习和认识导数的几何意义放在更加重要的位置上，通过学生对"无限逼近"思想的认识来认识导数，认识微积分. 在高考应试教育的环境下，大部分教师更加重视学生在导数计算方面的培养，认为能很好地做试卷，做好考试题就行，因此，在日常的教学活动中，会大量增加导数方面的计算题量，从而达到让学生学好导数的目的. 导数的几何意义是一个让学生发现割线斜率与切线斜率之间关系的过程，体现的是"无限趋近"的动态变化，同时也让学生感受微积分中的重要的思想方法——以直代曲.

数学概念课的讲解对于大多数教师来说都是高度重视的，只有讲清楚数学概念，学生才能更好地理解相关的数学知识. 第 6 题是通过了解教师对导数概念的认知态度，来分析导数概念在数学课堂中的教学情况. 占12.5%的教师是很赞成"导数概念是一个重要的知识点，也是一个教学难点"，并且 35.7%的教师是持赞成态度的. 这说明导数概念很重要，我们一线教师是需要高度重视的. 特别是新课改以后，导数概念是学生学习导数并接触导数相关知识的第一个重要概念，而且"导数是特殊的极限"，所以讲好导数概念对学生极限思维的培养是相当重要的. 大多数教师赞成导数概念的讲解是一个教学难点，为此，在导数概念的新课讲解时，教师需要更加重视并处理好这个教学难点，以降低学生认知上的难度，要注重本质，淡化形式.

第 7 题是研究教师对导数概念对学生后续学习影响的认知情况的. 从表 3-8 可以看出，持赞成态度的教师达到 67.8%，持反对态度的教师比例较小，说明大多数教师的认知是基本一致的，即学好了导数概念才能更好地学习导数的其他知识内容. 从第 6，7 题可以看出，大部分一线教师对导数概念是很重视的，把导数概念作为重、难点来讲解，强调导数概念的基础性作用. 导数概念的定义非常抽象，如果要求学生单纯地记忆导数概念，相信大多数学生都能够把它熟练地写出来，但这只是停留在对导数概念最表面的理解上，应该让学生体会由"瞬时变化率"到导数这一知识的发生过程，深入理解导数的"极限"思想.

3.4.2 教师对导数教学的认知状况

1. 教师对导数内容教学重视程度的认知情况

问题 8 是针对教师在导数内容的教学过程中，对其重视程度的认知情况分析. 对其做数据统计，结果如表 3-9 所示.

表 3-9 导数内容教学重视程度的认知

	A	B	C	D	E
8 题	16.1%	41.1%	12.5%	30.3%	0

第 8 题是针对教师在教学过程中对导数的重视程度的认知情况分析. 教师对导数的重视程度会直接影响其教学效果. 从统计结果可以看出，有 16.1% 的教师很赞成问题所问，41.1% 的教师持赞成态度. 这说明导数内容在高中数学的教学当中，大多数教师很重视导数内容的教学，认为在高中数学的教学中，无论从应试教育角度还是从学生发展角度来看，都需要很重视导数教学. 有 42.8% 的教师不赞成或者不置可否问题所问，这反映了有部分教师在导数教学方面的重视程度还是不够，对导数在高中数学中的重要性认识不足，这与导数属于微积分，而微积分属于高等数学范畴有关. 他们认为，学生进入高等学校还会再次学习导数，现在没有多大必要深入学习，只为考试而考试.

为了更详细、具体地研究高中数学中导数教学的重视程度的认知情况，分析各个因素认知差异的显著性影响，在此进行卡方检验，卡方检验结果如表 3-10 所示.

表 3-10 导数内容教学的重视程度认知的影响因素

	Value	df	Asymp.Sig. (2-sided)
教龄	18.605[a]	12	.099
学历	3.292[a]	6	.771
学校	8.264[a]	3	.041
班级人数	10.472[a]	9	.314
参加教师培训的次数	7.549[a]	9	.580

从卡方检验的数据可以看出，教师的教龄、学历、班级人数以及参加培训的次数（$p > 0.05$)等因素在第 8 题的选择上没有显著性差异，说明这些因素在高中数学教师对导数的教学重视程度认知方面没有明显的影响；而教师来自的学校（$p < 0.05$）对此题的选择有显著性差异，说明教师来自不同的学校对教师对导数教学的重视程度影响很大，即学校的层次如果相对较高，那么学生有能力冲刺较复杂的数学问题，老师自然也就愿意教授一些复杂的数学知识，对导数在解决难题上的工具性作用也就更加重视；学校在应试教育环境下，为提高升学率而更加重视导数的教学，高中数学教师也相应地加强了对导数内容的教学. 我们应该看到导数在高中数学中不可替代的作用，可以有效地解决函数问题和实际生活问题（如力学、航海和天文学等方面的问题）以及培养学生实践能力和思维能力的作用（比如导数可以描述任何事物的瞬时变化率，研究效率、国内生产总值（GDP）的增长率等）. 尽管导数及其应用的内容出现在选修课本中，一线教师仍应高度重视导数的教学.

2. 教师对导数内容教学难易程度的认知情况

问题 9 是针对一线数学教师的切身感受，了解他们对导数内容教学难易程度的认知情况，从而从整体上把握导数教学给一线教师所带来的压力大小. 数据统计如表 3-11 所示.

表 3-11　导数内容教学难易程度的认知

	A	B	C	D	E
9 题	8.9%	39.3%	12.5%	37.5%	1.8%

一线教师是对教学实践感受最深的一个群体，他们通过切身体验，把握教学，把握课堂，对知识点教学难易程度的理解也是最深的. 第 9 题是通过了解教师对导数教学难易程度的认知情况来进行分析的. 有8.9%的被试者认为导数这部分内容比较容易教，这和被试者中大多数教师的学历较高，教龄较长，以及大部分来自城区学校有关. 这些被试者由于学历较高，对高等数学的认识相对较深，专业知识更加扎实，而教龄长会增加自身的实践经验，能很好地把握教学方法，而且城区学校的教学资源也占有一定的优势. 对于导数这部分内容的教学，可以运用体验式教学策略来"树立

让学生体验的意识，注重知识发生过程的体验"，以培养学生的成就感.

3. 教师对没有极限讲导数的认知情况

问题 10 是针对教师在没有极限的条件下，对导数教学的认知分析，以了解对先讲极限再讲导数好教，还是没有极限直接讲导数更好教的认知状况. 其统计结果如表 3-12 所示.

表 3-12　对没有极限讲导数的认知

	A	B	C	D	E
10 题	5.4%	30.4%	17.9%	42.9%	3.4%

随着课程改革的进行，大学的一些课程下放到高中，考虑到高中学生的认知发展规律，高中数学的教学内容关于导数部分有了很大调整. 其中，《大纲》版教材选修Ⅱ中：第 2 章是极限内容，包括数学归纳法、极限；第 3 章是导数内容，包括导数、导数的应用. 而新课标教材选修 1-1 中：第 3 章是导数及其应用. 比较《大纲》版教材和新课标教材可以清晰地看出"极限"内容的巨大变化. 第 10 题主要是调查教师对"舍弃极限"讲导数的认知状况. 从表 3-12 中的数据可以看出，大部分教师对此持不赞成或者不置可否的态度（占 64.2%），说明大多数教师在导数教学时，并没有觉得没有了极限，导数会更好教，而是更倾向于有极限做指引的导数教学. 还有一部分教师持赞成态度，这体现出这部分教师对新课改有很好的适应能力，无论是通过导数这个特殊的极限来进行教学，还是在教学中适当的引入极限知识，都可以很好地把握新课改关于重视学生认知发展规律的意图. 为了对"舍弃极限"讲导数的教学问题有一个更清楚的认识，探究各个因素对其影响情况，对第 10 题教师的选择情况与各因素之间的显著性差异进行了卡方检验，结果如表 3-13 所示.

表 3-13　没有极限讲导数情况下认知差异的影响因素

	Value	df	Asymp.Sig. (2-sided)
教龄	32.000^a	16	.010
学历	8.609^a	8	.376
参加教师培训的次数	13.014^a	12	.368

从表 3-13 中的数据可以看出，教师的学历、参加培训次数的不同在第 10 题的选择情况上不存在显著性差异（$p > 0.05$），说明教师的学历、参加教师培训的次数不会影响对此题的选择．而教师教龄（$p = 0.01$）的不同在第 10 题的选择结果上差异比较显著,说明教师教龄对没有极限情况下讲导数知识有显著的影响．教龄越长的教师在没有极限情况下，凭借丰富的教学经验，能根据教材的设置灵活地设计教案，在教学中对导数的处理也更加成熟，导数的教学显得得心应手，而教龄稍短的教师不能很好地处理没有极限的情况，认为没有极限就无法引出我们的导数，会有意无意地给学生灌输极限思想，而不是让学生自己去体会．

4. 教师对导数知识该如何来教学的认知情况

问题 11，12 主要是调查教师在导数教学过程中，对多媒体的应用以及课堂时间分配的认知情况，从而了解从数学教学设计到课堂实施教师对教学如何具体处理的看法．两道题目的统计结果如表 3-14 所示．

表 3-14　对导数知识应该如何教学的认知

	A	B	C	D	E
11 题	7.1%	46.4%	30.4%	12.5%	3.6%
12 题	5.4%	51.8%	21.4%	21.4%	0

第 11 题是为了了解教师在导数的教学过程中，对多媒体工具使用的认知情况．从表 3-14 可以得出以下结果：赞成的教师占 53.5%（其中 7.1%很赞成），30.4% 的教师选择的是既不赞成也不反对．从结果可以看出，一半以上的教师在导数的课堂教学中，会选择使用多媒体这一教学工具．这符合导数内容教学的特点，因为从"有限"到"无限"，其本身就是一个动态的变化过程．为了让学生更好地理解其变化过程，使用多媒体会让导数教学变得更加直观形象，这样的教学方法便于教师更好的教和学生更好的学．

第 12 题主要调查教师在数学课堂上，对课堂时间分配的认知情况．该问题的实践性较强，是针对一线数学教师最切身的课堂感受，来分析他们教授导数时的时间安排问题．占 57.2% 的教师对该问题持赞成态度，说明绝大部分教师在导数的教学过程中，把课堂时间更多地留给了学生，让他们自己去思考、去探究；这样的教学模式体现了"以教师的教为主，向以学生的学为主转移"的教学理念，让学生独立去思考、去提升，老师在课堂中做好引导的角色. 占 21.4%的教师对该问题是不赞成的，没有教师是很不赞成的，说明存在一部分教师没有给学生自己更多的课堂时间，更多的是自己在把握甚至占有整个课堂；这种"填鸭式"的教学方式还是存在于我们的高中数学课堂中. 这不仅不符合学生"四基"的培养，更偏离了新课改的目标. 因此，教师应该改变对数学课堂的认识，把我们的数学课堂还给学生.

为了更深层次地了解各因素对第 11，12 题选择差异的影响，分别对 11，12 题的可能影响因素做了卡方检验. 其卡方检验统计值如表 3-15 所示.

表 3-15　对导数知识应该如何教学的认知差异影响因素

	学校	教龄	学历	班级人数	参加培训次数
11 题	.622	.266	.830	.691	.584
12 题	.402	.376	.822	.742	.883

从表 3-15 中的卡方检验值可以明显看出，教师的学校、教龄、学历、任课班级人数及参加培训次数（$p > 0.05$）等因素在第 11，12 题的选择上都不存在显著性差异. 这说明这些因素在教师日常的教学活动中，对多媒体的使用以及课堂时间分配没有明显的差异，大多数教师会根据实际情况来选择使用多媒体，按照课堂情况来分配课堂时间. 在我国的学校中，多媒体广泛普及，教师无论来自城区学校还是乡镇学校，基本上都可以使用多媒体进行导数教学，这体现了我国教育资源正在不断优化.

3.4.3　教师对导数教材内容的认知状况

1. 教师对教材编排结构的认知情况

问题 13，14 是针对教师在高中数学教材的编排结构方面的认知状况，以进一步了解教师对导数下放到高中的看法. 数据分析如表 3-16 所示.

表 3-16　对教材编排结构的认知

	A	B	C	D	E
13 题	7.1%	50%	26.8%	16.1%	0
14 题	14.3%	53.6%	19.6%	12.5%	0

第 13 题是了解教师对导数及其应用引入高中数学的看法，第 14 题是了解教师对导数及其应用进入必修课本的看法. 这两道题目都是为了了解教师对教材编排结构的看法. 从表 3-16 中的数据可以看出，两道题目中赞成的比例大致是相同的（都在一半以上，且不赞成的较少，没有很不赞成的），这足以看出，大多数教师对导数部分知识进入高中数学以及在高中数学课程中地位的信心. 随着课程改革的深入，大学的一些内容开始下放到高中，在考虑高中生认知发展规律的基础上，高中数学教材中保留了有关导数部分的内容，而无论是《大纲》版还是新课标教材的结构编排，导数内容都被放在了选修课本中. 微积分属于高等数学范畴，微积分以变量为思维对象，在内容、方法和思维训练方面都不同于中小学课程中的初等数学，从"有限"到"无限"不是简单的转折，而是一个质的飞跃. 因此，导数内容不能简单地下放到高中数学，需要从教材结构编排上来完成这一飞跃，达到学以致用的目的. 在赞成导数在高中数学中起重要作用的基础上，研究导数进入高中数学的必修内容是今后应该重视的课题.

2. 教师对教材例题的认知状况

问题 15 是了解教师对教材导数部分内容例题的认知状况，从而分析教师在进行教学设计时对引入例题的看法. 其数据统计如表 3-17 所示.

表 3-17　对教材例题的认知

	A	B	C	D	E
15 题	7.1%	33.9%	16.1%	37.5%	5.4%

高中生处在一个模仿和学习能力最强的时期，学生对知识概念的学习，需要例题来提供模仿的对象，用例题巩固课堂上所学的知识，达到真正让学生听懂还要能解决实际问题的目的. 第 15 题主要调查教师对数学课本中是否需要加入更多的更全面的例题的认知情况，以此来分析教材中的例题是否已经满足教学的日常要求. 从统计结果可以得出以下结论：41.0%的教师持赞成的看法，59.0%的教师持不置可否或者不赞成的看法，其中持很不赞成看法的教师比例相对较低（5.4%）；一部分教师会引入新的例题来作为对课堂教学的有效补充，以达到补充和巩固学生学习知识的目的.

一部分教师认为教材的例题已经足够，包含了学生要学的知识内容，也达到了学生练习模仿的目标，更多的知识可以安排在课后练习或者试卷中补充学习．例题过多，或者一堂新课的知识量过大会造成学生的学习负担过重，不利于学生的学习，"事倍功半，得不偿失"，教材也应该避免过量的形式化的运算练习．新课标选修教材 1-1 第三章在"基本初等函数的导数公式及导数的运算法则"中总共设计了三道例题，其中例 1 和例 3 是联系生活实际的导数计算，例 2 是"根据基本初等函数的导数公式和导数运算法则，求函数 $y = x^3 - 2x + 3$ 的导数"．可以看出，教材的例题安排，兼顾了导数的计算，巩固了学生新课所学，并结合生活实际，知识的覆盖面还是比较全面，可以满足教材知识的讲解所需．在我们的教学设计中，应该做到一切以学生为中心的原则，即引导性的教学，通过恰当且具有代表性的例题来引出知识点；例题不是越多越好，更不是学生将例题巩固得多就会把知识点掌握得好．如果教材中的例题不是很适合用来巩固新课，我们就需要加入新的例题来让学生练习，而教材中的例题则要求学生自己花课余时间来学习．

3. 教师对教材内容补充的认知状况

问题 16，17 主要是调查教师对教材知识内容进行补充的认知状况，了解教材中现有导数内容是否满足日常教学以及设计的合理性．统计结果如表 3-18 所示．

表 3-18　对教材内容是否应该补充的认知

	A	B	C	D	E
16 题	8.9%	35.7%	25.0%	26.8%	3.6%
17 题	5.4%	39.3%	21.4%	32.1%	1.8%

两个版本教材的导数部分都出现大量运动学知识，特别是平均速度、瞬时速度等．学生可以通过瞬时变化率来认识和理解导数概念，形成"变化"的思维．第 16 题就是了解教师在教学时，对引入其他学科如物理学方面的知识的认知状况．从统计数据可以明显地看出，占 8.9% 的教师是很赞成的，还有 35.7% 的教师是赞成的；这表明大多数教师注重各学科之间的

联系，用学生学过的知识来引入导数概念可以帮助学生更好地去接受新知识. 有部分教师（占 30.4%）是不赞成的，认为把导数及其应用的运动学知识单纯地看作数学问题来进行教学也可行，然而，这样的教学不仅不利于学生对数学知识的学习，也不利于学生对各学科知识间的融会贯通.

数学学习需要学生充分发挥他们的想象力，充分的想象可以帮助学生加深对数学概念、数学知识的理解，进而可以培养学生的想象力. 问题 17 主要是了解教师对教材加入更多的图像信息的认知情况. 有 66.1%的教师持赞成或者不置可否的态度，表明绝大部分教师认为导数及其应用章节中，图像信息不是很足够，还需要加入一些图像信息来描述数学概念. 导数是变量数学，是动态的，它包含了运动变化和无限的思想，如果只靠一段文字或者一句话来教会学生，难度显然很大，而且学生也难以接受，当我们在教材中加入插图，可用图像信息来告诉学生如何来描述导数概念. 在这里，我们有必要对导数教材内容关于图像信息进行更深一层次的认知状况探究，对各因素与教师对教材加入更多的图像信息的认知差异进行显著性卡方检验，结果如表 3-19 所示.

表 3-19　教师对教材加入更多图像信息认知差异的影响因素

	Value	df	Asymp.Sig. (2-sided)
教龄	27.234[a]	16	.039
学历	7.601[a]	8	.473
学校	1.254[a]	4	.869
班级人数	4.705[a]	12	.967
参加教师培训的次数	23.451[a]	12	.024

从卡方检验的结果可以看出，教师的学历、学校、班级人数（$p > 0.05$）等因素在教材应该加入更多图像信息的认知上没有显著性差异. 而教师的教龄以及参加培训次数（$p < 0.05$）在该认知上存在显著性差异，说明随着教师教书年限的增加，认为在我们的导数及其应用部分，需要加入更多的图像信息来丰富教材内容，降低学生认识导数的难度，用形象的语言来引导学生，充分发挥学生的想象力. 参加教师培训的次数越多，越容易接受更创新的教学方法，吸收的理论知识也就越多，更能够把握数学教育的动

向，而图像信息可以展现动态的数学，比如从"有限"向"无限"的变化过程. 所以，加强教师培训的科学性，是提高中学数学教学质量的一条有效途径.

4. 教师对教材内容选择的认知状况

问题 18 主要调查教师对教材内容选择的认知状况，以了解教师对"平均变化率 瞬时变化率—导数概念"这样选择的具体认知状况. 统计数据如表 3-20 所示.

表 3-20 对教材内容选择的认知

	A	B	C	D	E
18 题	5.4%	51.8%	23.2%	17.9%	1.7%

第 18 题是了解教师对教材中先讲"平均变化率"，再通过"瞬时变化率"来引出导数这种选择的看法. 从表 3-20 中的数据可以得出：占一半（57.2%）的被试者赞成或者很赞成，有部分（19.6%）的被试者不赞成或者很不赞成. 这说明在一线教师的认知方面，基本上是一致的，对"平均变化率—瞬时变化率—导数概念"这样的选择比较满意，如果采用其他方式来引入导数概念，学生会很难理解，显得生硬. 结合第 16 题来看，教师更喜欢这样选择的另外一个原因就是"平均变化率"和"瞬时变化率"都是学生已经学习过的知识，这样学生理解起来就更加容易，也可以提高学生的学习兴趣.

3.5 教师对高中数学导数内容的处理

3.5.1 教师对导数内容教学行为的分析

1. 教师在没有极限情况下的教学行为

问题 19 是调查教师在"没有极限"情况下讲导数的教学行为现状. 教材选修 1-1 中导数及其应用部分，开篇就是变化率（气球膨胀率、高台跳水）问题的教学，之后通过"瞬时速度"到"瞬时变化率"的变化过程引出导数概念，没有涉及极限知识. 关于"舍弃极限"讲导数，这是大多数教师在导数教学时都会遇到的问题，因此，如何进行教学处理，是我们一线教师的重中之重.

表 3-21　无"极限"情况下教师的教学行为

	A	B	C	D	E
19 题	7.1%	32.1%	17.9%	39.3%	3.6%

在 3.4.2（3）部分中，通过第 10 题我们已经研究了教师对没有"极限"讲导数的认知状况，大多数教师认为在有极限的情况下导数内容会更好教. 从表 3-21 中的数据可以看出，有 42.9% 的教师会先引入极限，再讲导数，而 39.2% 的教师不会这样做，还有少部分（17.9%）教师是不置可否的. 这说明还是有很大一部分教师认为在有极限的情况下更有利于导数的教学，所以在实际的课堂教学中，他们也会通过引入极限来引导学生，然后再给学生讲解导数知识，他们在新课改的教材知识基础上加入了自己的教学设计. 而另一部分教师则按照新课改的教材内容来进行实际教学，不会给学生先讲极限，然后再讲导数知识，而是把导数当作一个特殊的极限来讲，这减轻了学生学习导数的负担，更容易保持学生的学习兴趣. 为进一步探究各因素在第 19 题选择差异的影响，分析导数教学中具体的影响因素，我们对此题与各因素之间的影响做了卡方检验，其结果如表 3-22 所示.

表 3-22　无"极限"情况下教师的教学行为差异的影响因素

	Value	df	Asymp.Sig. (2-sided)
学校	8.053[a]	4	.090
教龄	17.443[a]	16	.358
学历	3.887[a]	8	.867
参加教师培训的次数	6.794[a]	12	.871

从表 3-22 中卡方检验的数据可以看出，无论是教师的学校、教龄、学历，还是参加教师培训次数（$p>0.05$）等各因素，对无"极限"情况下教师的教学行为都没有显著性差异. 这说明持不赞成或者不置可否态度的教师在处理无"极限"情况下的导数教学时更多的是其他原因，比如学生的学习情况、课标的要求等. 即在没有"极限"的情况下，教师可以把导数

当作特殊的"极限"来进行教学，用导数这个特殊的"极限"来让学生体会"无限"的思想.

2. 教师在导数教学时的具体教学行为

问题 20，21 主要调查教师在导数内容教学实践中，对知识的引入，以及学生的知识准备这两个问题如何去处理，其统计结果如表 3-23 所示.

表 3-23 在导数内容教学时的具体教学行为

	A	B	C	D	E
20 题	7.1%	33.9%	32.1%	23.2%	3.7%
21 题	5.4%	39.3%	26.8%	26.8%	1.7%

从第 20 题的统计结果可以看出，73.1%的被试者没有持反对态度，其中 32.1%的教师持不置可否的态度. 这说明很大一部分教师在导数内容教学过程中，会适当引入微积分的发展史，或者关于微积分的趣事，等等. 从 21 题的统计结果也可以看出，71.5%的被试者没有持反对态度，这与第 20 题的 73.1%的结果大致相同. 这足以看出大部分教师对课前准备以及课堂引入的重视程度. 微积分具有悠久的发展史，无论是国内还是国外，微积分的发展都有很好的文化积淀和历史延革，这些辉煌的成就足以激发学生的学习兴趣，让他们对接下来的导数学习产生浓厚的兴趣. 要求学生在课前去查阅关于微积分、导数的资料，不仅可以提高学生的学习兴趣，为后续学习做好知识储备，还可以培养学生良好的学习习惯，这是学生发现问题和提出问题的有效途径. 新课标教材在"探究与发现"中给出了"牛顿法：用导数方法求方程的近似解"以及实习作业"走进微积分"，其中实习作业"走进微积分"可以在新课讲解之前就要求学生按时按质的完成，教师可以根据学生的完成情况进行奖惩.

3. 教师对于导数"工具化"的处理情况

问题 22 是调查教师对导数"工具化"与实际应用的处理情况，其统计结果如表 3-24 所示.

表 3-24　对导数"工具化"的处理情况

	A	B	C	D	E
22 题	7.1%	39.3%	19.6%	28.6%	5.4%

从统计结果可以看到，持赞成态度（46.4%）的多于不赞成（34.0%）的人数，即有一定比例的教师并没有完全把导数当作学生的解题工具来教学，而是兼顾学生思维能力和实践能力的培养. 而在持赞成态度的教师中，有一部分教师在实际的教学过程中，往往偏重应试教育，因为导数是解决函数问题的一个有力工具，认为能应用导数的计算公式来解导数方面的题型就可以了，不注重学生"无限"思维的培养，忽视导数与学生生活实际之间的联系，一味地迎合应试教育. 导数作为解决函数问题的有力工具，在解决函数问题时可以使计算简便快捷，特别是解决非基本函数题型，确实需要学生掌握导数的计算公式并提高计算能力，且能用导数来解决函数问题，如用导数的正负来判断函数的单调性，再通过函数的单调性来求函数的极值等. 随着导数工具化在高中数学中的普及，高等数学思想也慢慢渗透到高中数学的解题之中，其中，导数和方程式、数列、不等式以及解析几何等相互交汇来进行命题，以达到考查学生学习数学能力的目的. 因此，我们更应该强调微积分的基本思想和应用方法，这种非形式化的教学是将导数成功引入中学教学课堂的保证，同时也培养了学生探索实际问题的能力. 统计结果中有 53.6% 的教师持不赞成或者不置可否的态度，其中 5.4% 的教师持很不赞成的态度. 我们对此问题的差异影响进行了卡方检验，为找出具有较大差异的原因，将卡方检验结果填写于表 3-25 中.

表 3-25　导数"工具化"处理情况差异的影响因素

	Value	df	Asymp.Sig. (2-sided)
学校	2.533^a	4	.639
教龄	22.441^a	16	.130
学历	3.880^a	8	.868
参加教师培训次数	3.747^a	12	.988

从第 22 题的各因素的卡方检验可以看出，教师的学校、教龄、学历、

参加培训次数（$p > 0.05$）等因素在将导数当作解题工具来进行教学的处理上不存在显著性差异. 这说明高中数学中，导数的"工具化"问题与用导数解决实际问题的关系的认识在大多数学校是普遍一致的，特别在新课改下，教师对导数的实际应用也重视起来了.

3.5.2 教师对教材导数内容的处理情况

问题 23，24 是了解教师对教材中导数内容的处理情况，并分析教师在进行导数的教学设计时，会如何处理教材中的习题，以及对教材习题处理的现状. 其统计结果如表 3-26 所示.

表 3-26　对教材导数内容的处理情况

	A	B	C	D	E
23 题	1.8%	39.3%	21.4%	35.7%	1.8%
24 题	1.8%	51.8%	12.5%	32.1%	1.8%

第 23 题是了解教师对教材习题难易程度的处理情况. 从表 3-26 中的数据可以看出，21.4%（接近 1/5）的教师是不置可否的，表明近 1/5 的教师并不是很在意课本中习题的难易程度的，或者说课本习题本身就对学生所学知识起到了巩固与练习的作用，但没有起到提升学生知识量的作用，因此，会把有难度的题型放在测试卷中. 有一部分（41.1%）教师赞成增加课本习题的难度，即要么在原题的基础上进行更改，即改变条件或者数据，让习题难度增加，要么舍弃原来的习题，选用难度稍大点儿的习题. 第 24题是了解教师对习题量多少的处理情况. 其中，一半以上（53.6%）的教师会增加课后练习的习题量，以达到学生巩固知识和提升能力的目的. 有33.9%的教师不赞成增加习题量，认为课本的习题量已经足够. 从 23，24题总的分析结果可以看出，大多数教师会增加习题的难度和量，说明现行教材导数部分的习题量和难度还是无法满足高中数学教学，不能对学生新课进行有效地巩固，提升学生的知识量. 教材在每个小节中都安排了思考题（3 个左右）和探究题（2 个左右），在每个小节后都安排了练习题（常规练习 3 个左右，习题有较易的 A 组和较难的 B 组），这些习题起到了巩固和补充知识的作用，是学生利用少部分课余时间就可以完成的题量. 因

此，在满足日常教学需求以后，我们不能盲目地增加习题量或者难度，这样会严重增加学生的学习负担，要让学生循序渐进地学习知识，以灵活地设置习题难度和习题量为宜.

3.5.3 教师对学生学习状况的行为分析

1. 教师对学生知识准备的行为分析

问题 25，26 主要调查学生在知识准备方面的行为状况. 这是站在教师角度来回答这些问题，从而了解学生的学习情况. 其统计结果如表 3-27 所示.

表 3-27 学生知识准备的行为现状

	A	B	C	D	E
25 题	1.8%	46.4%	19.6%	30.4%	1.8%
26 题	7.1%	32.1%	17.9%	41.1%	1.8%

第 25 题是调查学生在老师对导数进行新课讲解之前,对导数知识所做的预习情况. 从数据统计结果可以看出，一半（48.2%）左右的学生会对新课进行提前学习，而 32.2%的学生不对新课进行预习，这说明进行预习的学生的比例较低，不能实现预期的学习效果，也难以引起学生对导数知识的重视. 而从第 26 题的统计结果来看，不到一半（39.2%）的学生会积极地去学习微积分的发展史，而很大一部分（42.9%）学生不会去查阅与导数相关的资料，去提前了解微积分. 总的来说，学生对新课的预习以及对资料的查阅情况要差一些. 而从先前的研究情况来分析，大多数教师在新课讲解前会要求学生提前预习，并查阅与导数相关的资料，尽可能地去了解微积分的发展史. 也就是说，学生对知识的准备不足，完全会影响教师对新课的教学以及学生后续的学习，这和我们之后研究学生的学习兴趣之间的关联也较大. 因此，在我们的实际教学中，教师应该合理地留给学生时间，并严格要求学生去预习新课，提供教学资源（如图书馆）给学生以便让学生查阅相关资料. 在适当时机可采取鼓励性措施.

为研究在导数的实际教学中，教师应该采取何种激励措施来引导学生去提前预习，以便让学生更积极地自主学习，下面对第 25，26 题进行了各因素差异的显著性检验. 卡方检验结果如表 3-28 所示.

表 3-28　学生知识准备的行为现状差异的影响因素

	学　校	教　龄	学　历	班级人数	参加培训的次数
25 题	.946	.000	.446	.699	.000
26 题	.210	.088	.002	.377	.088

　　从卡方检验的结果来看，教师的学校、学历、班级人数（$p > 0.05$）等因素在第 25 题的选择上不存在显著性差异，但是教师的教龄、参加培训次数（$p < 0.01$）这两个因素在第 25 题选择上的差异极其显著，由此说明，教师的教龄以及参加培训次数对学生能否积极主动地去预习新课有明显的影响. 因为教师的教龄越长，他的教学经验就越丰富，就越能形成独特的教学风格，学生预习新课的能力和习惯也就更容易形成，这有利于导数新课教学的实施；随着教师参加培训次数的增加，教师更易掌握激发学生去预习新课的方式方法，知道如何去培养学生的良好学习习惯. 教师的学校、教龄、班级人数、参加培训次数（$p > 0.05$）等因素在第 26 题的选择上不存在显著性差异，但教师的学历（$p < 0.01$）在第 26 题选择上的差异极其显著. 这表明，教师的学历在学生对于微积分发展史的学习的影响较大. 教师的学历越高，其专业知识和理论高度也会越高，从而更易了解微积分的发展史对于导数教学的意义. 因此，在他们的教学设计中，就会更加注重学生对于微积分发展史的学习和了解，建议甚至要求学生去查阅相关的资料，达到对导数有一个初步感知的状态. 因此，在导数教学时，我们应该充分认识到学生知识准备的重要性，在学生没有较好的知识准备的情况下就进入导数的学习，对于绝大部分学生来说是困难的，这也给教师带来了极大的挑战. 由此可看出，学生的知识准备有待加强，提高高中数学教师的学历以及后期培养质量成为高中教育所面临的新问题.

2. 教师对学生学习兴趣的行为分析

　　问题27是为了了解学生对导数及其应用学习兴趣而设置的. 学生是教学工作的中心，学生的学习兴趣决定了其学习的效率，因此，提高学生的学习兴趣，一线教师的责任重大. 统计数据如表 3-29 所示.

表 3-29   学生学习兴趣的行为

	A	B	C	D	E
27 题	7.1%	23.2%	32.1%	32.1%	5.5%

第 27 题是调查学生对导数知识学习兴趣的. 从统计结果可以看出, 69.7%的学生对导数知识不感兴趣或者无所谓, 其中 5.5%的学生是很不感兴趣的, 仅有 30.3%的学生对这部分知识感兴趣. 就教师的教学而言, 对导数知识感兴趣的学生所占比例较低, 不利于教学工作的开展以及学生的后续学习, 这直接影响学生的考试成绩以及长远发展. 作为一线的数学教师, 对学生学习兴趣的感受应该是最深刻的. 其实, 课堂的开展以及教学的实施成功与否与学生的学习兴趣息息相关, 除了教师自身的教学风格对学生学习兴趣的影响外, 知识和内容的设置对学生学习兴趣的影响也很大. 学生如果一开始就不感兴趣, 有畏难情绪, 那么他就不会主动地去理解去完成老师布置的任务, 老师也只好采取措施督促学生, 这样被动的学习, 是违背新课程理念的, 是不值得提倡的. 然而, 数学本身就是一门容易让学生觉得枯燥的学科, 怎样让学生对导数知识感兴趣是一个经久不衰的话题, 而调查结果显示还有较大部分比例的学生是不感兴趣的. 为此, 在我们的教材设计方面, 应该多考虑学生现阶段的认知状况, 知识应该由易到难地螺旋式上升. 而在我们的教学过程中, 应该充分了解学生的需求和认知发展规律, 把课堂讲活, 用生动的课堂来吸引学生, 同时讲求讲课的艺术. 另外, 还要不断完善教师自己在课堂中的不足之处, 吸取成功的经验.

3.5.4   教师对学生学习结果的行为分析

问题 28, 29, 30 是了解学生在学习结果方面, 会有怎样的行为状况. 其统计结果如表 3-30 所示.

表 3-30   对学生学习结果的行为分析

	A	B	C	D	E
28 题	1.8%	33.9%	33.9%	23.2%	7.2%
29 题	1.8%	37.5%	32.1%	23.2%	5.4%
30 题	5.4%	39.3%	25.0%	26.8%	3.5%

第 28 题是了解学生在新课讲解以后,能否很好地完成老师所布置的课后练习,以及教师在导数内容新课讲解方面的教学效果. 从表 3-30 中的数据可以看到,仅有 35.7% 的学生可以很好地完成课后练习,而剩余的学生都或多或少地存在一定的问题,甚至 7.2% 的学生在完成课后练习方面还存在很大的问题. 以上结果说明,在新课改以后,导数新课的教学还存在一定的问题,学生不能很好地掌握课堂知识,学以致用. 而课后练习可以很好地反映一堂课的教学效果,是教师了解和掌握学生学习状况的最直接、最全面的手段,这也是学生进行查漏补缺和提升巩固的一条有效途径,应该引起教师的重视. 导数知识本身就涉及大量的运算,对空间想象思维要求也较高,因此,教师在教学过程中应指导学生养成认真、仔细的解题习惯,并要求学生灵活地掌握导数计算公式.

第 29 题是了解学生在求解与导数有关的题时的自信心,因为教学的过程就是一个不断给学生自信心的过程,学生自信心的培养应符合教学发展的要求. 不到一半(39.3%)的学生在求解与导数有关的题时能够表现出自信,这说明大多数学生对导数知识把握得不准确,处于模糊不清的状态. 解数学题是检验学生学习如何的标尺之一,而学生在解题方面不自信的主要原因有如下两点:一是对已学知识的记忆模糊,不敢大胆地确定所测试的知识点,在这方面教师需要加强对学生所学知识点的熟悉程度,做到"对号入座";二是练习过少,学生仍缺乏对旧知识的整合能力,不能很好地进行创新,更缺乏对新题型的适应能力.

第 30 题是了解学生在解题过程中,在多种解题方法都可以使用而且导数也可行的情况下,是否会选择使用导数来解题. 在研究函数的变化关系时,很多题型往往可以使用导数来求解,比如,求函数的单调性、研究函数的极值问题,以及研究二次函数 $y = x^2$ 的单调性. 其中,可以使用教材必修 1 中作差变化来求函数的单调性,也可以使用导函数的正负与函数单调性的关系来解题. 从表 3-30 中的数据可以看出,44.7% 的学生在这种情况下会选择使用导数,而 30.3% 的学生不会选择导数而是使用其他方法. 可以看出,导数是解题的一个有力工具,对导数掌握较好的学生更愿意选择使用导数来解题,因为导数在解决有些复杂题目时更加方便,可以使问题简单化. 导数部分相对于高中数学其他部分,需要掌握的公式概念较多而且大多比较复杂,学生在解题中应用起来有一定的障碍,因此,他们会选择其他方法来求解．另外，教师的解题习惯也会影响学生的选择．若教师习惯用导数，那么很多学生同样也会试着去用导数来解题，所以教师在学生解题方面的影响是不容忽视的；教师应该在教学或者解题过程中，教会学生使用简便且自己擅长的方面来解题，但也不是一成不变的，这需要学生灵活地去选择解题方法．

3.6 教学建议

3.6.1 导数内容教学需要先进的教育教学理论来支撑

课程改革对提高课堂教学效率提出了很高的要求，对于新课标下的课堂教学，应该做到理论与实践相结合，让理论来指导实践教学．杜宾斯基等人通过 APOS 理论提出"数学知识是个人在解决所感知到的数学问题的过程中获得的"，这种理论下的教学设计比传统的教学设计更强调以学生为中心，并突出教师怎样去教，阶段性的教学有利于学生构建自己的知识结构．在我们的导数教学中，重视导数本应属于高等数学的比较抽象的领域，所以，一线教师需要把抽象的导数问题转化为具体的教学设计，而在导数内容的教学上，突出"平均变化率—瞬时变化率—导数—导数的几何意义"这样一条主线来体现学生学习导数知识的建构过程，并将抽象的导数知识寓于运动变化等现实的问题中，把瞬时速度作为教学的原始概念，让学生亲自去经历、去体验并联系自身的生活实际，精细加工、反复思考，进而抽象出导数概念，这样就能对导数的思维方法和概念具体化、形式化．

以往的"极限定义—导数定义"的教学流程保证了数学学科的严谨性，但这样的严谨给高中学生理解极限概念增加了难度，这更是学生继续学习导数概念的障碍．从调查实验结果来看，在没有"极限"讲导数的情况下，教师的教学不存在较大的问题，只有少部分的教师处理起来稍微困难一点，但也可以通过适当补充的方式来达到教学效果，学生也可以经由自己的思考不断构建起对导数本质及导数思维方式的认知．导数概念教学应以直观为主，学生对导数概念本质的理解不足是学生后续学习导数的障碍，学生对导数概念本质的理解不能只建立在导数的文字概念上，还应该将图像信息、思考探究作为学生理解导数概念的桥梁．

在缺少极限的情况下，反而突显了导数的地位，使得教材的编排变得紧凑且更符合学生学习认知的发展规律. 从高中数学导数内容的教学现状可以看出: 在导数内容的教学设计上, 存在一部分教师在数学教材之外, 先给学生讲解极限知识, 之后再讲解导数知识的情况, 他们会认为这样更有利于导数内容的教学; 而在新课标实施已久的今天, 大多数教师不会通过极限来引入导数是取得一致性认可的, 因为极限概念对于学生来说是理解上的一个难点, 他们无法从本质上理解如此抽象的数学概念, 只能循序渐进, 慢慢培养学生从"有限"到"无限"的思维方式. 还有, 把导数当作解题工具的问题在高中数学教学中普遍存在, 而且大多是"为考试而教学", 使得学生"为考试而学习". 因此, 在导数内容的实际教学中, 我们不能过分地强调应试教育下导数的"工具化"教学, 教师要关注学生学习的过程与方法、情感、态度与价值观, 以便大力提升学生对导数思想理念的理解以及处理实际生活问题的能力, 注重学生在解决数学问题能力的基础上探索性地提高数学素养, 做到理论与实践的有机结合.

3.6.2 导数内容教学需要灵活运用教材中的相关素材

课程改革实施以来, 导数内容可谓是发生了翻天覆地的变化, 从课程设置、培养目标、结构编排以及导数知识的呈现方式等都与旧教材有很大的不同, 而且新编教材给教师和学生都呈现了一个全新的教学理念, 特色鲜明. 教师是教材的实施者, 也是教材教学实践、反馈的中坚力量. 从调查教师对教材中导数内容的认知情况以及处理结果情况来看, 大多数教师都会根据自己的教学经验, 对导数内容做出适当的更改, 无论是对教材的讲解还是教材以外知识的补充, 教学经验丰富或者参加教师培训次数多的教师, 在该方面都会以教材为基础, 并在教材的基础上进一步升华知识之间的联系. 教师在进行导数的教学设计时, 会依据教材的呈现方式, 重视概念的生成过程, 让学生在生活情境中领悟导数的应用. 关于导数的几何意义与导数的计算, 这两者是相辅相成的, 在导数的学习中占有同等地位, 教师不应该因为考试而忽视导数的几何意义而去单纯追求导数计算能力的提高, 学生领悟导数的几何意义是具有长远意义的. 因此, 重计算轻思想或者重思想轻计算的模式在导数的教学设计中都是不值得提倡的.

在教学中, 一线教师对导数体会最深的是"极限"思想和导数的工具性, 然而, 这又往往忽视了数学思想方法和数学文化等与数学史有关的内容在导数教学上的积极作用. 微积分的巨大魅力来自数学史深厚的积淀，而导数对于高中数学，并不仅仅是一种工具，而是一种文化，它有文化背景在里面. 因此，教师应激励学生去了解和认识导数的发展史，并在具体的教学过程中，适当地发挥导数发展史的作用，让学生知道"为什么学". 另外，用好教材中的例题比自己"创造"课堂练习题更重要，教材中例题的代表"地位"是其他例题无法代替的，它们对学生学习新知识起到了启示和加深认识的作用.

现在，对"教师如何教，学生如何学"的研究已成为热点，教材中例题的题量及难度是否满足学生的练习评价，教材中的图像信息是否满足学生对抽象概念的理解需求等问题的研究已成为大趋势. 但是对教材中导数处理方法的研究较少，更多的是理论较多实践较少的情况. 为此，我们需要寻求对学生有益，对教师教学也有益的教学方法来使用教材. 数学来源于生活，是实际生活问题中的模型，因此，在导数内容的教材中，给出了大量来源于实际生活的问题，比如运动、优化问题等. 另外，除了教材知识以外，教师还应该掌握"有限"到"无限"的变化过程来进行教学，以除去学生对抽象性的疑虑，从而理解导数的本质. 既然微积分初步知识可以下放到高中教材中，那么为什么初中教材就不可以加入一些内容来为高中导数学习奠定基础呢？在初中加入有关"无限"的思想方法无疑是有益的探索.

教师的教育，应该是把教学经验和教材知识融合在一起，形成一种现实教育，而现实教育就是注重学生学习过程、淡化学习结果的教育. 导数所体现的是变化的思维过程，它不同于其他静态知识的教学，教学经验不足的教师在导数教学方面，表现出对教材理论方面的强调，而易忽视导数是解决问题的途径. 因此，教师在自身实践教学的过程中，应该重视归纳总结导数教学经验，加强教师之间的相互沟通，可以多组织教师交流会或者教师参加培训的次数，让教师在相互学习中加深对导数教材的认识，做到"突出重点，突破难点".

3.6.3 导数内容教学需要"教""学"并重

通过问卷调查及数据分析，我们对教师在"怎样教"的认知和行为方面有了大概的了解，也充分认识到了微积分的教育价值，即高中数学教育应该重视"导数及其应用"这部分知识的教学. 微积分初步知识研究的是变量，是动态的，包含无限以及运动变化，需要教师准确把握具体实例，揭示导数概念. 值得一线数学教师注意的是，在课改后的高中数学教材中，尤其强调了对"问题性"的探索，然而从调查研究中发现，虽然大多数教师在自己的教学设计中，都开始注重学生自己思考的空间，增加了"问题性"的设置情况，逐步改变了已有的教学观念，对新的教学观念进行了探索，但是这些有益的探索还不够，比如高中数学课堂的"活动课"太少或者几乎没有，这使得教材知识在设置上变得僵硬，学生难以通过文字性或者图像语言来获得思维的体验.

学生对导数概念的学习是一个心理建构的过程，因此，导数教学应该以过程性为主，要在不同的情境下对导数赋予正确的意义，着重培养学生自学的意识. 在导数计算方面，可以把导数与数学思想中的联想、类比、反求和反思结合起来，以此提高学生解题的效率. 要重视学生学习过程和学习结果的评价，充分发挥数学作业在结果评价上的作用，掌握学生的建构过程，以培养学生迁移和应用的能力.

在函数中，"导数的几何意义—斜率—单调性—极值"，不仅体现了导数是解决函数问题的一个最有力工具，而且也是理解导数最直观的方法. 在教学中，我们应该从直观描述导数概念来引导学生去学习微积分和定积分，教师可以利用多媒体动态地向学生展示导数问题. 在高考的指挥棒下，不仅仅是老师将导数作为工具来看待，很多学生也单纯地把导数作为解决函数问题的一个有效且简便的最有力工具，认为导数的真正含义并不重要，至少现在对自己是没有影响的. 对导数的这些认识，使导数完全沦为了数学中的一个"工具"，因此，要想做到不过分强调计算而忽视概念，还需要做到"淡化考试"，尽量避免应试教育对导数教学的影响. 要改变教学观念，调整"工具化"的教学方式，强调导数的教学应该是"淡化计算、强调应用，注重思维的发生过程"这样一个教学方式，要从实际出发，避免过量的形式化运算练习.

在课改以后，学生对微积分课程设计表现出了积极的学习态度，尤其对导数的实际应用产生了很大的兴趣，但仍有部分教师对"无极限讲导数"出现了极大的不适应情况，因此，对"舍弃极限"讲导数进行有益的探索势在必行. 采取"舍弃极限"讲导数是"注重实质，弱化形式"的一大进步，让学生以导数这个特殊的极限去体验极限的思想，通过"创设问题情景—建立模型—阐释—拓展应用—生活实例"，让学生经历由特殊到一般的研究问题的过程.

【附录】

教师问卷调查表

尊敬的老师：

您好！为了了解新课程教学改革后高中数学"导数内容"实际教学情况，我们特此编制了以下调查问卷. 问卷结果只是为本次调查研究提供实际参考数据，对您没有任何影响，请依据您的真实想法对问卷中的问题做出真实回答，谢谢您的合作！

一、您的基本情况（请在符合您情况的选项前的字母上打"√"）

1. 任教学校类型：（A）城区学校　　　（B）乡镇学校

2. 教龄：（A）5年以下　（B）6~10年　（C）11~20年　（D）21~30年　（E）31年以上

3. 现在的学历：（A）大专及以下学历　　（B）本科　　（C）本科以上学历

4. 任教班级的人数：（A）30~39人　　（B）40~49人　　（C）50~59人　　（D）60人以上

5. 近三年参加县级以上教师培训的次数:（A）0次　（B）1次　（C）2次　（D）3次及以上

二、请对以下做法给予您的观点（在相应数字上打"√"，"A"表示"很赞成"、"B"表示"赞成"、"C"表示"不置可否"、"D"表示"不赞成"、"E"表示"很不赞成"）.

1. 学习导数知识对高中数学其他知识的学习有很大帮助.	A　B　C　D　E
2. 学习导数知识对学生的日常生活有很大帮助.	A　B　C　D　E
3. 函数知识学习的好坏对学生导数知识的学习影响较大.	A　B　C　D　E
4. 运算能力对学生学习导数影响很大.	A　B　C　D　E
5. 理解导数的几何意义比导数的计算更重要.	A　B　C　D　E
6. 导数概念是一个重要的知识点，也是一个教学难点.	A　B　C　D　E

7. 对导数概念本质的理解,是学生继续学习导数的最大障碍.	A	B	C	D	E
8. 在高中数学教学中,需要很重视导数这部分内容的教学.	A	B	C	D	E
9. 导数这部分内容比较容易教.	A	B	C	D	E
10. 在没有极限情况下,导数知识更好教.	A	B	C	D	E
11. 导数概念教学过程中,应该更多地借助多媒体.	A	B	C	D	E
12. 教学导数时,应该把更多的时间交给学生来思考和探究.	A	B	C	D	E
13. 您对导数及其应用引入高中数学的看法是什么?	A	B	C	D	E
14. 您对导数这部分内容进入必修课本中的看法是什么?	A	B	C	D	E
15. 在课本现有的例题之外,需要借助新的例题.	A	B	C	D	E
16. 导数及其应用中,需要借助其他学科如物理学方面的知识.	A	B	C	D	E
17. 导数及其应用章节中,应该加入更多的图像信息.	A	B	C	D	E
18. 先讲"平均变化率",再通过"瞬时变化率"来引出导数,是最好的选择.	A	B	C	D	E
19. 在导数教学中,您会先引入极限,再讲导数.	A	B	C	D	E
20. 在导数教学中,您会引入微积分发展史、文化、数学建模这样的专题吗?	A	B	C	D	E
21. 在导数新课讲授之前,您会要求学生大量查阅导数的相关资料,了解微积分的发展史吗?	A	B	C	D	E
22. 经常把导数当作解题工具来指导学生,而不注重导数的实际应用.	A	B	C	D	E
23. 课本中的习题过于简单,您会增加习题难度.	A	B	C	D	E
24. 课本中习题过少,您会增加习题量.	A	B	C	D	E
25. 在新课讲解之前,大多数学生会提前预习导数知识.	A	B	C	D	E
26. 大多数学生会积极主动地去了解微积分的发展史.	A	B	C	D	E
27. 大多数学生对导数及其应用感兴趣.	A	B	C	D	E
28. 大多数学生能够很好地完成课后练习.	A	B	C	D	E
29. 大多数学生在解导数方面的题时有信心.	A	B	C	D	E
30. 在能够使用导数来解决问题的情况下,大多数学生会选择使用导数.	A	B	C	D	E

第 4 章

高中数学解析几何教学研究

自普通高中展开新课程教学改革以来，高中数学课程教学改革已经走过十余载. 课改十多年间，解析几何在高中数学教学的实际情况怎样，一线教师在解析几何实际教学中又遇到哪些问题，学生在解析几何实际学习过程中又遇到哪些瓶颈，《普通高中数学课程标准》要求解析几何达到的教学目标是否顺利完成，解析几何今后的教学方向又该何去何从等一系列问题都成为众多教育学者密切关注的问题.

4.1　已有研究简介

4.1.1　解析几何教材结构设置研究

新课程教学改革后，高中数学课程力求将数学课程改革的基本理念与课程框架设计、内容设置、课程安排等各个方面全面整合.《全日制义务教育数学课程标准（实验稿）》中提出：教材的编写应以《普通高中数学课程标准》为依据，内容选取不仅要反映数学教学价值，还要体现与不同学科间的相互联系，同时要凸显知识的形成过程，强化知识对学生人文精神的塑造，有利于学生积极、高效地学习. 总之，高中数学教材编写时，要充分整合资源，使资源得到最合理及优化利用.

通过对《普通高中数学课程标准》及教材的分析发现，近年来，新课程教学改革后解析几何教材运用实例的案例不少. 例如，西北师范大学陈婷在《〈普通高中数学课程标准〉与〈普通高中数学教学大纲〉中几何部分内容设置的比较研究》中，利用定性分析与定量比较，强调新课程教学改革后，《普通高中数学课程标准》一文中的几何内容突出基础性与选择性，同时在内容设计上强化数学建模，在内容安排上相比老教材，更加注重对知识的发生、发展过程的诠释，同时降低了对解析几何运算的要求. 河北师范大学马欢欢在《高中教材平面解析几何部分变化的比较研究》一文中强调与大纲教材比较，新课程教学改革后，教材编写注重对学生思维能力与探究能力的培养，而实际课堂教学中，要将多媒体信息技术运用到解析几何的课堂教学中．同时，本章指出：新课程教学改革后，存在教师对教材教学难度的把握不当，学生对教材中相关栏目的使用频率较低等一系列问题．首都师范大学赵艳芳在《〈普通高中数学课程标准〉与〈普通高中数学教学大纲〉下高中几何教材比较与分析》一文中，从课堂教学内容、教材知识编排、教材呈现方式、习题、例题出发，更加详细分析了新课程改革后解析几何教材的特点：（1）教材强化几何问题的教学，教材编排注重将几何问题代数化；（2）教材内容呈现方式比较灵活，教材结构安排合理；（3）教材中的例题具有一定的综合性，但是难度适当；（4）教材中的习题注重与实际生活联系，增加的探究题与客观性习题，有利于部分学生学习．华中师范大学常妹韵在《课标下人教 A 版平面解析几何教材分析》一文中对解析几何教材进行了分析，得出：教材编排体系设置使得知识呈现方式多样化，教材内容安排符合学生对知识的认知心理过程，知识难度有螺旋式上升特点，教材内容也是根据实际问题引入，等等．同样观点也在西北师范大学罗婷婷的《高中数学课程中平面解析几何内容设置的研究 —— 基于人教 A 版教科书的思考》的论文中得到认可．

在实际数学教学中，教材编排固然重要，但是教师要合理地将教材运用到课堂教学中，对课程改革成败也是极其重要的．江西南康中学彭爱萍老师则在《新课程理论下是"教"教材还是"用"教材教 —— 从一节"独立性检验的基本思想"的教学谈起》一文中指出，随着课程改革的施行，全国范围内出现了"一个大纲，多本教材"的情况，因此，教师教学时将会有自由发挥教学水平的机会．教师在实际的教学中是"教"教材还是"用"教材教，这是众多一线教师在新课程教学改革后产生的教学疑问．同样，针对解析几何的教材内容，如何根据《普通高中数学课程标准》运用教材，西北师范大学罗婷婷在《高中数学课程中平面解析几何内容设置的研究 —— 基于人教 A 版教科书的思考》一文中给出解析几何教学过程中，要加强直线、圆、圆锥曲线等基础知识的运用，同时要依据教材增强对空间想象能力、运算求解能力、抽象概括能力等的培养力度，这增加了对教材运用的实例．

4.1.2　解析几何实际教学情况研究

新课程教学改革后,解析几何实际教学中会遇到哪些问题,或者有什么合理地针对解析几何的教学建议,成为众多一线数学教师密切关心的问题.西南大学宋乃庆教授在《高中解析几何教学策略——数学史的视角》一文中指出:新课程教学改革后,解析几何教学中存在教师对课本内容理解与教学初衷有一定偏颇,对《普通高中数学课程标准》解读有误,同时部分教师存在教学方式、教学内容单一等问题.针对上述问题,宋教授也提出了相关解决建议与意见.朱德全、宋乃庆在《谈数学教学中的问题解决与元认知开发》一文中强调,数学课堂教学中,可以通过学生在解决问题过程中形成的思维,展开对学生元认知的开发,这也为新课程教学改革后教师在解析几何部分如何开展教学提供了实际参考依据.

部分文献也以解析几何为背景,研究课程改革后解析几何实际教学的现状.东北师范大学宋鹿鸣在《问卷调查人教 B 版"平面解析几何"教学情况的调查研究》一文中采用问卷调查的形式,得到:教师对解析几何教材编写方面的看法,教材中的内容容量与课时安排情况以及教师整体教学情况等相关结论;他同时指出,实际教学中,教师对教学要求的具体执行需要加强,学生学习负担较大,难以消化解析几何教学内容.因此,教师在实际的解析几何教学过程中要不断调整教学方式以适应学生学习.东北师范大学朱铁军在《数学建模思想融入解析几何教学的实践研究》一文中则从一个全新视野出发,指出,解析几何实际课堂教学中,可以融入数学建模,解析几何内容可以通过模型的形式呈现给学生,以增加学生的学习兴趣.这也符合新课程教学改革的理念:"数学来源于生活,运用于生活."东南大学吕光金在《平面解析几何以系统的研究和实现》一文中则以计算机辅助教学为切入点进行阐述,因为解析几何内容的图形较多,很多绘图软件难以完成对复杂的几何图像的呈现.为此,他从专业角度出发,以解析几何教学中部分教师利用的教学软件为基础,结合教学要求,设计并且实现一款适合解析几何教学的绘图软件,这极大地提高了解析几何教学效率,并向学生展示了现代信息技术在实际课堂中的教学作用.

"世界上没有完全相同的两片树叶",即在实际课堂教学中,没有任何两个教师有完全相同的教学方式. 也就是说，在实际课堂教学中，不同教师在解析几何部分都展示出其自身特有的教学方式. 但是万变不离其宗，新课程教学改革后，解析几何教学都具有相通的教学要求，这也导致教师在解析几何教学过程中均展开同一教学要求、不同教学方式的教学. 内蒙古师范大学万义则以教学理论为前提，针对解析几何教学方法写出相应文献《高中解析几何探究式教学与实践》，文章通过研究总结出解析几何采用探究式教学有助于提高学生的学习效率. 但是探究式教学中应该注意以下几点内容：教师在解析几何教学过程中，要不断提高自己的理论修养，并不断学习与积累，同时要根据学生的实际学习情况，逐步采用探究式教学，进而提高课堂教学效率.

合理的教学方式是提高解析几何教学效果的有效途径. 新课程教学改革中，解析几何实际教学情况研究也为解析几何实际教学情况提供了参考依据；针对解析几何教材与教学的实际情况的调查，为教材编写者和一线教师提供了参考依据；根据教材和教学提出的相关问题，寻求有效的解决方法，为新课程教学改革的顺利施行起到了推动作用，同时也促进高中数学课程改革的施行与优化，达到课程改革的终极目标.

4.2　研究设计

4.2.1　研究问题

以课程教学改革后解析几何教学现状为研究背景，通过教材实际运用情况和一线教师实际教学情况为切入点，深度研究课程教学改革后解析几何的实际教学情况，以便弄清以下两个问题：

（1）教材实际运用情况.

关于此问题，主要研究：课程教学改革后解析几何教材内容设置情况，教师如何认知解析几何教材的新要求，等等.

（2）教师实际教学情况.

关于此问题，主要研究：教师对解析几何教学价值的认知，教师对解析几何教学结构的认知，教师对解析几何教学内容理解的认知，教师对解析几何教学运用方式的认知以及教师对解析几何教学效果的认知.

通过对以上问题进行研究和分析，可以从静态和动态两方面掌握解析几何实际教学情况，并且将研究结果中合理且有利于解析几何教学的方面加以推广，促进课程改革的优化.同时，将解析几何教学中尚存在的不足之处或者教学中存在的缺陷寻找到相应的解决方案，以便优化教学，提高教学效率，为课程教学改革的实施起到推动作用.

4.2.2　研究方法

本章通过文献分析法、教师访谈法、问卷调查法和案例分析法等四种方法从理论到实际来探究解析几何的教学现状.

1. 文献分析法

通过搜集、鉴别、整理关于新课程教学改革后解析几何教学现状的相关文献，深度掌握新课程教学改革后一线教师在解析几何部分的实际教学情况，从而对解析几何实际教学情况有更准确和更深刻的认知.搜集的文献将大致分为以下三个部分：

（1）课程教学改革后解析几何的课标要求.

（2）课程教学改革后解析几何的教材分析.

（3）课程教学改革后解析几何的教学现状.

围绕以上三个方面的文献进行分析，从课程改革这个宏观角度来分析新课程教学改革后《普通高中数学课程标准》对解析几何教学的要求，并且结合解析几何教材内容进行内容设置分析以及教学现状分析，从微观层面详细掌握解析几何实际教学情况，两者结合为本章的调查研究提供了理论依据.

2. 教师访谈法

此次调查研究的访谈对象分为两个群体：

（1）正在上解析几何内容的数学教师或者已经上过该部分内容的一线数学教师.

（2）正在学习解析几何内容的学生或者已经学习过该内容的学生.

通过设计相关的实际问题并与这两个群体进行深入交流，以便掌握课程教学改革后关于解析几何的实际教学情况以及实际学习情况，同时为论文编写提供现实依据.

3. 问卷调查法

1）问卷的设计

自课程教学改革全面实施以来，《普通高中数学课程标准》对"解析几何"部分的要求更全面，在教材编写、教学要求、知识考察方向等方面均有较大幅度改变. 因此，在问卷编写过程中，依据对相关文献的阅读初步了解"解析几何"的实际教学现状，同时借鉴与众多一线教师和学生的访谈内容，按照问卷编写要求编写出此次的调查问卷.

本次调查问卷主体框架分为两部分：解析几何结构设置分析与教师对解析几何教材的教学认知分析. 其中，解析几何结构设置分析为前 10 道题，其中，第 1~5 题为解析几何教材结构内容分析，第 6~8 题为教材结构设置对教师讲授解析几何的教学新要求，第 9~10 题为教材结构设置对学生学习解析几何的新要求；教师对解析几何教材的教学认知分析为后 17 个小问，这 17 个问题分别按照不同要求细分为：教师对解析几何教学价值的认知，教师对解析几何教学结构的认知，教师对解析几何教学内容理解的认知，教师对解析几何教学运用方式的认知，教师对解析几何教学效果的认知. 这样设计将调查问题细化为从整体到局部，再由局部到细节，从而提高了问卷调查的深度和可信度. 其中，每个小问的答案均采用五点量表结构（很赞成、赞成、不置可否、不赞成、很不赞成），这样从问题上更加细化调查者对解析几何教学现状的看法，以增加问卷调查结果的信度和效度.

2）调查对象

问卷的调查对象选定为某市参与教师培训的一线高中数学教师. 该部分教师来自全市不同层次的学校，他们在教龄、性别、职称等方面有一定差别. 因此，问卷调查可以多层次、多角度、全方位了解高中教师对解析几何教学情况的看法，以增加问卷的实际意义.

参与此次问卷调查的教师共有 70 名，发放问卷 70 份，回收问卷 62 份，其中有效问卷 59 份，有效回收率为 84.3%（本章涉及的百分比精确度为 0.1）. 表 4-1 是选取教师的基本信息.

表 4-1　选取教师的基本信息

	任教学校类型	教龄	学历	班级人数	培训次数
A	46	13	2	2	0
B	13	6	43	13	11
C		22	14	13	20
D		15		31	28
E		3			
总人数	59	59	59	59	59

注：A～E 分别为附录问卷表中对应的选项.

根据表 4-1 反馈的信息，可以总结出以下几条信息：

（1）此次参与培训的数学教师中，城区教师培训人数占总培训人数的 78%，说明城区教师培训比例远远大于乡镇教师比例. 这也从侧面反映出，需要加强乡镇教师的教育培训工作，强化乡镇教师的师资队伍实力.

（2）此次被调查的教师中，大部分教师的教龄在 11 年以上（包含 11 年），教师的实际教学经验比较丰富，在教学方法、教学理念等方面也比较成熟，这有利于新课程教学改革的实施.

（3）此次被调查的教师中，96%的为大学本科及以上学历，这说明执教高中数学的教师已经形成一支高学历、高水平、高质量的队伍.

（4）任教班级人数在 50 人以上的比例比较大，说明在高中教学中大班教学比较明显. 这也从侧面反映出我国基础教育资源相对匮乏，教学设施、硬件还有待改善.

（5）被调查的教师中，所有教师均参加过教师培训，反映出教师培训工作已经在城市学校和乡镇学校全面普及. 这也从侧面反映出，新课程教学改革后，国家加强了教师培训力度，以此促进了新课程的教学.

3）问卷的信度

根据测量与统计原理，本问卷采用五点态度量表来测量其内部一致性信度（即 α 系数）. 本章采用 SPSS Statistics17，算得 $\alpha = 0.860$，说明这份问卷的测试题可信度较高（见表 4-2）.

表 4-2　可靠性统计量

可靠性统计量		
Cronbach's Alpha	基于标准化项的 Cronbach's Alpha	项数
.860	.865	27

4. 案例分析法

本章将以文献分析、问卷调查、访谈为基础，通过对这三个部分内容的整合，再运用新课程教学改革后解析几何教学案例分析增加本章内容的真实性和适用性. 其中，案例主要以解析几何教学运用案例为基础，通过对解析几何教材结构调整、解析几何教学习题变化、解析几何教材使用情况三大方面的案例详细阐述新课程教学改革后解析几何教学的实际情况，并且通过该部分案例分析结果找到新课程教学改革后解析几何实际教学中存在的优势与不足，并将优势进行推广，对不足之处寻找合适的解决策略，以推进新课程教学改革的实施.

4.3　高中数学解析几何课程结构设置分析

课程教学改革后，高中数学解析几何部分在教材内容设置、教材结构安排、教学要求等方面均有较大幅度的变动. 其一，在学生统一学习完必修 2 解析几何相关内容之后，根据文、理科学生学习需求将"圆锥曲线与参数方程"分为选修 1-1、2-1. 其二，根据学生未来发展需求，将"坐标系与参数方程"作为选修 4-4 中的单独学习模块（基于四川省课标要求，此处暂不做讨论）. 其三，新课程教学改革后，解析几何部分内容在每一章、每一节的教材安排上都有所改变. 因此，以新课程教学改革后解析几何结构设置分析为主体框架，以调查问卷为主要依据，从解析几何教材结构内容分析、教材结构设置对教师讲授解析几何的教学新要求、教材结构设置对学生学习解析几何新要求三个方面为着眼点全面分析新课程教学改革后的解析几何教材.

4.3.1　解析几何教材结构内容分析

为了掌握新课程教学改革后高中解析几何教材结构内容的具体情况，

在此共设计了 5 道题目，其中，第 1 题为新课程教学改革后解析几何基本内容设置情况；第 2～5 题为解析几何每一章节的主要学习内容与要求．为了更加细化调查结果，将第 1～5 题中解析几何教材结构内容分析通过 SPSS 处理，结果如表 4-3 所示．

表 4-3　解析几何教材结构内容分析百分数表

	第 1 题	第 2 题	第 3 题	第 4 题	第 5 题
很赞成	20.3%	23.7%	22.0%	25.4%	33.9%
赞成	54.2%	63.6%	57.6%	44.1%	32.2%
不置可否	11.9%	10.9%	10.9%	13.6%	18.6%
不赞成	13.6%	1.8%	1.7%	16.9%	11.9%
很不赞成	0	0	1.8%	0	3.4%

通过表 4-3 中的数据分析得出如下信息：

（1）通过对第 1 题赞成与很赞成的累积百分比分析可看出，在解析几何教材结构内容分析中，74.5% 的教师赞同新课程教学改革后高中解析几何内容主要由必修 2 与选修 1-1、2-1 组成；13.6% 的教师选择不赞成．这说明新课程教学改革后大部分教师都认同高中解析几何是由"直线与方程""圆与方程""圆锥曲线与方程"三大模块构成，这三部分内容是高中解析几何内容学习的重点．

（2）通过对第 2，3 题中赞成与很赞成人数比例分析可看出，在选修 2 中，直线方程的五种形式是"直线与方程"的重点学习内容；在"圆与方程"这部分内容学习过程中，要以"直线与方程"的内容为基础．"直线与方程"是学生进入高中阶段第一次全面、系统地接触平面直角坐标系，并且可以通过利用平面直角坐标系这一工具将复杂的几何问题代数化，而直线方程的五种形式就是基本入门点；"圆与方程"更深层次地诠释了几何问题与代数问题之间的相互转化，这也为后续"圆锥曲线与方程"的学习做了铺垫．因此，教师对第 2，3 题的选择，均从侧面强化了几何问题代数化这一思想．

（3）对于第 4 题"'圆锥曲线'中强化椭圆与抛物线的内容学习，弱化双曲线的内容学习．"有 69.5% 的教师选择赞成或者很赞成，13.6% 的教师选择不置可否,16.9%的教师选择不赞成. 针对出现的结果,分析原因可知,根据《普通高中数学课程标准》要求知, 在"圆锥曲线"这部分内容中,椭圆与抛物线将作为重点考查对象,而双曲线在实际教学中只作为一般了解,故此 69.5%的教师选择赞成. 由此可看出,很多教师还不是很明确课改方向,他们以教学经验分析,椭圆、双曲线、抛物线仍然是"圆锥曲线与方程"这部分学习的主要内容,三类曲线也是高考重点考查对象,因此,三类曲线的地位应一致,都是学生重点学习的内容.

(4)在第 5 题的选项中,有 15.3%的教师不赞成文科学生省去圆锥曲线与参数方程这部分内容. "圆锥曲线与方程"这部分内容中主要以曲线的参数方程为基础,而椭圆、双曲线、抛物线这三类曲线都是通过建立参数方程求解得到的,而且该部分也是高考重点考查对象,文科生学习该章内容本来就有难度,若再省略圆锥曲线与参数方程内容的学习,则不利于文科学生学习,所以这部分教师不赞成.

为了进一步探究各个因素对选择结构的影响,现针对第 5 题的选择情况与各因素间是否存在显著性差异进行卡方检验($p > 0.05$ 不存在显著性差异),其数据如表 4-4 所示.

表 4-4　圆锥曲线与参数方程在文科教师教学中认知差异影响因素

	Sum of Squares	df	Mean Square	F	Sig.
学校	1.245	4	.311	1.891	.125
教龄	12.907	4	3.227	2.488	.054
学历	.449	4	.112	.462	.763
培训次数	13.223	4	3.306	3.090	.023

通过表 4-4 中的数据分析,可以得出以下结论:

(1)将教师任教学校的类型、学历、教龄与第 5 题进行单因素变量分析得出 $p > 0.05$. 由此说明,教师任教学校的类型、学历、教龄在第 5 题选择情况下不存在显著性差异,即以上三个因素对其选择影响因素不大. 这也从侧面反映出新课程教学改革后,文科学生在解析几何"圆锥曲线与方程"部分强化了椭圆与抛物线内容的学习,而弱化了双曲线的学习.

(2)通过教师培训次数分析得出 $p < 0.05$. 这说明教师参与培训次数在

第 5 题的选择上有显著性差异,这也说明教师参与的培训次数直接影响"圆锥曲线与方程"这部分重、难点内容的把握. 通过与参与此次问卷调查的教师的交流,总结出以下影响因素:① 培训次数小于等于 1 次的教师,教龄比较低,他们刚参与到高中课程教学改革教学中,教学经验欠缺,对该部分教学重、难点的把握不是太准确,因此不赞成"圆锥曲线与方程"这部分内容弱化双曲线的学习;② 参与培训次数较多的教师教龄均较长,该类教师在高中数学教学中有着丰富的教学经验,能够随时根据课改动向调整教学方式,因此,他们赞成"圆锥曲线与方程"部分弱化双曲线内容教学.

4.3.2 教材结构设置对教师讲授解析几何的教学新要求

课程教学改革后,《普通高中数学课程标准》强调数学不再只是一门考试工具,学生通过高中数学课程学习应加强其数学素养与数学思维的培养,以及创新意识与应用意识的培养. 课程改革后, 高中数学对教材编写以及教学方法方面都提出了新要求,而对于解析几何部分,新的教材结构设置也对教师教学提出了新要求. 在第 6 ~ 8 题中设计了三个实际调查问题,根据 SPSS 软件分析,结果如表 4-5 所示.

表 4-5　教材结构设置对教师讲授解析几何的教学新要求百分数统计表

	第 6 题	第 7 题	第 8 题
很赞成	28.8%	47.3%	47.5%
赞成	49.2%	42.4%	33.9%
不置可否	18.6%	6.9%	13.6%
不赞成	3.4%	3.4%	5.1%
很不赞成	0	0	0

从表 4-5 中的数据分析得出:

(1)对第 6 题,由表 4-5 中的数据得出,新课程教学改革后,78%的教师赞同应该在实际教学中加强学生应用意识与创新意识的培养. 这也从侧面揭露了以往课堂教学中在培养学生的创新意识与应用意识方面比较薄弱,同时也间接阐明了在以往的教学中,应试教育成分比较严重,学生、教师、学校等都形成以考试、升学率为主要目标的教学，忽略了对学生素质能力的培养，从而也间接指出了应试教育在以往高中数学教学中呈现的弊端. 针对应试教育现象，国家实施课程教学改革，加强学生综合素质培养，其中对教师教学提出了更高要求，即教师在教学过程中，一方面要面对学生升学考试的压力，另一方面又要通过日常教学培养学生的数学素养与数学能力，其任务任重而道远.

（2）根据第 7 题数据分析得出，在实际课堂教学中，近 90% 的教师赞成在解析几何实际课堂教学中应该充分发挥教材的主体地位，培养学生的数学思维能力. 众所周知，新课程教学改革由学生、教师、教材三大模块组成，其中，教材凝聚了众多一线教师与教育专家的心血，课程改革后教材编写注重知识产生背景，同时强调数学生活化等一系列特点. 因此，此数据说明一线数学教师一致认可解析几何教材内容，一致同意以解析几何教材教学来培养学生数学思维能力这一观点.

（3）根据《普通高中数学课程标准》要求，新课程教学改革后强调学生对数学概念、数学结论背景的掌握，同时要求学生学会体会数学中蕴含的数学思想. 针对以上目标，设计第 8 题，结合 8 题数据分析得出 81.4% 的教师赞成在实际课程教学中，应该注重展示解析几何公式的生成背景. 这样不仅让学生能够清晰、明确地掌握公式的生成背景，同时可以通过公式演化过程来培养学生的数学思维与数学素养，提供以后类似问题的解决思路.

4.3.3 教材结构设置对学生学习解析几何新要求

根据 4.3.1、4.3.2 节数据统计分析明确指出，课程教学改革后高中解析几何在教材结构设置方面有较大幅度改变，教师教学有更高层次要求. 针对课程改革最终的接收者 ——学生，他们在学习解析几何部分又有怎样要求，经过与教师、学生一系列交流，最终设置第 9，10 题，以了解新课程教学改革后教材结构设置对学生学习解析几何的新要求.

第 8 题与第 9 题均强调在解析几何内容学习过程中，教师要注重展示几何公式蕴含的数学背景. 这也从侧面阐述了学生学习解析几何要掌握公式推导过程中蕴含的数学思想与数学方法. 为此，第 8，9 题采用 SPSS 中配对样本 T 检验，结果如表 4-6 所示.

表 4-6　教师、学生对解析几何公式教学、学习配对样本 T 检验表

		成对差分							
		均值	标准差	均值的标准误	差分的 95% 置信区间		t	df	Sig.（双侧）
					下限	上限			
对 1	8～9 题	.119	.892	.116	− .114	.351	1.021	58	.311

　　根据表 4-6 中的数据分析得到配对样本 T 检验中，解析几何教学过程中教师要阐述的几何公式产生背景与学生在学习几何公式时要掌握的公式生成背景和蕴含的数学思想及数学方法（$p > 0.05$）没有显著性差异. 这说明无论从教师教学还是从学生学习角度，都注重几何公式的产生背景，这也符合新课程教学改革理念.

　　"圆锥曲线与方程"是高中解析几何部分学习的重点内容，同样也是众多学生学习的难点内容，此知识点在历年高考中所占的比例较大. 新课程教学改革后，该部分内容对比《普通高中数学教学大纲》又有较大程度改变. 针对该情况，设计了第 10 题，以了解新课程教学改革后学生学习"圆锥曲线与方程"的新要求. 针对教师问卷结论，用 SPSS 软件处理，结果如表 4-7 所示.

表 4-7　学生学习"圆锥曲线与方程"累积百分数表

	A	B	C	D	E
累积百分数比/%	47.5	81.4	94.9	100	100

　　由表 4-7 中的数据得出，在"圆锥曲线与方程"的内容学习过程中，47.5%的教师非常赞同可以依据学习椭圆的方法，来类比学习抛物线与双曲线；81.4%的教师赞成或者非常赞成第 10 题观点. 以上数据说明，学生在学习该部分内容时要学会应用类比思想方法，即可将学习椭圆的方法灵活过渡到双曲线与抛物线知识的学习中，以此可使复杂问题简单化. 这也突出了新课程教学改革后高中数学教育重视培养学生数学思维与数学素养这一观点.

　　针对课程教学改革后高中数学解析几何结构设置分析，利用问卷调查方法对高中一线数学教师从解析几何教材内容分析、教材结构设置对教师

讲授解析几何的教学新要求、教材结构设置对学生学习解析几何的新要求三个角度全方面分析课程改革后解析几何教材变化对教师教学、学生学习的新要求. 由 4.3.1、4.3.2、4.3.3 节中的数据分析得出：

（1）新课程教学改革后，解析几何在结构设置上强化了部分内容，如直线方程的五种形式，弱化了双曲线内容.

（2）教师在实际教学过程中要展开以教材为基础的教学，并且要注重知识的发生、发展过程，以培养学生的数学思维与数学能力.

（3）学生在实际学习过程中，要从迁移的角度看待问题，要通过数学思维的训练，灵活地学习解析几何部分内容.

（4）从不同层次、不同角度理解并强化新课程教学改革后解析几何教材结构设置对教师和学生提出的高要求.

通过问卷中对新课程教学改革后解析几何结构设置中赞同的百分比统计分析得出，70%的教师赞同提出的问题. 这说明众多教师均在密切关注新课程教学改革，并且通过自身的不断学习与积累，来促进新课程教学改革的成功.

4.4　教师对解析几何教材的教学认知分析

新课程教学改革后，高中数学解析几何实际教学情况如何，成为众多教育者密切关注的问题. 本章从解析几何教材结构内容分析、教材结构设置对教师讲授解析几何的教学新要求、教材结构设置对学生学习解析几何的新要求三个方面利用问卷调查得出了关于解析几何教材结构设置对新课程教学改革影响的结论. 解析几何教材实际教学情况如何，可以从教师对解析几何教学价值的认知、教师对解析几何教学结构的认知、教师对解析几何教学内容理解的认知、教师对解析几何教学运用方式的认知、教师对解析几何教学效果的认知等五个方面"管窥一斑".

4.4.1　教师对解析几何教学价值的认知

新课程教学改革后,高中一线数学教师对解析几何教材的实际教学价值认知情况怎样，第 11～13 题是从对解析几何教学价值的总体认知到局部认知角度进行的问卷调查，其中将第 11，12 题中的数据利用 SPSS 软件处理得到了表格 4-8.

表 4-8　教师对解析几何教学价值的认知百分数统计表

	第 11 题	第 12 题
很赞成	45.8%	27.1%
赞成	37.3%	45.8%
不置可否	8.5%	22.0%
不赞成	8.4%	3.4%
很不赞成	0	1.7%

由表 4-8 中的数据分析可以得到以下结论：

（1）调查结果表明，绝大部分教师赞成在解析几何实际教学过程中"几何问题代数化处理"这一观点，其中"很赞成"占 45.8%，"赞成"占 37.3%，"不赞成"占 8.4%，说明教师均认为解析几何教学中"几何问题代数化，代数问题几何化"是解析几何教学的核心思想. 这也从侧面反映出：在新课程教学改革后，解析几何学习的意义，不仅是对小学、初中阶段学习解析几何全面、系统的总结，同时也为今后继续学习解析几何做了铺垫.

（2）第 12 题在第 11 题的基础上，直接说明高中解析几何学习的意义，其中很赞成与赞成的累积百分比为 72.9%，不置可否的百分比为 22%. 这说明教师对解析几何的教学为学生在高中数学中几何问题与代数问题的学习奠定基础的认可度较高. 同时对不赞成与不置可否的教师进行了访问，这类教师认为该题目只是单纯地说明解析几何的教学价值.

（3）通过对 11，12 题所做的分析可以看到，绝大部分教师认为高中数学解析几何教学是"几何问题与代数问题"的相互转化，学生通过解析几何的学习可以训练其数学思维逻辑，这对以后的数学学习起到了重要指导作用.

通过第 11，12 题的分析发现，一线数学教师对高中解析几何的教学价值有总体认知情况，据此设计了第 13 题，并从局部来分析解析几何教学价值的认知情况. 同样运用 SPSS 软件对选择该题目的因素进行卡方检验，看看是否存在显著性差异，其数据统计如表 4-9 所示.

表 4-9　解析几何是高中试题重要组成部分认知差异影响因素

	Sum of Squares	df	Mean Square	F	Sig.
学校	.234	4	.058	.318	.864
教龄	2.747	4	.687	.462	.763
学历	1.726	4	.431	1.969	.112
培训次数	11.000	4	2.750	2.476	.055

通过表 4-9 中的数据分析，可以得出以下结论：

将教师任教学校类型、教龄、学历、培训次数与第 13 题进行单因素变量分析得出 $p > 0.05$，所以，教师任教学校类型、教龄、学历、培训次数在第 13 题选择情况下不存在显著性差异. 这说明教师任教学校类型、教龄、学历、培训次数对第 13 题的选择没有影响. 再次利用 SPSS 对 13 题进行数据分析，得到教师对解析几何在高考中所占比例的累积百分数表，结果如表 4-10 所示.

表 4-10　教师对解析几何在高考中所占比例的累积百分数表

	A	B	C	D	E
累积百分数比/%	20.3	74.6	91.5	96.6	100

通过表 4-10 中的数据可以得出：

74.6%的教师赞成新课程教学改革后，解析几何在高考试卷中考查方向与比重的变化不会太大，解析几何部分仍然是高考数学试题中的重要组成部分. 就此问题研究近两年的高考数学试题和模拟试题，发现解析几何考查大概有 20 份，其中有一道选择题或者填空题，还有在倒数第一题或倒数第二题会出现一道压轴题，题型主要以"圆锥曲线与方程"部分为主要考查点，考查方向也没有较大程度的改变，这符合教师的选择判定. 同时与选择不赞成和很不赞成的教师进行了访谈，访谈结果显示，虽然解析几何考查比例和方向没有较大程度的改变，但是部分省、市在该部分选择了创新性题目作为考查重点，该题目往往与实际生活联系较为紧密，学生失分较大. 这两者相结合说明，解析几何在高考试卷中考查方向与比例的变化不大，但与课程教学改革所要求的数学来源于生活，应用于生活的考查方式还有所欠缺，还需要不断摸索、学习并以此达成该目标.

4.4.2 教师对解析几何教学结构的认知

新课程教学改革后，高中数学教材在内容安排、知识结构设定上更符合学生的心理学习认知水平，故此需要教师能够准确地掌握新课程教学改革后教材的整体结构框架，并且能够准确地把握每一章节的重难点. 为此，课程教学改革后，教师对解析几何教学结构认知情况怎样，在问卷中我们编制了第 14～17 题，以调查以上问题，并通过 SPSS 对数据进行处理得到表格 4-11.

表 4-11　教师对解析几何教学结构的认知百分数统计表

	第 14 题	第 15 题	第 16 题	第 17 题
很赞成	25.4%	22.0%	25.4%	32.2%
赞成	55.9%	54.2%	60.2%	54.2%
不置可否	11.9%	11.9%	9.3%	10.2%
不赞成	6.8%	11.9%	5.1%	3.4%
很不赞成	0	0	0	0

由表 4-11 中的数据分析得到：

（1）针对第 14 题，新课程教学改革后，解析几何教材在内容的重新编排、设置中更加注重坐标法的综合性，25.4% 的教师"很赞成"该观点，55.9% 的教师"赞成"该观点，6.8% 的教师"不赞成"该观点. 由这三个数据说明，近 80% 的教师认同坐标法是解析几何教学的主线，也是解析几何教学的重点内容. 事实证明，在高中数学解析几何内容中，解析几何均建立在坐标法基础上，"直线与方程""圆与方程""圆锥曲线与方程"均以平面直角坐标系为基础，并以此建立联立方程求解. 但是新课程教学改革后更加注重坐标法的应用，因此，在解题或教学中应强调坐标法的综合性.

（2）针对第 15 题，教材内容安排是否符合学生认知规律，76.2% 的教师赞成或者很赞成该观点. 该部分教师认为，解析几何部分以"直线与方程""圆与方程""圆锥曲线与方程"三章为主，在每一章内容安排上，均是由易到难，并且后续知识均以前面知识为铺垫，知识连贯性较强，符合学生的学习认知规律. 但是该题中，11.9% 的教师不赞成该观点，为此，与该部分教师交流得知：在文科教材中的"圆锥曲线与方程"部分，省去了"圆锥曲线与参数方程"内容的学习，而这一部分内容在该章节中有铺垫作用，对椭圆、抛物线、双曲线的学习有承接意义；教材以"椭圆"开始直接进入"圆锥曲线与方程"部分，大部分文科学生觉得比较突兀，难以掌握此内容，所以教师不赞成的比例较大.

（3）众所周知，无论在新课程改革之前，还是在新课程改革之后，高中数学教材始终作为高考数学试题的唯一参考标准，80%的高考数学试题均以教材中的例题、习题为原型，通过一系列变形求解得到. 因此，在16题中，教师均赞成或者很赞成要关注解析几何教材中每一节内容涉及的课本小问. 与此同时，通过与教师交流得出，针对课本中的例题、习题部分需要进行变式练习，以此来加深同学们对该内容的理解.

（4）针对第17题，解析几何实际课堂教学中，应该加强圆锥曲线部分内容，32.2%的教师"很赞成"该观点，54.2%的教师"赞成"该观点，说明教师对"圆锥曲线与方程"是解析几何部分教学的重点内容持不可否定的态度."圆锥曲线与方程"是历年高考的必考知识点，在试卷中主要以一道大题为主，并且考查难度较大，学生不易得分，因此，教师在实际课堂教学中应该加强该部分内容的教学.

4.4.3 教师对解析几何教学内容理解的认知

新课程教学改革后，数学教材在内容编排、结构设置方面有较大幅度的改变，因此，从教材内容这单一层面上理解，教师需要明确掌握教材内容及重难点. 而在实际课堂教学中，教材内容只是引导教师教学的单一因素，教师能否在新课程教学改革后顺利完成课堂教学，最终还要依赖于对教学内容的理解与掌握，教学内容包含教材内容以及课堂教学方法、对学生的考查形式、考查重难点等一系列相关问题. 新课程教学改革后，教师对解析几何部分教学内容理解的认知情况如何，我们在问卷中设计了第18~22题，以从教学各个层次深入分析新课程教学改革后教师对解析几何教学内容的认知情况，并运用SPSS软件分析处理得到相关数据.

第18题与第21题从课时与升学考试两个维度调查教师对教学内容的理解认知情况. 另外，延续了几千年的考试制度不会随着课程改革而终止，考试仍然是对广大学子最公平的教育评价方式. 因此，新课程教学改革后，教师教学的最终检验成果还是以学生分数为主要参考依据. 为此，第18题与第21题从解析几何课时安排情况和是否应该额外补充知识来应对升学考试，并通过 Matlab 软件制作了教师对教学内容理解认知的条形直方图 4-1.

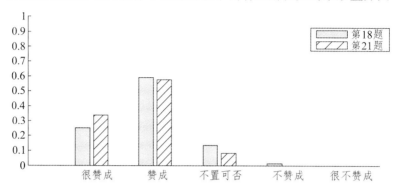

图 4-1　教师对解析几何教学内容理解认知条形图

通过图形 4-1 分析得出，在第 18 题与第 21 题中选择赞成与很赞成的百分比人数均占据整个图形将近 90% 的比例，同时没有教师选择很不赞成这一选项. 这说明教师均一致赞成增加课时来完成解析几何该部分的教学内容，同时为了应对升学考试也需要额外补充知识. 两题均间接阐述了新课程教学改革后，应提倡学生的综合能力培养，要求逐渐改变应试教育这一现状.

针对第 19，20 题，通过 SPSS 软件对数据进行处理得到表格 4-12.

表 4-12　教师对解析几何教学内容理解的认知百分数统计

	第 20 题	第 19 题
很赞成	28.8%	32.2%
赞成	49.2%	47.5%
不置可否	13.6%	11.9%
不赞成	8.4%	8.4%
很不赞成	0	0

根据表 4-12 中的数据分析得出：

（1）就第 20 题而言，近 80% 的教师赞成要选择性地使用解析几何课后练习，8.4% 的教师不赞成该观点. 就此题与教师交流得知：选择赞成或者非常赞成的教师认为课后练习题难度不大，不足以应对随之而来的升学考试，因此，要选择性地使用这一部分练习题. 这观点与第 18 题、第 21题的观点一致，即都是以升学考试为前提的教学. 而不赞成的教师则认为，课后练习题是凝聚众多编题者的心血，与教材相对应，对学生的学习必然有帮助，因此，要把握课后习题，不应该选择性地使用.

（2）就第 19 题而言，近 80% 的教师赞成学生学习解析几何的难点内容依旧为"圆锥曲线与方程"，这也从侧面说明"圆锥曲线与方程"是学生学习的难点内容与重点内容. 而第 17 题从教师对解析几何教学结构认知角度说明"圆锥曲线与方程"是解析几何考查的重点内容. 第 19 题与第 17 题均从不同角度说明该章节的重要性，故此对第 17，19 题采用 SPSS 中配对样本 T 检验，得到表格 4-13.

表 4-13　老师对"圆锥曲线与方程"教学结构与数学内容认知配对样本 T 检验

		成对差分						df	Sig.(双侧)
		均值	标准差	均值的标准误	差分的 95% 置信区间		t		
					下限	上限			
对 1	17 题，19 题	− .169	1.053	.137	− .444	.105	− 1.236	58	.221

由表 4-13 中的数据可知，第 17 题与第 19 题配对样本 T 检验后得到 $p = 0.221 > 0.05$，说明两者没有显著性差异. 这也直接说明新课程教学改革后，对解析几何部分，教师从教学结构的认知和教学内容认知方面均赞成"圆锥曲线与方程"是教师教学的重点内容，同时也是学生实际课堂学习的难点内容. 因此，教师在实际课堂教学中应该把这一部分作为解析几何的重点内容来教学.

4.4.4　教师对解析几何教学运用方式的认知

通过 4.4.1、4.4.2、4.4.3 节分析得出新课程教学改革后，教师对解析几何的教学价值、教学结构、教学内容理解的认知情况及相关结论. 那么在实际课堂教学中，解析几何部分应该呈现怎样的教学方式，这也是一个迫切需要解决的问题. 为此，设计了问卷中第 22 ~ 24 题，并通过相应数据处理得出了相关结论.

就第 22 题而言，根据解析几何教材内容安排，是否需要将现代信息技术运用到课堂教学中去，通过 SPSS 软件对数据进行处理得到表格 4-14.

表 4-14 教师对解析几何教学运用方式的认知分析表

		Frequency	Percent	Valid Percent	Cumulative Percent
Valid	1	15	25.4	25.4	25.4
	2	30	50.8	50.8	76.2
	3	11	18.7	18.7	94.9
	4	3	5.1	5.1	100.0
	Total	59	100.0	100.0	

　　根据表 4-14 中的数据分析得出，共有 59 个有效数据，其中很赞成与赞成的数据分别为 15，30，所对应的百分比分别为 25.4%、50.8%，累积百分比为 76.2%；不赞成的百分比为 23.8%. 由次说明，教师对解析几何教学中将现代信息技术运用到课堂教学中的认可度较高. 例如，在"椭圆"部分内容的学习过程中，能够结合几何画板演示椭圆形成的动态图像，不仅能够让学生更加形象、直观地理解该问题，同时也增加了课堂的趣味性，让同学们积极参与到课堂教学中.

　　通过第 22 题分析得出，绝大多数教师赞成将现代信息技术运用到实际课堂教学中，这也从侧面揭示出教师在新课程教学改革后时刻关注课堂的具体教学方式. 在实际课堂中，除了将现代信息技术运用到解析几何教学中，教师对解析几何教学运用方式的认知情况还有哪些，就此问题在问卷中连续设计了第 23，24 题以讨论教师对解析几何教学方式的认知情况，并且用 SPSS 软件分析得出第 23，24 题的频率直方图，如图 4-2、4-3 所示.

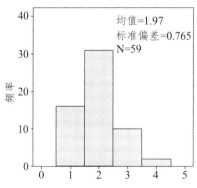

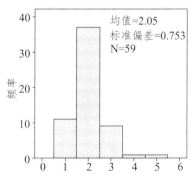

图 4-2　教师对解析几何教学运用方式　　图 4-3　教师对解析几何教学运用方式
　　　　认知 23 题频率直方图　　　　　　　　　　认知 24 题频率直方图

由图 4-2、4-3 观察可知：

关于第 23 题，教师对解析几何教学中，针对不同章节运用不同方式的教学形式的选择主要集中在"很赞成""赞成""不置可否"这三个选项上，其中，选择"赞成"所占的百分比是最大的. 关于第 24 题，教师认为，实际课堂教学中，需要将涉及解析几何的生活实例运用于课堂教学中，对"不赞成""很不赞成"的选择比例较小，也主要集中在"赞成"这一部分，说明教师认同该观点. 由第 23，24 题，针对解析几何教学运用方式认知分析，与教师进行了访谈，访谈过程如下：

访谈者：您认为课程教学改革后解析几何部分的实际课堂教学效果如何？

师：课程教学改革后，教材编写、内容设置更符合学生对知识的认知心理特点，因此，学生学习均比较轻松，课堂教学效果均比较满意.

访谈者：您认为在解析几何的实际课堂教学中，不同章节是否需要运用不同方式？

师：肯定需要，因为课程教学改革后需要培养学生的创新和实践精神. 因此，在教材内容设置上更加注重对该理念的灌输，我们只有采用不同方式来教学才能完成该目标.

访谈者：那您能否举出相应的实际例子吗？

师：比如在"直线与圆位置关系"的教学中，可以通过实际生活情境来引入问题，然后类比初中阶段判定"直线与圆位置关系"的方法来学习，即通过实际例子解决相关问题. 再如：在"圆锥曲线与方程"该内容学习中，可以运用多媒体展示椭圆、抛物线、双曲线的生成过程，让学生有动态感受，以促进其学习，这都是体现实际课堂教学中采用不同教学方式的例子.

访谈者：那您认为是否需要将涉及解析几何的生活实例运用到课堂教学中.

师：需要，刚才所举的"直线与圆位置关系"的判定中，就通过行船是否触礁这一实际生活问题引入课堂来教学，这样可以激发学生学习数学的积极性，提升学习效果，同时还让学生感受数学与现实生活紧密联系，数学学习可以运用到实际生活中去这一课标理念.

访谈者：好的，那您认为运用不同教学形式教学最大的困难是什么？

师：应该是对多媒体的运用，如几何画板的运用、PPT 的制作，等等，大多数教龄较长的教师对多媒体操作均不熟练，部分教师甚至不知如何操作，我认为应该加强这方面的培训．

通过访谈，明确了教师赞成不同章节要采用不同形式的教学方式，同时也赞成实际课堂中要运用实际生活例子教学这一观点，这也符合新课程教学改革的基本理念．

4.4.5　教师对解析几何教学效果的认知

通过教师对解析几何教学价值、教学结构、教学内容理解、教学运用方式四个方面认知问卷调查结果数据处理，得到关于新课程教学改革后教师对解析几何教学认知分析基本情况．那么课程教学改革后解析几何最终的实际教学效果怎样，为此在问卷最后一个部分编制 25，26，27 三道题目，就此展开调查，通过 SPSS 软件处理数据得到表格 4-15.

表 4-15　教师对解析几何教学效果的认知情况 25，26 百分数统计表

	第 25 题	第 26 题
很赞成	40.7%	45.8%
赞成	45.8%	47.5%
不置可否	13.5%	5.1%
不赞成	0	1.6%
很不赞成	0	0

由表格 4-15 中的数据分析得出以下结论：

（1）根据第 25 题百分数统计表可知：教师认为，在解析几何学习过程中，对几何问题代数化处理是学生的学习难点，持"不赞成"与"很不赞成"的百分数均为零，持"赞成"与"很赞成"的百分数分别为 40.7%和45.8%. 这两组选项形成鲜明对比，此处说明教师一致认同几何问题代数化处理是学生学习的难点内容，学生在实际学习中对几何问题与代数问题之间的转换比较困难．新课程教学改革后，解析几何强调几何与代数问题转换，教材在内容编写上均重点强调这一主旨，在习题、例题的选取上均蕴

含几何问题与代数问题之间的转换，因此，教师在实际课堂教学中要始终贯穿该思想，以此加强学生对解析几何内容的学习.

（2）关于第26题，教师对"解析几何解题过程烦琐、运算量大、结果容易出错影响学生学习效果"这一观点的"赞成"与"很赞成"的百分数分别为 45.8% 和 47.5%. 此处说明教师均认同运算量大是解析几何部分题型特点之一，由此导致学生在解题过程中容易出错，特别是在"圆锥曲线与方程"该部分，需要学生具备较强的运算能力. 这也从侧面鞭策在实际的课堂教学中教师要加强学生运算能力的培养.

通过第 25，26 题的分析，明确了解析几何在实际课堂教学中的效果，并且也从侧面掌握了学生在解析几何学习部分遇到的瓶颈. 那么针对以上瓶颈，教师在实际课堂教学中应该怎样帮学生走出瓶颈，这也是教师对解析几何教学效果认知的一部分. 针对该问题，编制第27题，27题阐述教师对实际课堂教学中应该随时调整教学方式来适应学生学习，这与 23 题表达的主旨大相径庭，因此采用 SPSS 中配对样本 T 检验，得到表格 4-16.

表 4-16　教师对解析几何教学效果与教学运用方式配对样本 T 检验

		成对差分					t	df	Sig. (双侧)
		均值	标准差	均值的标准误	差分的 95% 置信区间				
					下限	上限			
对 1	23~27 题	.186	.900	.117	− .048	.421	1.592	58	.117

通过表 4-16 中的数据分析得出：

教师认为，解析几何教学过程中针对不同章节采用不同形式的教学方式与要时刻关注学生学习解析几何的学习动向，随时调整教学方式以适应学生学习的配对样本 T 检验得到的 $p > 0.05$，说明两者没有显著性差异. 这说明教师无论从解析几何教学运用方式的认知还是从教学效果的认知两个层面均赞成要随时调整教学方式，以适应学生的学习. 这也揭露出新课程教学改革后要以多种教学形式培养学生数学素养这一观点.

通过对一线数学教师采用问卷调查后数据处理的方式，针对新课程教学改革后教师对解析几何教材的教学认知分析该问题，从教师对解析几何教学价值的认知、教师对解析几何教学结构的认知、教师对解析几何教学内容理解的认知、教师对解析几何教学运用方式的认知、教师对解析几何教学效果的认知五个维度全面、多层次、多角度分析了课程教学改革后教师对解析几何教学的认知，由此得出以下结论：

（1）新课程教学改革后，几何问题与代数问题的相互转化是解析几何的核心教学思想，教师在解析几何整个部分要灌输该理念.

（2）"圆锥曲线与方程"在高考试卷中是解析几何的核心考点，该部分运算量大、运算烦琐，影响学生学习.

（3）教师在实际课堂教学中要展开以教材为中心，通过例题、练习题辅助完成解析几何部分的教学.

（4）为了应对升学考试，对解析几何部分，教师要额外补充相应习题，因此需要增加课时.

（5）教师在解析几何实际课堂教学中，针对不同章节要采用不同的教学方式以适应学生学习.

（6）需要将现代信息技术运用到解析几何实际课堂教学中，但是部分教师对多媒体的操作还不熟练.

通过分析，可以明确得到课程教学改革后教师对解析几何教材的认知情况，以此总结出新课程教学改革后解析几何部分的实际教学情况，为课程教学改革的成功提供了参考依据.

4.5 高中数学解析几何的教学案例分析

4.5.1 解析几何教材结构调整案例分析

课程教学改革后，《普通高中数学课程标准》对解析几何教材在结构、内容的编排上都有较大的变化.

教材是课程改革的载体，教材内容的编写决定高中数学课程改革的成败，分析表 4-17 中的数据可知，新课程教学改革后，解析几何部分教材结构调整比较大，教材结构设置与教材内容安排都根据课改需求做了相应的调整与变革.

表 4-17 现行、原有教材解析几何结构比较

原有教材	现行教材
第七章 直线和圆的方程 7.1 直线的倾斜角和斜率 7.2 直线的方程 7.3 两条直线的位置关系 7.4 简单的线性规划 7.5 曲线方程 7.6 圆的方程 第八章 圆锥曲线方程 一、椭圆 8.1 椭圆及其标准方程 8.2 椭圆的简单几何性质 二、双曲线 8.3 双曲线及其标准方程 8.4 双曲线的简单几何性质 三、抛物线 8.5 抛物线及其标准方程 8.6 抛物线的简单几何性质	第三章 直线与方程 3.1 直线的倾斜角和斜率 3.2 直线方程 3.3 直线的交点坐标与距离公式 第四章 圆与方程 4.1 圆的方程 4.2 直线、圆的位置关系 4.3 空间直角坐标系 选修 1-1 第二章圆锥曲线与方程 2.1 椭圆 2.2 双曲线 2.3 抛物线 选修 2-1 第二章 圆锥曲线与方程 2.1 曲线与方程 2.2 椭圆 2.3 双曲线 2.4 抛物线

从教材整体结构上分析，新课程改革后解析几何教材结构由三部分组成：数学 2 中的第三章"直线与方程"、第四章"圆与方程"，选修 1-1 中的第二章"圆锥曲线与方程"，选修 2-1 中的第二章"圆锥曲线与方程"。其中数学 2 中两章内容是文、理科学生必修内容，选修 1-1 针对文科学生，选修 2-1 针对理科学生。通过这样结构调整，文、理科学生在学习数学 2 的解析几何部分内容后可以根据不同需要学习圆锥曲线部分内容。

根据问卷中第 13 题、17 题、20 题的结论得出，"圆锥曲线与方程"是高中数学学习的重点与难点内容，在高考试题中分数所占比例较大，同时该部分内容也是学生学习的难点内容，绝大部分学生都有学习障碍。由此明确此次新课程教学改革后通过对该内容教材结构的调整，关于选修 1-1 与 2-1 教材内容的设置，文、理科学生均可以根据《普通高中数学课程标准》的要求有针对性地学习圆锥曲线部分的内容，教师也可以在该内容教学中的针对性把握教学难度，提高教学效率。这与以往教材相比较，解析几何教材在整体结构设置上的针对性更强、区分度更大，方便了教师教学和学生学习。

从教材内容来分析，它有所减少、改变和区分. 问卷中第 4 题、5 题分别阐述了新课程教学改革后"圆锥曲线与方程"章节的实际内容. 例如，通过教材对比得知：原《大纲》教材中的两直线所成角被删除，简单的线性规划则被移到必修五部分，曲线方程的部分内容，针对文科学生的则直接被删除，针对理科学生的则被放到选修 2-1 中. 而在内容改变方面，直线与方程内容在编排上，从基础到深化，符合学生对事物发展的认识规律，圆与方程部分则增加了直线与圆的位置关系，目的是强化直线方程学习的应用，这相比《大纲》教材，从整体来看，结构合理且有层次. 原《大纲》教材在内容编排上将解析几何部分分为两个章节，而《标准》教材中将解析几何内容分为三个章节，其内容编排的目的性、层次性更加突出，更加符合学生的学习规律.

通过以上宏观分析，可以得出课程教学改革后解析几何教材的主要调整框架. 为得到更细化结论，下面针对现行教材选取典型案例做出分析：

案例一：（每章末尾增加知识总结框架）

课程教学改革后，解析几何在每章结束后会设计一个知识框架图，阐述本章的主要学习思路以及知识之间的连续性. 现以"圆与方程""直线与方程"为例，如图 4-4 所示.

一、本章知识结构

从几何直观到代数表示（建立直线方程）

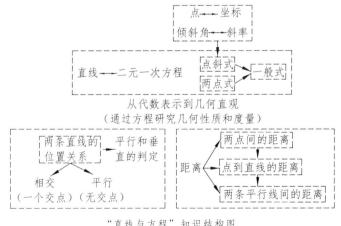

"直线与方程"知识结构图

一、本章知识结构

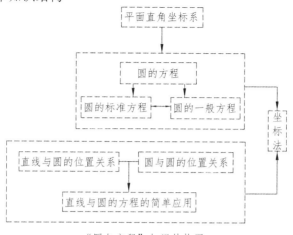

"圆与方程"知识结构图

图 4-4

下面以"圆与方程"知识结构图来详细分析设计意义：该章内容在整体设计上遵循以坐标法为主线，通过平面直角坐标系引入圆的方程，并在此基础上探讨圆的方程的两种形式，并把前一部分内容分为：直线与圆的位置关系、圆与圆的位置关系来进一步强化，同时将该章节内容与实际生活融合在一起，拉近了学生与现实生活的距离. 该章节内容的设计不仅体现出由易到难，更展示了每个知识点间的层次感与联系. 最后章节内容通过案例的实际运用，将所学知识运用到生活中. 这样的内容设计符合学生的知识认知与吸收规律，同时也呈现出数学来源于生活、数学运用于生活的特点，让学生体会数学学有所用的学科特点.

案例二：（教材中增加思考、探究等环节）

课程教学改革后，教材在内容设计上更符合学生的心理认知水平，同时在每一节内容中增加了思考和探究等环节，以吸引学生的注意力，提高学生的学习兴趣. 下面以"圆与圆的位置关系"内容中的思考与探究为例进行研究，如图 4-5 所示.

 圆与圆的位置关系有哪几种？如何根据圆的方程，判断它们之间的位置关系？

图 4-5

在"圆与圆的位置关系"内容中，教材通过加入思考、探究等片段，让原本枯燥的数学课本变得有趣，以提高学生的学习兴趣，让学生主动参与到"圆与圆的位置关系"的学习中，让学生经历对三个问题的一一解答，可以顺利完成本节内容的学习，使得学生学习达到事半功倍的效果.

因此，现行教材不仅在内容安排上符合学生的学习规律，在教材中增加的如图 4-5 所示的思考栏或者探究栏让数学课本不再成为知识呈现的工具，同时也是引导学生学习的工具. 此类思考栏给予学生更多的思考空间，以引发学生学习，同时让枯燥的数学课本变得有活力，让学生感受到数学课本变得有趣，增加学生的学习兴趣.

案例三（教材中增加课外阅读）

课程教学改革后，高中数学教学强调要加强学生数学文化的培养，因此，在教材每章结束后穿插了不同内容数学阅读小片段，此类阅读片段的内容均与该章内容紧密联系，以便从不同层次和角度扩展学生的数学视野. 现以"直线与方程"该章阅读片段为例来说明（见图 4-6）.

坐标法与机器证明

笛卡儿（Descartes，1596—1650）创立坐标系，使几何问题的求解或求证通过坐标转化为代数方程求解. 代数方程的求解是一个计算问题，有了坐标，使计算机进入到几何定理的证明中来成为可能.

明确提出机器可以成为推理工具的思想，要追溯到 17 世纪德国数学家莱布尼兹（Leibniz，1646—1716，微积分创始人之一）. 他受笛卡儿思想的启发，认为笛卡儿创立的解析几何，目的是将几何推理转化为计算. 遗憾的是，由于当时的条件限制，计算仅仅是手工操作（手摇计算机），无法进行大量复杂的计算，所以用机器实现几何定理证明的想法无法实现.

吴文俊认为，欧氏几何体系是非机械化的，把空间形式数量化是机械化的．吴文俊说："对于几何，对于研究空间形式，你要真正腾飞，不通过数量关系，我想不出有什么好办法．""我从事几何定理证明时，首先取适当的坐标，于是几何定理的假设与终结通常都成为多项式方程，称之为假设方程与终结方程．满足定理假设的几何图象，就相当于假设方程组的一个解答或零点．要证明定理成立，就是要证明假设方程的零点也使终结多项式为零．"由于计算机的发展与众多数学家（特别是以吴文俊为首的一批中国数学家）的努力，大约在 1976 与 1977 年之交，几何定理机器证明的梦想终于实现了．

图 4-6

阅读与思考中，介绍笛卡尔、莱布尼兹、吴文俊等人在解析几何坐标发展历程中的贡献以及解析几何研究现状，让学生对解析几何数学背景有具体掌握，对解析几何蕴含的数学文化有直观感知，以此增加学生对解析几何平面直角坐标系的认识，让学生感受数学中蕴含的美与文化，提升学生学习数学的兴趣．同时在"圆与方程"加入"用几何画板探究点的轨迹：圆"可以将现代信息技术融入数学的学习中，以体现数学与多媒体技术的联系．

通过以上表格和案例分析，结合问卷得到的结论，得出关于新课程教学改革后解析几何教材结构调整案例如下结论：

（1）解析几何教材内容调整变化较大，教材整体框架层次性、目的性突出，教材框架符合学生学习的认知水平．

（2）教材在每章内容设计上逻辑性、思维性缜密，符合学生的学习心理，从而促进学生的学习．

（3）教材安排上增加章节总结、课后探究、思考、课外阅读等内容，提高了课本的趣味性，增加了学生的学习兴趣．

不论从整体框架上还是从章节内容上，都体现课程改革的目标，培养创新与实践型的数学人才，也符合《普通高中数学课程标准》中将数学探究、数学文化、数学建模融入实际课堂中的要求．

4.5.2 解析几何教材例题、习题调整案例分析

影响高中数学课程改革的因素是多方面的，其中教材编写直接决定高中数学课程改革的成败．教材在课程改革中起奠基作用，课程改革的最终形式以数学教材的形式呈现出来，教师以教材为媒介将数学知识传递给学生，学生则以教材为起点展开数学课程的学习．课程教学改革后，教材编写注重知识的

层次性与连贯性，教材内容的选择突出数学来源于生活并运用于生活的本质特征. 概念与定义、例题、习题组成高中数学教材，此次课程改革后解析几何部分的教材在例题的编排与习题的选择上都经过编者反复论证与精心设计，其根本目的就是推进高中数学课程改革的成功. 下面将选取高中数学课程改革后解析几何教材例题、习题调整案例来分析课程改革后的教材编写情况.

1. 解析几何教材例题调整案例分析

例题在数学教材中是连接定义、定理和习题的桥梁，学习新概念、定义、定理等内容后例题是对这些新知识的最直接呈现形式. 高中数学课本中的例题经过编者精心设计与精心编排，每一道例题都具有典范性，同时每一道例题中均蕴含基本的数学思想与数学方法. 例题对教师的教学有指引作用，通过例题的展示，可以加深学生学习新知识的理解；学生也可以通过例题巩固新概念和新定义，以此达到两者间相互共鸣的目的.

原有教材中例题强调当节内容，当节知识点在例题中反复出现，让学生通过机械操作与反复记忆来巩固新内容. 课程教学改革后，解析几何教材在例题选取与编排上突出新课程教学改革的理念，例题紧密联系知识主线的同时也强化对知识的灵活运用，同时例题中更注重学生数学思维与数学创新精神的培养，极大限度地提高了数学课程的教育价值.

例如，原有教材中关于"直线与直线平行"有如下两道例题：

例 1：已知直线方程 $l_1 : 2x - 4y + 7 = 0, l_2 : x - 2y + 5 = 0$ ，求证 $l_1 // l_2$.

例 2：求过点 $A(1,-4)$ 且与直线 $2x + 3y + 5 = 0$ 平行的直线方程.

这两道例题均突出直线与直线平行这一主观条件. 其中，例 1 通过两条直线的一般方程来判定 $l_1 // l_2$，直接判定是条件的迁移；例 2 则间接利用直线与直线平行这一前提求解方程. 两道例题的目的明确，直奔直线与直线平行这一主题，学生可以通过例题进行模仿训练并强化记忆直线与直线平行这一知识点.

而现行教材中"直线与直线平行"例题的呈现方式与之前有较大区别，如以下两道例题：

例 3：已知 $A(2,3), B(-4,0), P(-3,1), Q(-1,2)$ ，试判断直线 BA 与 PQ 的位置关系，并证明你的结论.

例 4：已知四边形 $ABCD$ 的四个顶点分别为 $A(0,0), B(2,-1), C(4,2), D(2,3)$，

试判断四边形 $ABCD$ 的形状，并给出证明.

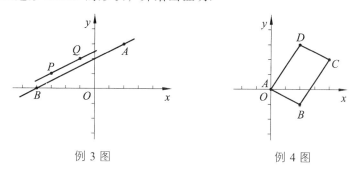

例 3 图　　　　　　　　　　例 4 图

例 3 分别给出 A, B, P, Q 四点的坐标，以此来判定直线 BA 与 PQ 的位置关系. 题目中没有明确说明直线 BA 与直线 PQ 的平行关系，学生首先会对两直线的位置关系进行猜想，进而进行验证. 学生通过求出直线 BA 与直线 PQ 的斜率，再利用当堂课上直线与直线平行的判定条件可以解出该题. 例 4 则在例 3 的基础上进行变形，通过给出四边形四点的坐标来判定四边形形状. 鉴于例 3 的学习，学生会求解出直线 AB, BC, CD, AD 的斜率，根据两组对边斜率分别相等判定出四边形 $ABCD$ 的形状.

例 3、例 4 的解题结果均以直线与直线平行的判定条件为依托，让学生学会判定和运用直线与直线平行这一核心概念；但是例题的呈现方式不同于以往教材中直奔主体，并机械记忆. 这两道例题均给予学生思考空间，然后从脑海中整合出最合理的解题方案，最后运用到例题解答中. 例题设计不再是以往一看就明白解题方向，一看就知道解题知识点，这样的设计无疑诠释了新课程教学改革后转变学生死读书、读死书的现状，进而培养学生思维的灵活性与创新性.

课程教学改革后，解析几何不仅在例题设计上凸显灵活性与创新性，也在例题难度编排上略有降低，如"直线与圆的位置关系"有以下两道例题：

例 1：如例 1 图所示，已知直线 $l: 3x + y - 6 = 0$ 和圆心为 C 的圆 $x^2 + y^2 - 2y - 4 = 0$，判定直线 l 与圆的位置关系；如果相交，求它们的交点坐标.

例 2：已知过点 $M(-3, -3)$ 的直线 l 被圆 $x^2 + y^2 + 4y - 21 = 0$ 所截得的弦长为 $4\sqrt{5}$，求直线 l 的方程.

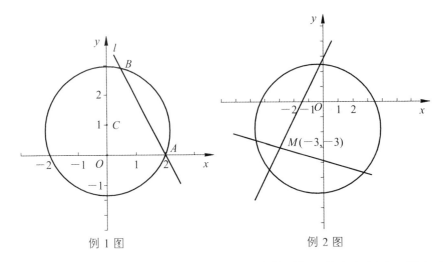

例 1 图　　　　　　　例 2 图

　　"直线与圆的位置关系"是新课程教学改革后加入的新知识点，课本对该节内容的安排是通过例题运用和求解来找出直线与圆的位置关系。学生在学习该节知识过程中，通过经历对例题的感知、认识、求解等一系列活动最后得到直线与圆位置关系的求解方法。例 1、例 2 的设计都紧扣直线与圆位置这一主题，难度上均符合学生学习需要，学生可以通过对知识的理解与探究得出相应的结论，这无疑增加了学生学习的积极性与热情。

　　通过以上案例分析得出，课程教学改革后教材在例题选取上反映数学的本质，同时充分考虑了学生的认知水平与心理特点，例题选择呈现基础性、典型性、多样性、生活化等特点，这样不仅培养学生的数学思维并提高学生的学习兴趣，同时培养了学生将数学知识运用到实际生活的能力。

2. 解析几何教材习题调整案例分析

　　课程教学改革后，数学教材在概念与定理、定义、例题、习题三个板块均进行较大改变。通过现行与以往教材的对比，新课程教学改革后，教材在习题形式、功能、价值取向上均较准确地把握了课程改革的内涵，突出了数学的本质，体现了数学与实际生活的联系，培养了学生的创新能力。

　　在教材中有两种呈现形式：第一、每节内容的课后练习题；第二、每一章内容后的总练习题。每一节后的课后练习题一般是针对该节内容设置，其目的是强化本节内容的学习，一般有三至五道题；每一章的课后练习题是对一章内容学习的整合，目的在于考查一章内容的学习效果，题目更具典范性. 现行教材与以往教材在习题编排、数学内容及题型等几个方面均有较大差异，现选取"圆的方程"该章习题为例进行分析，如表4-18所示.

表4-18 "圆的方程"习题数量统计

	选择	填空	判断	证明	求解	画图	其他（简答、说明）	总数
旧教材	0	1	1	2	12	2	2	20
新教材	0	2	7	4	15	4	10	42

由表4-18中的数据分析可知，新课程教学改革后，"圆的方程"此章习题类型与老教材基本相同，但是每个类型的习题数量明显多于老教材习题数量，其中判断题、画图题、其他类型与老教材数量差距较大. 以上三种类型题目增加的目的在于培养学生严谨的数学思维，让学生通过一系列的独立思考来培养其解决问题的能力，同时防止学生将数学课程变为单纯的机械模仿与记忆活动，违背数学原有的本质精神.

除了表4-18中的习题数量对比外，新课程教学改革后，解析几何习题还突出课改理念，主要体现在以下几方面.

（1）习题选取应生活化，体现数学来源于生活，运用于生活的本质.

数学的本质来源于生活，并且回归于生活. 课程教学改革的目标之一是培养学生应用数学解决实际问题，此次教材在习题选择上很好地诠释了这一主旨.

例如，教材选修1-1中习题2.3第6题：图4-7（b）中是抛物线形拱桥，当水面在l处时，拱桥离水面2 m，水面宽4 m. 水面下降1 m后，水面宽是多少？

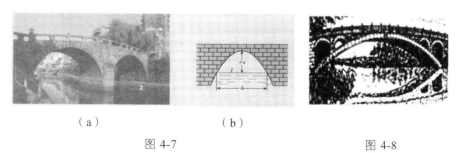

（a）　　　　　　　　　　（b）

图4-7　　　　　　　　　　　　　图4-8

再例如，必修 4 中 4.3.2 的练习题：赵州桥的跨度是 37.4 m，圆拱高约为 7.2 m，求这座圆拱桥的拱圆方程（见图 4-8）.

相比较原有教材中习题强调对知识机械模仿与记忆的特点，增加这样的类型题是新课程教学改革后数学教材展现的突出点. 此类习题拓宽了学生的数学视野，教会学生应用所学知识解决实际问题，以增加他们的社会实践能力.

现行教材在习题选择上很多是基于学生已有的数学知识和生活经验，通过将两者较好的融合，来培养学生运用数学知识解决实际问题的能力.

（2）习题选取应注重基础性，强调数学知识的来源与形成，注重培养学生的数学思维.

此次数学课程改革的目标之一："让学生理解知识的发生、发展过程". 此目的是改变原有机械、死记硬背的形式，让学生从自我认识和自我感知的情况下，了解知识的来龙去脉，体会其中蕴含的数学思想与数学方法，从而培养自我的逻辑思维能力.

例如，必修 2 中习题 4.1A 组第 6 题：平面直角坐标系中有 $A(0,1)$，$B(2,1)$，$C(3,4)$，$D(-1,2)$ 四点，这四点能否在同一圆上？为什么？求解该习题的前提条件为明确形成圆的条件与四点共圆的条件，然后才能判定. 如果没有对圆概念与条件特别清晰的思维，该习题就无法求解.

同样类型的习题也出现在 B 组：长为 $2a$ 的线段 AB 的两个端点 A 和 B 分别在 x 轴和 y 轴上滑动，求线段 AB 的中点轨迹方程.

关于此类型习题，要抓住数学问题的本质，只有清晰地掌握数学知识的形成过程，才能顺利解答. 通过该类型习题可以培养学生严密的数学逻辑思维，这与课程改革的主旨相呼应.

（3）习题选取应注意与其他学科的内在联系，拓宽学生的数学视野.

数学不是一门独立的学科，其他学科的发展离不开数学的奠基作用，同时其他学科也促进数学学科的发展. 老教材中数学内容较为单一与独立，缺乏与其他学科之间的联系，而新课程教学改革后，教材编写恰好弥补了这一缺憾. 例如，教材编写注重与现代多媒体信息技术的联系与结合. 在解析几何该部分，尤其强调几何画板的运用，如选修 1-1 习题 2.1 例子.

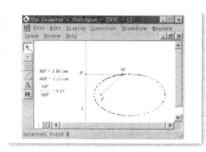 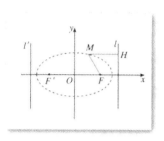

用《几何画板》探究点的轨迹：椭圆 - - - - - - - - - - - -

运用"几何画板"探究点的轨迹：椭圆. 通过图形生成形式，生动、形象地展示椭圆的形成过程，让学生达到视觉上的认知，以强化对知识的理解. 同时学生也可以实际动手操作演示椭圆的形成过程，进一步加强对知识的理解.

通过以上习题案例，分析得出现代信息技术与数学学科的紧密联系，强化了学生的学习，拓宽了学生的数学视野，让学生从本质上认识数学不再是一门学无所用的学科，间接增加了学生学习数学的兴趣.

此次课程教学改革后，教材在习题、例题的编排上虽然以传统题为主导，但是在习题、例题选取上又有新的突破. 例题注重基础性、创新性，习题强调数学逻辑思维训练，加强与其他学科的内在联系，同时两者均强化数学与实际生活紧密联系这一主旨，以增强学生的实践能力.

4.5.3 解析几何教材使用情况的教学案例

教材作为新课程教学改革的重心和关键，其内容的编排，教师使用教材情况将直接影响新课程教学改革进程. 通过对教材结构、教材例题、习题分析得出课程教学改革后教材编排符合学生心理认知发展需求，教材内容的严谨性对训练学生逻辑思维能力、解决问题能力具有重要意义. 那么，在实际的一线课堂教学中，教师对教材使用情况如何？以下选取成都市某重点中学在解析几何"直线与圆的位置关系"这一课的实际教学片段为例进行分析：

师：我们一起回顾初中阶段的学习过程中直线与圆有哪几种位置关系？

生：相交、相切、相离.

师：很好，结合我们高中阶段学习的直线方程与圆的方程探讨相交、相切、相离有什么具体特点？

生：直线与圆相交时有两个公共点，相离时没有公共点，相切时有一个公共点.

师：很好，那么能否用直线与圆的方程探讨直线与圆的位置关系？如例子：$2x+y=1$ 与 $x^2+y^2=1$ 的位置关系是怎样判定的？

生（甲）：可以在直角坐标系上画出圆的图像、直线的图像，以此判定两者的位置关系.

师：这是一个好方法，但是作图很费时间，并且作图如果不精确会影响判定结论，除了作图以外，还有没有其他方法？

生（乙）：根据两图像交点的个数，联立直线与圆的方程消 y，变为一个关于 x 的一元二次方程，判定 Δ 的大小. 当 Δ 大于零时，说明直线与圆有两个交点；当 Δ 小于零时，说明直线与圆没有交点；当 Δ 等于零时，说明直线与圆有一个交点.

师：很好，这个方法直接从解析式出发，通过消元判定出直线与圆的交点个数，运用代数方法从解析式上入手判定，很简洁，简单，省去了作图不必要的麻烦，同学们一起判定 $2x+y=1$ 与 $x^2+y^2=1$ 的位置关系？

生：Δ 等于 16，所以直线与圆有两个交点，即直线与圆相交，交点坐标通过计算得到为 $A(0,1)$, $B\left(\dfrac{4}{5},-\dfrac{3}{5}\right)$. （将行距调整为了 40 磅，也可以调节公式尺寸）

师：很好，相信大家都会用联立方程组的方法判定直线与圆的位置关系，那么除了作图法和消元法以外还有没有其他方法？

生（丙）：根据初中学习知道，圆心到直线的距离大于半径，直线与圆相离；等于半径，直线与圆相切；小于半径，直线与圆相交，所以可以用点到直线的距离公式判定.

师：很好，圆心到直线的距离判定省去了消元法的复杂，只需找到圆心与半径即可，一步到位，那么同学们用该方法判定 $2x+y=1$ 与 $x^2+y^2=1$

的位置关系？

生：$d = \dfrac{\sqrt{5}}{5} < 1$，所以直线与圆相交.

师：通过以上两个例子分析，同学们一起运用高中知识判定直线与圆的位置关系的方法？

生：代数法，通过联立直线方程和圆的方程，直接判定 Δ 的个数，当 $\Delta > 0$ 时，直线与圆有两个交点；当 $\Delta = 0$ 时，直线与圆相切；当 $\Delta < 0$ 时，直线与圆相离没有交点. 或者用几何方法，判定圆心到直线的距离，当 $d > r$ 时，直线与圆相离没有交点；当 $d = r$ 时，直线与圆相切有一个交点；当 $d < r$ 时，直线与圆相交.

师：同学们分别从几何角度与代数角度归纳总结出判定直线与圆的位置关系的方法. 这两种方法各有其特点，遇到具体问题时要恰当选择合适的方法运用求解，现请看以下例题.

已知过点 $M(-3, -3)$ 的直线被圆所截得的弦长为 $4\sqrt{5}$，求直线 l 的方程.（此时教室内同学们开始运用所学方法求解）

通过该课堂的实际考查看到，该教师在"直线与圆的位置关系"的实际教学中，以教材为背景，展开实际的课堂教学. 教材在整个课堂教学中起主导作用，而且充分发挥其实际作用. 与此同时，在"直线与圆的位置关系"课堂教学中，该教师摒弃了以往平铺直叙的教学方法，而是以初中阶段直线与圆的位置关系的判定为线索，通过循循善诱过渡到高中阶段"直线与圆的位置关系"的判定，最后通过一系列的归纳、总结得出以初中知识为背景，判定"直线与圆的位置关系"的方法. 整个课堂教学过程中，教师通过"问题串"将本节内容有机串起来，形成明确的教学主线，学生能够在教师"问题串"的自然引导下完成对课程内容的探索，并且在知识学习过程中经历假设、猜想、论证、归纳等一系列心理活动，由此对新课程的内容学习更加根深蒂固.

课程教学改革后，教材编写充分展现出对问题情景的呈现以及前后知识的相互联系. 对知识采用螺旋式上升的编写特点，更符合学生的认知心理学. 与此同时，教材在编写时更加注重对学生数学思维以及数学能力的培养，实际教学过程中更注重培养学生将课本知识运用到实际生活中的能力. 因此，与以往老教材编写相比较，对于现行教材，教师在实际课堂教学过程中展开以教材为依托的教学更加顺利,对课堂整体把握度更加明确,学生的实际学习效果也比较突出.

4.6 影响解析几何教学的因素分析

课程教学改革实施至今,高中数学课程教学改革已经取得初步成效,那么关于高中解析几何部分的实际教学情况怎样呢?我们利用问卷调查与案例分析分别从教师对解析几何教材结构认知分析、教师对解析几何教材的教学认知分析、解析几何教学运用案例分析三个角度详细分析新课程教学改革后高中数学解析几何实际教学情况,并且得出如下结论:

(1)解析几何在教材内容设置、教材框架结构、知识编排上的逻辑性与思维性严密,符合学生对知识认知的心理过程,有利于学生对该部分内容的学习.

(2)解析几何教材增加实际案例、探究、小结等环节,可增加学生对解析几何部分内容的学习,同时向学生展示数学文化与内涵.

(3)解析几何教材在编排上注重坐标法核心地位,强调"圆锥曲线与方程"该部分内容是解析几何学生学习的重点,教师教学的重点.

(4)教师在解析几何实际课堂教学中,要随时调整教学方式,以满足学生对解析几何该部分内容的学习.

(5)教师在解析几何部分,展开以教材为中心的课堂教学,但是教师对教材内容、教学重点部分的理解有待加强.

(6)关于解析几何部分,教师需要增加额外内容来应对升学考试,导致课时不够.

4.6.1 客观因素分析

通过将文献分析、问卷调查、案例说明相结合,从静态与动态两方面得到影响解析几何教学的客观因素,具体分析如下:

(1)教师对解析几何的内容、结构安排满意,但是为应对升学考试需要补充额外内容,存在课时不够情况.

通过问卷第 15 题,得出教师满意解析几何内容的编排,但在问卷 18 题与 21 题的分析中得到,根据教材内容设置要增加课时完成教学任务，并且要补充额外知识以应对升学考试．因此，由这三道题得出，新课程教学改革后，解析几何部分教学应试考试所占比例较大，导致解析几何课时紧张，教师教学任务难以完成．由此说明考试制度的设置影响教师教学．

（2）"圆锥曲线与方程"部分内容难度较大、运算量大，学生学习困难，影响教师教学．

通过问卷中第17题、20题、26题分析指出，解析几何部分考查重点为"圆锥曲线与方程"，这部分也是学生学习的难点内容，并且该部分解题过程烦琐、运算量大，结果易错．因此，在"圆锥曲线与方程"该章内容中，教师需要花更多时间与精力完成教学，对该部分内容涉及的《普通高中数学课程标准》通过"圆锥曲线与方程"学习来培养学生创新意识与探索精神相对忽略，应试教育成分比重加强，影响教师教学．

（3）部分教师对多媒体操作不熟练，影响解析几何部分教学效果．

根据问卷22题分析得出，教师均赞成将现代信息技术应用到解析几何实际课堂教学中，但是部分教师对多媒体操作不熟练或者不会操作，这一部分教师主要是教龄较长的老教师，没有经过系统的学习和培训，导致对基本教学软件操作不熟练，因此在课堂教学中以传统教学为主，影响他们的实际教学．

4.6.2　主观因素分析

通过问卷结论分析，得出影响解析几何教学的客观因素，排除客观因素，根据问卷结论与案例结论，得出影响解析几何教学的主观因素．

（1）部分教师对《普通高中数学课程标准》中解析几何教学目标、教学要求的理解，需要进一步强化．

利用调查问卷第1至27题从教师对解析几何教材结构内容认知分析、教师对解析几何教材的教学认知分析两大方面来分析新课程教学改革后解析几何的教学现状，其中第8题、11题、14题从解析几何教学思想、教学重点、教学要求三个方面调查教师对解析几何教学情况的认知，但是部分教师对"几何问题代数化""几何公式背景""坐标法综合性"这三个概念理解得比较模糊，在实际课堂教学中，部分教师依然采用传统教学形式．例如：教师在"直线的倾斜角与斜率"教学中，对"斜率与倾斜角"两个概念蕴含的几何背景予以忽视,同时不太注意运用代数结果分析几何意义,让学生通过机械记忆方式来掌握公式. 在"圆锥曲线与方程"该章内容教学中,《普通高中数学课程标准》弱化了抛物线、双曲线内容的要求,但是在实际教学中,教师对这两节的教学依旧较为强化. 因此,教师需要进一步强化对解析几何教学目标、教学要求的理解.

（2）教师对《普通高中数学课程标准》中涉及解析几何的新课程教学理念比较赞同,但是具体施行情况还有待加强.

课程教学改革后,教师通过培训与自学对课改背景、课改要求均比较明确,对通过高中教学改革培养学生创新精神、操作能力、数学思维持赞成意见. 问卷中第 6 题、7 题的调查结果反映教师均赞成解析几何部分在实际教学中应该加强学生应用意识与创新意识、数学思维能力的培养. 但是在实际课堂教学中,教师往往忽视该观点. 结合解析几何教学运用案例中教材使用情况调查,部分教师在实际课堂教学中对教材使用次数偏少,通过多年教学经验直接针对高考重点、考点进行教学. 其中,问卷第 13 题、17 题、21 题都从侧面揭示在实际课堂教学中,教学主要目的依旧以升学考试为重点,学生考试分数成为教学的主要核心任务,因此,部分教师在具体贯彻中会偏离课改要求.

（3）教师在解析几何教学过程中需要调整教学方式、方法,以提高学生的学习效率.

问卷中设计了教师对解析几何运用方式认知一节内容,通过 22 题、23 题、24 题调查实际课堂教师教学方式得知,部分教师在课堂教学中教学方式比较单一. 例如,在"直线与圆的位置关系"中直接采用结论式教学,将"直线与圆的位置"的判定方法直接呈现给学生,学生当时能够机械掌握"直线与圆的位置"的求解方法,但是缺少学生主体参与到"直线与圆的位置"的关系判定、推导过程,致使学生缺少思维训练,假若习题稍做变式,学生便无从下手. 部分教师在教学中,对多媒体现代信息技术运用较少,多以传统板书形式教学,而解析几何部分,涉及图形生成、演化等,如果结合图形动态形式,则会提升学生对该内容的理解,提高学生的学习效率.

（4）高中阶段,学生学习任务量较大,解析几何部分内容难度较大,学生很难及时消化理解该部分知识.

与初中阶段义务教育方式不同，高中阶段学生面临升学考试，学生学习内容增多，学习难度加大，学习压力增强等，除要理解课本知识外，还需做大量习题以应对升学考试，因此无形之中，增加了学生的学业负担.通过问卷第21题得知，教师完成解析几何教材内容要求后，还需补充额外知识来应对升学考试，在此情况下，学生需要花费较多时间完成课堂作业，导致课后反思、复习、总结时间较少，学生就难以及时消化解析几何内容.根据问卷中第20题、26题分析可知，"圆锥曲线与方程"部分内容是学生学习的难点与重点，该部分知识难度大，运算量烦琐，考点多，学生学习起来难度较大，致使该部分得分率较低.因此，学生本身学业负担重，也直接影响解析几何教学.

4.7 教学建议

4.7.1 解决客观因素的教学建议

（1）教师要根据《普通高中数学课程标准》要求，全面统筹合理安排解析几何内容.

通过分析得出，考试制度的设定，成为影响教师教学、学生学习的重要客观因素.就目前中国教育发展形式分析，要改变高中数学考试制度在短期内难以实现，因此，升学考试会成为影响教师教学与学生学习的内在压力，而要改变升学考试带来的压力，教师需要根据《普通高中数学课程标准》安排，全面统筹安排解析几何部分教学.例如，在解析几何初学阶段，教师要展开以教材为基础的课堂教学，让学生夯实解析几何部分基础知识，而在高三总复习阶段再进行解析几何部分的加深和强化练习，以应对升学考试.教师在解析几何教学中，要防止对初学解析几何的学生采用题海战术、难度提升的教学形式，这样会挫败学生学习的积极性，阻碍学生学习.因此，实际教学中，教师要根据每个阶段学生的学习情况，全面统筹合理安排解析几何部分教学.

（2）教师在高中阶段教学中，要通过平时教学培养学生的数学思维、计算能力，以减轻学生在"圆锥曲线与方程"部分的学习难度.

"圆锥曲线与方程"内容是解析几何部分的教学重点与难点，学生在学习该内容时难度较大，得分率低，其主要原因是学生缺乏数形结合能力，计算能力薄弱. 为此, 教师在实际教学中, 应该从进入高中阶段就培养学生的数学思维及计算能力, 不能到了"圆锥曲线与方程"部分内容时才进行强化训练. 例如, 在学生接触高中"集合"内容之初, 教师可以根据"集合"的相关内容, 强化训练学生的数学思维, 同时适当地加强计算能力的培养. 开始对学生进行思维训练时比较困难, 但是随着数学思维与计算能力的培养, 学生学习解析几何会越来越容易, 整个高中阶段学习也比较容易.

（3）组织教师参加多媒体培训, 教会教师使用现代信息技术.

很多教师赞成在解析几何部分应该将现代信息技术运用到实际课堂教学中, 但通过分析得知, 大部分教师对多媒体操作不是很熟练, 直接影响解析几何部分的教学. 因此, 针对该问题, 学校、教育部门可以组织教师参加多媒体技术培训, 培训结束后可以让教师进行培训结果展示与比赛. 例如, 选定高中数学一节内容, 让教师根据该节教材内容设置, 在规定时间内做出数学课件, 最后将课件展示出来, 让其他人针对课件设置进行相应点评, 以此来检验教师的培训结果. 现代信息技术的培训, 可以提高教师对多媒体技术的操作水平, 促进教师课堂教学形式的多样化, 提高课堂教学效率, 促进高中数学课程改革.

4.7.2 解决主观因素的教学建议

（1）教师需要加强《普通高中数学课程标准》中对解析几何部分教学目标、教学要求的解读, 将具体要求落到实际课堂教学中.

通过问卷分析与教师访谈得出, 新课程教学改革后, 部分教师对《普通高中数学课程标准》中涉及解析几何部分教学目标、教学要求的认识较为模糊, 而在实际课堂教学中对《普通高中数学课程标准》中教学要求、教学目标落实情况也不容乐观, 他们依然根据多年教学经验, 进行"填鸭式"教学, 这与高中数学课程改革要求相背离, 直接影响高中数学课程改革进程. 因此, 教师需要认真解读《普通高中数学课程标准》中解析几何部分教学目标、教学要求, 并将教学目标、教学要求具体落实到解析几何实际课堂教学中. 例如, 《普通高中数学课程标准》中强调解析几何部分在公式、概念教学过程, 要向学生强化概念、公式的形成过程, 同时要向学生突出"几何问题代数化处理"这一核心概念. 因此, 教师在实际教学中，应该重点处理以上几点要求，以此来提高解析几何部分内容教学效果.

（2）教师要全方位、多层次、多角度地解读解析几何部分教材，根据教材内容设计，结合《普通高中数学课程标准》要求展开课堂教学.

高中数学课程改革最终以教材为呈现载体，因此，教师不仅要重视对《普通高中数学课程标准》的解读，而且还需要全方位、多层次、多角度地解读教材. 在对教材中解析几何部分理解的过程中，教师可以参考不同版本解读解析几何部分内容的编写，以吸取各套教材编写的特点，再结合自身所用教材内容设计特点，将之融入解析几何部分的课堂教学中，以此来提高教学效果.

（3）教师在解析几何实际课堂教学过程中，要根据学生的具体学习情况，调整教学方式、教学方法，以提高学生的学习效率.

根据问卷分析得知，教师与学生在解析几何部分教学或学习中均存在一定问题. 例如，教师教学方式单一，影响教学效果；学生学习负担较重，影响解析几何学习效果. 因此，在实际课堂教学中，教师应密切关注学生对解析几何部分的学习动向，并根据学生的学习情况，调整自己的教学方式. 例如，教师可以让学生采用小组合作式学习，通过合作交流，强化学生对解析几何内容的学习；或者可以根据解析几何内容，设计解析几何实际生活数学模型，让学生通过阅读资料、查阅文献，完成对几何模型的求解. 通过教学方式的不断调整，可以增加学生对解析几何内容的学习兴趣，从而提高学生的学习效率.

（4）教师需要适当地使用信息技术.

将现代信息技术运用到解析几何实际课堂教学中，毋庸置疑能够增加学生的学习兴趣，从而改变高中数学课堂中枯燥、单一的教学方式. 通过问卷调查得知，教师赞成将现代信息技术运用到实际课堂中，因此，在解析几何部分教学中，教师可以根据教材内容设计使用多媒体教学. 例如：在"圆与圆的位置关系"学习中，可以利用几何画板或者超级画板展示两圆之间位置关系变化的动态图像，让学生更加直观形象地感受"圆与圆的位置关系"，以此来提高学生对该内容的理解，提高学生的学习效率.

【附录】

高中数学解析几何教学现状调查研究

尊敬的老师：

您好！为了了解课程教学改革后高中数学"解析几何"实际教学情况，我们特此编制了以下调查问卷，问卷结果只是为本次调查研究提供实际参考数据，对您没有任何影响，请依据您的真实想法对问卷中的问题做出真实回答，谢谢您的合作！

一、您的基本情况（请在符合您情况的选项前的字母上打"√"）

1. 任教学校类型：（A）城区学校　　（B）乡镇学校

2. 教龄：（A）5 年以下　　（B）6～10 年　　（C）11～20 年　　（D）21～30 年　　（E）31 年以上

3. 现在的学历：（A）大专及以下学历　　（B）本科　　（C）本科以上学历

4. 任教班级的人数：（A）30～39 人　　（B）40～49 人　　（C）50～59 人　　（D）60 人以上

5. 近三年参加县级以上教师培训的次数：（A）0 次（B）1 次　（C）2 次　（D）3 次及以上

二、请对以下做法给予您的观点（在相应数字上打"√"，"A"表示"很赞成"、"B"表示"赞成"、"C"表示"不置可否"、"D"表示"不赞成"、"E"表示"很不赞成"）

1. 课标教材将解析几何内容分层设计为必修课程数学 2——直线与方程、圆与方程与选修课程系列 1、系列 2——圆锥曲线与方程内容.	A B C D E
2. 该章节内容中，直线方程的五种形式是"直线与方程"的学习重点.	A B C D E
3. "圆与方程"内容及其设计是以直线和圆为载体来揭示解析几何基本概念与方法的.	A B C D E
4. "圆锥曲线"内容中，强化椭圆与抛物线的内容学习，弱化双曲线的内容学习.	A B C D E
5. 选修系列 2 教材（文科）中省略了圆锥曲线与参数方程部分.	A B C D E

6. 新课程教学改革后，解析几何部分的实际教学应该加强学生应用意识与创新意识的培养.	A B C D E
7. 解析几何教学中，应该充分发挥教材的主体地位，培养学生的数学思维能力.	A B C D E
8. 解析几何实际教学中，不仅要重视几何公式的应用，更要充分展示几何公式的背景.	A B C D E
9. 学生在学习解析几何公式时，应掌握公式推导过程中蕴含的数学思想与数学方法.	A B C D E
10. 学生要融会贯通解析几何部分内容的学习，例如：可以依据学习椭圆的方法，类似学习抛物线与双曲线内容.	A B C D E
11. 将几何问题代数化，用代数语言描绘几何问题，使几何问题转化为代数问题，是解析几何的教学思想.	A B C D E
12. 解析几何内容的学习为学生在高中数学中几何问题与代数问题的学习奠定了基础.	A B C D E
13. 新课程教学改革后，解析几何在高考试卷中考查方向与比重的变化不会不大，解析几何是高考数学试题中的重要组成部分.	A B C D E
14. 新课程教学改革后，解析几何教材在内容的重新编排、设置中更加注重坐标法的综合性.	A B C D E
15. 解析几何教材内容的设置，符合学生的学习认知规律.	A B C D E
16. 应该关注解析几何教材中每一节内容涉及的课本小问.	A B C D E
17. 高考对解析几何部分的考查重点依然会放在圆锥曲线部分，在实际教学中应该加强该内容的教学.	A B C D E
18. 根据解析几何教材内容设置，需要增加课时来完成教学任务.	A B C D E
19. 根据解析几何教材课后习题内容难度设置，需要选择性的使用课后习题.	A B C D E
20. 学生学习解析几何的难点内容是"圆锥曲线"部分.	A B C D E
21. 完成解析几何教材内容要求后，需要补充额外知识以应对升学考试.	A B C D E
22. 根据解析几何教材内容安排，需要将现代信息技术运用到课堂教学中.	A B C D E
23. 在解析几何教学过程中，针对不同章节应该采用不同的教学方式.	A B C D E
24. 在实际课堂教学中，需要将涉及解析几何的生活实例运用到课堂教学中.	A B C D E
25. 学生学习解析几何过程中，对几何问题代数化的处理比较困难？	A B C D E
26. 解题过程烦琐、运算量大、结果容易出错影响学生解析几何的学习效果.	A B C D E
27. 要时刻关注学生学习解析几何的学习动向，随时调整教学方式以适应学生学习.	A B C D E

第 5 章

高中数学立体几何教学研究

立体几何是高中数学重要内容之一，是它将我们的认知系统地从平面拉向了三维，是它丰富了我们的想象与内心，是它让我们更科学更理性地看待现实世界. 人们通常采用直观感知、操作确认、思辨论证、度量计算等方法来认识和探索几何图形及其性质. 它对于发展学生的直观认知能力、空间想象能力、逻辑思维能力、推理论证能力、运用图形语言交流能力等都有举足轻重的作用. 此次课程改革将课程性质、课程理念、框架结构、内容要求、课程实施等诸多方面融于一体. 基于立体几何知识的重要地位，我们除了关注教材内容、知识结构的变化之外，还需要对作为课程实施者的教师的教学观念、面对变化的态度、处理教学问题的方式等情况做充分地了解，这样才能更好地指导新理念、新要求下立体几何的教学工作.

5.1　已有研究简介

高中立体几何知识由三部分组成：必修 2 中的空间几何体，点、直线、平面之间的位置关系以及选修 2-1 中的空间向量与立体几何. 其中，第三部分是选修系列 3 和选修系列 4 中的球面上的几何. 无论是知识的呈现方式、结构的编排还是内容的选择，现行教材都较以往教材有很大改变. 原有教材内容以性质为主线展开，按照先局部后整体的方式，从认识点、线、面等基本元素到具体的几何体，用严谨的公理化的方式研究线线、线面以及面面之间的关系，融空间向量为一体，重点培养学生用空间向量的方法来解决立体几何问题，重视立体几何的代数化. 而现行教材则是按照从整体到局部的顺序展开立体几何知识的教学，并以长方体为载体，认识点、线、面之间的位置关系，合理运用逻辑推理，从特殊到一般、从具体到抽象对某些性质和定理加以理解和说明，充分考虑了学生的认知发展规律，适度降低了逻辑论证的要求. 空间向量知识独立成章, 放在选修系列中, 为解决立体几何问题提供了新的视角, 并对必修教材中相关定理运用向量的方法做了严谨的证明, 更突出其"工具"作用.

面对这些改变所带来的挑战, 需要我们对立体几何的课程实施进行重新审视. 作为课程实施的主体——教师, 如何理解新课标理念, 是否认同新版教材中对立体几何知识的编排与重组, 课标所提倡的"积极主动, 用于探索的学习方式"是否能在教师的引导下得以实现, 能否渗透新课标的精神实质, 能否不随意补充相关内容, 进而增加学生学习负担, 等等, 都需要做出思考. 然而, 实践出真知, 如若在教学实践中发现按课标要求难以实施, 这无疑又为课标的适当调整提供了有力依据. 这是一个双向的调整与判断, 对教师来说是一个更大的挑战: 他们要在课标的要求下进行教学, 又要在教学中完善新课标的要求, 他们中的每个人都是新课标制定的参与者.

"提供多样课程, 适应个性选择", 高中教育为不同需求的学生提供相应的发展平台, 注重人文关怀, 学生根据自己的特点和兴趣选择文、理科. 就数学单科而言, 选修 1 系列是为希望能在人文、社科方面有所发展的文科学生编制的, 而选修 2 系列则是为希望在理工、经济等学科方向有所发展的理科学生编制的. 基于这一现实背景, 针对文科学生群体的教学, 教师们有时会显得无所适从: 教材重视归纳类比的合情推理, 为学生思考问题、解决问题提供了新的视角, 但某些性质和定理不做严格的推理证明, 这势必会让学生产生困惑: "这样的结论可靠吗?"作为教师, 要不要向学生进行严格证明呢? 改革后的高中数学, 空间向量内容是不做要求的, 而经验又告诉老师们, 空间向量能够降低学生学习立体几何的难度, 为此, 在实际教学中, 教师该如何处理这一问题呢? 教材中的新内容, 现行教材中旧知识的新要求, 教师们是否能够准确地把握呢? 他们又会如何看待、如何处理这些改变呢? 针对这些问题, 现在我们站在文科数学这一特定视角来调查分析立体几何教学的实践情况.

（1）李振纯、陈翠联、马成瑞在其所著的《中学立体几何教学》一书中, 把培养兴趣、培养能力放在立体几何教学的首要位置, 解析了相关概念教学, 并通过具体的实例对直线和平面、多面体和旋转体中的定理与运用做了具体分析.

赵荣鲁在《立体几何教学中的能力培养》一书中，厘清了立体几何的教学目的和任务，注重了以"模型"来培养学生的空间想象能力，并强调逻辑思维的培养，包括概括能力、抽象能力以及辩证抽象概括能力.

同时，我们在中国知网中对相关期刊论文、学位论文进行了搜索，检索结果显示：与立体几何课程改革相关的论文有 36 篇，与高中立体几何教学相关的论文有 43 篇，与立体几何学习相关的研究有 7 篇，文科数学教学研究有 109 篇，而针对新课标背景下文科立体几何教学相关文献的检索结果则为零. 表 5-1 为相关检索结果的统计数据.

表 5-1

立体几何 课程改革	高中立体 几何教学	高中立体几何 学习相关研究	文科数学 教学	文科立体 几何教学
36	43	7	109	0

总之，在新课改的时代背景下，众多研究都注重以新课标为背景，通过文献综述、新旧教材对比、调查研究等方式，探索立体几何发展状况，这对立体几何发展、立体几何教学、新课程的顺利推进都有一定的指导意义.

（2）关于立体几何课程改革，1996 年，首都师范大学的刘晓玫老师提出了自己的观点. 她认为，几何课程应该是服务社会发展的、适应大众接受的、与实际生活紧密联系的课程，因此，几何的直观性、实用性、培养学生的动手能力显得格外重要；她还认为，变换和向量的思想方法在处理几何问题时能够起到化繁为简的效果，并给出中小学几何课程的具体处理模式.

刘芳崇老师纵观数学课程改革发展，立足于立体几何这一高中数学教学的经典内容，通过分析 1978 版《普通高中数学教学大纲》、1986 版《普通高中数学教学大纲》、1997 版《普通高中数学教学大纲》以及现行《普通高中数学课程标准》，厘清了立体几何的改革过程，展现了不同阶段立体几何的特殊地位，为一线教师把握立体几何教学重点与难点指明了道路.

北京市十一学校的张鹤老师在《立体几何教学内容与教学方式的变革》一文中也对立体几何内容的变化进行了分析，他认为，设置"观察""思考"

"探究"活动可以增强学生的认知能力，同时也能使其思辨能力与度量计算能力得到锻炼.

孙爽、赵红霞、吴乐乐等人对立体几何新旧教材进行了对比，并充分把握教材变化、领会课改要求，以教材内容为切入点提出课堂教学建议：充分利用教材素材与练习、注重空间向量的运用、发挥现代化的教学手段优势.

"几何发展的根本出路是代数化"，空间向量下的立体几何一直是人们讨论的焦点问题. 赵宇、白焕等人经调查研究得出结论，认为向量的引入降低了学生学习的难度，但相对综合法弱化了对学生空间想象能力的要求，同时提出借助实物教学来填补其不足之处.

肖玲在《例谈以向量为背景的立体几何》一文中，对 2005 年全国 16 套高考试题进行了综合分析，对于其中涉及的异面直线所成的角、线面角、二面角等问题，虽用综合法可以解决，但运用向量法则简洁明了，思路清晰.

刘琳琳通过问卷调查、访谈等形式，研究教师与学生对待向量的态度，并从师生不同角度对向量观点下立体几何课程的变量和影响因素进行了调查和分析，反映了真实的课程实施情况和师生的态度和要求.

梁燕飞探析了高中文科数学立体几何向量解法在文科学生方面的优势. 根据文科生的特点，向量法可以让他们扬长避短，克服空间想象和逻辑推理能力的不足，发挥其擅长记忆的优势，在提高解题能力的同时，也增强了学生学习立体几何的信心.

与立体几何教学相关的研究大都以新课标理念为背景，其中，有的侧重于立体几何教学理论研究. 例如，北京师范大学的马波站在立体几何角度解析了高中数学新课标，并从理论高度分析了立体几何教学应注重以人为本、重视联系，强调应用、加强几何直观性，侧重空间想象力的培养，强调动手操作.

陈红云在《新课标下高中立体几何教学中问题情境创设的研究》一文中，从情境创设角度对立体几何教学进行分析调查. 她认为，通过创设适宜的问题情境，能够提高学生学习数学的积极性和主动性，培养学生的空间想象能力和逻辑推理能力，发展创新意识，进而优化课堂教学效果.

左玲在《新课标下立体几何教学研究》一文中对立体几何教学的重要

性进行了综述，围绕着"何种教学方式才能让学生更好地学习立体几何知识"做出研究，提出"加强训练解题思维""注重系统归纳"等教学建议，并在调查中发现教师的教法多以旧的教学大纲为指导，对新课标精神的领会有待提高.

张岭结合自己的教学经验在《高中立体几何解题技巧浅析》一文中提出"为学生树立信心、提高学习兴趣、学会观察"等教学策略，以提高学生解决立体几何问题的能力.

浙江师范大学的张力民以技校学生学习立体几何为视角，提出，重在培养学生的综合能力，认为观察是学好立体几何的基础，作图是学好立体几何的保证， 想象是学好立体几何的关键.

致力于教学实践的现状调查的文章也层出不穷，这些文章旨在对教学实践中的教师、学生以及教学活动所体现出来的问题进行调查分析，从而为立体几何的教学提出更具有实践操作性的建议.

在《厘清问题 对症施教 ——〈高中立体几何教学现状分析及难点突破的行动研究〉的调查和施教策略》一文中，许晓天、王道宇等人以合肥五所中学的教师与学生为研究对象，对立体几何的教学现状、教学难点进行调查分析，发现实物模型与利用计算机软件观察图形都能使学生更好地认识空间几何体：找点、线、面之间的位置关系，但难点在于空间想象力.为此，以建立空间立体观念，通过动手制作实物模型、画空间图形等能有效克服这一难点.

李光在《新课标立体几何教学研究》一文中对立体几何教学的认识和实践做出总结，对教学提出自己的观点，认为几何代数化降低了立体几何的难度.

王超在《新课标理念下高中立体几何教学的研究与实践》一文中，运用问卷调查、访谈、课堂实践等方法分别对教师和学生进行了调查，分别对立体几何教学中教材的使用情况、数学思维培养、问题情境创设以及向量的引入等方面进行调查分析，发现大多数教师在积极地转变自己的教学理念，认识到了情境创设在教学中的重要性，提出了情境创设的方法.

王春霞在《高中文科生立体几何向量法解题教学研究》一文中就文科生的思维特点进行了分析，认为向量是解决立体几何的重要手段，而向量法的使用对于文科生具有相当优势.

（3）教学不是单向传输而是教与学的交互影响，教学是为学生服务的，教学的终极目标是发展学生的能力，立体几何教学应如何进行，学生的学习能力、学生的发展状况为其提供了现实依据.

章建跃在《全国中小学教师继续教育教材数学学习论与学习指导》一文中就立体几何学习提出了自己的看法. 他认为，促进立体几何的学，就要重视直观图形的作用、与平面几何的对比、将空间问题平面化，适当地选择反例也尤为重要.

学生的立体几何成绩不理想，对立体几何学习不适应，针对这一问题，刘克江老师将其归结为六大障碍：认知障碍、空间障碍、思维障碍、语言障碍、情感障碍、学习方法障碍. 因此，只有找到问题的症结，才能对症下药，帮助学生克服困难.

姚宗琪将学习立体几何中的思维障碍概括为生活经验导致、平面几何负迁移导致、知识能力欠缺导致. 马蔺琳根据研究发现了学生学习立体几何的主要困难，并提出创设情境、实物直观、规范学生语言表达、注重数学思想方法教学等建议.

赵杨晴关注高中立体几何中数学语言的学习，并从学生的认知方面、教师方面、教材方面和数学语言自身特点方面等进行问题成因分析，重教法、树立正确的语言学习观、教材编排的有效性等都是加强学生数学语言学习的重要策略.

（4）本章侧重研究文科学生的教学，因此，把握文科生的心理特点和行为规律尤为重要. 对于文科生的数学学习，许多教育工作者尤其是一线教师有较深入的研究.

王春霞分析了文科生的思维特征：数学逻辑智能较弱、浅陋呆板、单一定势.

刘卫华在《从高考试卷中分析高中文科生的空间想象能力》一文中，用一道考查学生立体几何综合知识与能力的大题作为测试题，得出文科学生空间想象能力缺失的结论，认为应该通过培养学生的观察能力、丰富表象、运用类比、创造性想象训练等途径来提高其空间想象能力.

陈建国老师认为文科学生数学成绩不理想是因为心里惧怕数学，存在自卑心理，因此，教师应帮助学生树立能够学好数学的信心，真诚鼓励，表扬学生.

张义红老师做过高中文科生在数学课堂中参与情况的调查,结果显示:文科生虽然听课认真、注意力集中,但是从行为参与、认知参与到情感参与方面都有所不足.

金红兵老师善于发现文科学生数学学习障碍,也只有找到问题的根源才能有的放矢,提高学生的数学成绩和数学能力.他认为,要重视基础,以帮助文科生克服知识障碍;注重情境创设与探究活动,以打破思维阻塞.

吕重明老师提出,文科数学课堂教学应紧扣教材,内容细实,课后作业适量,难度适中,以提升学生的兴趣和信心.

5.2 研究问题

现行教材在立体几何部分有较大的调整,在新理念下也必定会出现新的教学方式.那么在课程改革实施多年后的今天,现状又怎样呢?教师们在教学中会面临哪些困难?又应如何解决这些问题?带着这些疑问我们有必要深入探究高中文科立体几何教学实施现状,了解一线教师对该内容的认知态度与实施途径,了解学生在此环节的掌握情况与对教师教法的认同情况,为新课标背景下立体几何教学提供现实依据,同时也能弥补新课标要求的不足之处,对立体几何教学的顺利开展与实施以至整个数学课程改革顺利推进都有着非常重要的作用.

5.2.1 研究方法

首先通过阅读课标背景下的立体几何教学相关文献,研究各专家学者的研究成果,了解当前在该领域的研究现状,并结合自己的观点加以评述.然后编制问卷,对一线教师对新课标理念和在文科立体几何教学中的相关认知及其教学实际操作进行调查,分别针对立体几何结构变化、新增三视图、空间想象力的发展、立体几何中的逻辑推理和空间向量的使用等问题进行探讨和分析.最后,跟教师进行交流访谈,更加真实地了解教师在文科立体几何教学中的所思所想,对问卷结论提供更有力的支持.同时,对学生在立体几何中的学习状态以及对教师的教学认同进行调查,从学生的学反馈于教师的教,从而得出相应结论.根据这些结论,提出可行性建议与教学策略.

5.2.2　研究设计

1. 教师调查材料编制

1）新课标理念下文科立体几何教学现状教师调查问卷（附录 1）

该问卷分为四部分：第一部分是教师基本信息，了解所调查教师的教龄、学历、职称、授课类别与参加县级以上教师培训的次数．第二部分是态度问题，重点调查教师对立体几何教学各环节的认知态度．该部分共 13 个小问，均采用五点量表设置，对其进行 α 系数信度检测，所得信度值为 0.691，如若删去 12 题，信度值可提高到 0.732．但由于 12 题在本测验中有较为重要的作用，便没有加以调整，0.691 的信度值能够保证该测验所得结果的真实性．第三部分是单项选择，重点调查教师在立体几何教学中的具体实施情况．该部分参考了赵冬雨的教师问卷，拟出 15 个小问后，在专家的指导下进行修整，得到现有的题目．第四部分是调查教师对立体几何部分教学要求的认知情况．综上可知，该问卷有较高的信度．

2）教师访谈提纲（附录 2）

教师访谈提纲总共 6 个问题，分别就教师对立体几何的认识与教学实际操作做更进一步的调查，也是对教师问卷的补充与完善．

2. 调查对象及程序

利用某市骨干教师培训的机会，对其中的 55 位高中教师进行调查．发放问卷 55 份，回收 55 份，其中有效问卷 49 份，有效率为 89.09%．运用 SPSS 统计软件对有效问卷进行分析处理，得出初步结论．

为进一步了解教师的真实想法，后期，利用教育实习的机会，对某中学的高中教师进行了面对面的访谈．

3. 学生调查材料编制

学生调查材料的作用在于探析文科学生在教师的教学引导下立体几何的学习情况以及对教师教法的认同感，分别从新增三视图的掌握、空间想象能力、逻辑推理能力、空间向量的运用等方面对其进行考察，对教师的教学有一定的指导意义．

学生调查材料由两部分构成：一是学生测试卷，二是问卷．

学生测试卷由四道大题组成:第一题是通过三视图计算四棱锥的体积,以考查学生识图认图能力以及棱锥体积公式的应用;第二题是作图题,作出三个平面将空间分为七个部分的立体图,以考查学生的空间想象能力以及动手操作能力;第三题为线面平行与面面垂直的证明,以考查学生的逻辑推理能力以及对相关性质定理的掌握情况;第四题是一道综合考题,难点在于等积转化,旨在考查学生是否对空间向量有较强的依赖性.

学生问卷由两部分组成,主要了解学生对立体几何的学习情况,这是对教师问卷及教师访谈的印证与补充.由于学生人数较少,每份问卷均以调查者问,学生答的模式得出,对其选择缘由也进行了询问.

4. 个案调查对象及程序

将某中学高二年级的文科学生确定为研究对象,按照该学校的课时安排,此时立体几何的学习已暂告一段落.调研学校进行高二年级的第一次月考,考前老师又对立体几何进行了重点复习,因此,他们对立体几何的认识与理解程度相对较高,所以,选择他们为研究对象有较强的说服力.由于受时间与精力的限制,分别从中选取一重点班和一普通班,各 6 名学生,共计 12 人;这 6 名学生的产生均是按照班上综合排名的优、中、差分层抽取,且各层保证一名男生一名女生.这样会尽可能地减少数学基础差异与性别差异对研究结果的影响.

5.3　调查结果及分析

对于立体几何的教与学,老师们都有自己的认识与看法,其教学实施虽然都以课标要求为准则,但具体教学过程必定受其认知观念的影响.立体几何是高中阶段的经典内容,正是因为太熟悉,或许很难避免"穿新鞋走老路"这一现象.通过前期的问卷调查与一线教师的实时访谈,再结合学生对立体几何的学习情况以及对教师教学的认同情况,建构一个由教师与学生共同作用的、双向的认知维度,并对课标下文科立体几何的教学现状进行分析.

5.3.1　课标理念的认知及文科立体几何教学要求的认知

对文科生来说,立体几何一直以来都是他们的学习难点,也是一直困扰他们的问题之一，有很多学生对立体几何产生恐惧心理. 有些学生由于立体几何学不会，对数学渐渐失去了兴趣，他们中有的人由于数学成绩上不去，影响他们的奋斗目标，所以由过去喜欢数学转变为讨厌数学，甚至憎恨数学. 然而立体几何是逐步完善文科学生空间概念的重要环节，是学生认知空间、认识世界的基础，那么新理念下的立体几何教学为文科学生提出怎样的要求，教师对这些要求的认知情况又如何，这是本章首先关注的内容.

新的教学，需要夯实基础，需要与时俱进地认识"双基"，从而让学生实现更高更好的发展. 在使学生获得基本知识、基本技能的同时，也应注重数学思想的获取以及数学活动经验的积累所带来的新的教学模式和评价体系，从而引导学生积极主动、勇于探索地学习，以发展其数学思维能力和数学应用能力. 新课标理念下的数学教学，就像是行驶在汪洋中的一艘航船，虽已告知了目的地、装载了导航仪，但要避开隐藏在水下的暗礁，克服重重苦难，船长的智慧跟经验才是这次航行成功的关键. 自然，教师便是那位船长，他要在知识的海洋里，引导学生前行.

与此同时，在与学生的交谈中也发现，他们对于教师的教有很高的期待，因为教师的教学方式，在很大程度上会影响学生对知识的理解与把握. 教师是如何认识理解新课标对立体几何的要求的，这艘航船会驶向何处，立足于对立体几何教学现状的关注，我首先拟出了五个相关语句来分析教师对它的认同程度，以了解教师对立体几何的认知情况（见表 5-2）.

表 5-2　教师对立体几何的认知分析（表中数据为百分数）

	A. 非常同意	B. 同意	C. 一般	D. 不太同意	E. 完全不同意
1 题	28.6%	44.9%	20.4%	6.1%	0
2 题	42.9%	40.8%	16.3%	0	0
3 题	44.9%	40.8%	12.2%	2.1%	0
4 题	38.8%	49.0%	8.2%	4.0%	0
5 题	32.7%	44.9%	16.3%	6.1%	0

新的教学理念必定会促进立体几何部分的教学要求发生改变，而立体几何的重要地位仍然受到绝大多数一线教师的肯定．通过表 5-2 中数据可知，93.9%的教师认同或一般认同立体几何在高中数学中的重要地位．立体几何对于发展学生的空间思维能力有着无可替代之作用，而要将空间思维的结果有理有据地表达出来，必定需要逻辑思维作支撑，于是对学生进行逻辑思维能力的锻炼也是自然而然的事．新教材不再以纯粹的公理化体系贯穿始终，它是通过动手操作，结合类比归纳等方式再将对结论加以确认的合情推理渗入其中，这样就拓宽了学生的思维方式，同时也改变了教师的教学常用模式．从第 2，3，4，5 题的统计来看，均有 90%以上的教师持支持态度，说明一线教师能够很好地捕捉到立体几何部分的总体要求与能力目标，这无疑是立体几何有效教学的好的开端．此时，我们还欣喜地看到，教师们对教材中的"观察、思考、探究"栏目的使用有很高的认同度．新教材中的"观察、思考、探究"栏目使得我们的数学教材，以及我们的数学课堂都焕然一新．它们可以巧妙地抛出问题，引出新知识；也可以是对前面问题的引申，承接后面的内容；有的是以实例的形式出现，巩固加深对知识的理解；有的则是对整堂课的总结．老师对此的肯定，也折射出他们对新的教学理念的高度认可．当然，那为数不多的"不太同意"也必须引起重视，排除选择时的偶然因素外，必定存在与新课标认知不符的地方，这需要我们的一线教师不断学习、不断进步．

在总体目标的指引下，文科生在各章节中需要达到哪些要求，我们的课程目标是如何安排、学生的学习需要达到何种目标，作为教师，他们是否明确这些具体的目标要求，为此，设置了相关问题对其进行调查．

问题：在必修 2 中，文科学生应该（了解、理解、掌握）柱、椎、台、球及简单几何体；（了解、理解、掌握）简单空间图形的三视图；（了解、理解、掌握）斜二测法画简单空间图形的直观图；（了解、理解、掌握）线面、面面垂直或平行的判定；（了解、理解、掌握）用公理、定理和已获得的结论证明一些空间图形的简单命题．

对这些问题，新课标及其教材（教师用书）都给出了确切的表程度的动词（即学生需要达到的学习目标），每道题的回答都可以用"正""误"

来判断，得到的该五个问题的"难度"依次为 0.53，0.45，0.41，0.71，0.74（精确度为 0.01）. 从该组数据可以看出，前三问的回答并不理想，与新课标的要求有较大出入. 三视图是新教材立体几何部分的新增内容，只有 45% 的教师准确把握了该内容的具体要求；柱、锥、台、球及简单几何体、几何体的直观图虽是以往教材内容的沿用，但其要求有所变化. 线面、面面垂直或平行的判定、相关命题的证明等一些重点、考点内容，教师们的认知与新课标的要求具有较高的一致性. 对于该现象，暂且将其归结为：一些教师对"两新"把握不准，即对新知识的教学要求以及原有知识的新要求把握不准.

教师们是不能准确地把握好新课标要求，还是对新课标要求存在不同的理解与看法，究其原因，首先对前三问的回答进行卡方检验. 结果发现，柱、锥、台、球及简单几何体、简单空间图形的三视图的选择情况与调查教师的教龄、职称、学历以及参加教师培训的次数均无显著关系. 在后期访谈中搜集了该问题的答案，最普遍的一个解释是：三视图在高考中的考查力度较大，并且难度有逐渐上升的趋势，在以后的考查中，极有可能在大题中出现，因此对这一新增内容应格外重视，仅要求达到理解的程度还不够，必须掌握.

但对用斜二测法画简单空间图形的直观图的回答则出现与教师的教龄呈显著相关关系（$\chi^2_{(4)} = 16.64$，$p < 0.01$）. 从表 5-3 中数据看到，教龄在 5 年及其以下的教师可以较好地把握该内容的掌握程度，而教龄在 20 年以上的老教师的认知情况却与新课标有很大出入，这不得不引起我们的重视与反思. 参考历年各省市高考或模拟试卷，几乎没有出现考查用斜二测法画直观图的考题. 那么是不是高考的这些导向作用，使得这些具有丰富教学经验的老教师"沉溺"其中，习惯以备战高考的姿态面对新问题，做到"以不变应万变"？根据对一些老教师的访谈，这个猜想得到了证实. 这一内容基本不会在大型考试中出现，并且容易理解，只需强调一下作图细节即可，教师们往往不会对其过多关注. 有的老师只是略做介绍，然后作为课后练习布置下去即可，几乎不会注意画直观图对学生空间思维能力的影响. 在这一点上我们看到，应试教育的毒苗依然在滋长. 若是教师的教学观念不更新，学生的学习方式自然不会有所改变，那么培养出来的"人才"必

定与我们设想的相去甚远.

表 5-3　教师教龄*正误分布情况

		正误		合计
		.00	1.00	
教龄	5 年及其以下	1	5	6
	5~10 年	4	0	4
	11~15 年	9	13	22
	16~20 年	5	0	5
	20 年以上	10	2	12
合计		29	20	49

5.3.2　立体几何结构变化

在《普通高中课程标准实验教科书（人教 A 版）》中，按照从整体到局部的顺序展开立体几何知识的教学，以长方体为载体，认识点、线、面之间的位置关系，合理运用逻辑推理，从特殊到一般、从具体到抽象对某些性质、定理加以理解和说明. 这一思路充分考虑了学生的认知发展规律，适度降低了逻辑论证的要求. 同时也将传统立体几何课程中先研究点、直线、平面之间的位置关系，再研究由它们组成的几何体这一方式进行了颠覆. 有的老师看到了此种改变所带来的优势：文科学生擅长具体形象思维，他们对课堂中出现的新事物很感兴趣，当老师拿出大量几何体的实物、模型、图片等，他们会全身心地投入老师的提问和与同学的讨论中. 即先通过感知几何体的整体结构，然后再抽象出空间几何体的结构特征. 这样的安排为学生学习立体几何敞开了大门、奠定了基础 ——原来抽象的东西可以具体化，枯燥的东西也可以是有趣的. 然而，有的一线教师则发出了不同的声音：所谓结构特征，就是几何体的特征性质，换言之，即本质属性. 确认几何体的结构特征，就是揭示几何体生成的过程和规律. 而由于没有点、直线与平面的有关知识（如平面与平面平行、垂直的知识），学生对结构特征的抽象和描述不能建立在严格的逻辑推理的基础上，因而让学生对空间图形结构特征的认识可能是无法达到预期教学要求的.

表 5-4　教师对立体几何结构变化态度分析

	A. 非常同意	B. 同意	C. 一般	D. 不太同意	E. 完全不同意
6 题	4.1%	30.6%	40.8%	14.3%	10.2%

表 5-5　教师在立体几何教学中顺序处理情况分析

	A. 会	B. 不会	C. 视情况而定
16 题	55.1%	12.2%	32.7%

　　为此，我们设置以上两个问题，调查教师对立体几何新的结构顺序有怎样的看法（见表 5-4，5-5）. 数据显示，34.7%的老师比较认可新的编排结构，40.8%的老师保持中立态度，不太赞同新教材编排顺序的比例高达24.5%. 因此，仅有五成的老师选择了遵照教材顺序展开教学，剩下的32.7%的老师表示会视情况而定，而 12.2%的教师会对教材顺序做相应调整. 经卡方检验可知，教师对第 6 题的回答情况与教龄（$\chi^2_{(16)} = 15.84$，$p > 0.05$）及培训次数（$\chi^2_{(16)} = 16.10$，$p > 0.05$）无显著差异. 也就是说，教师对新教材编排的结构顺序的认知并没有因教学年限的长短和培训次数的多少而分层. 其人数分布如图 5-1 所示.

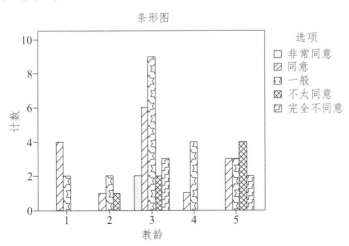

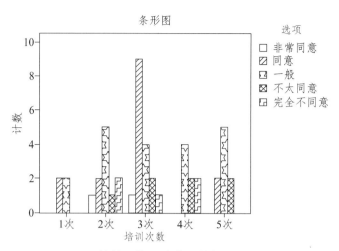

图 5-1   教龄及培训次数对结构认知的影响

为究其深层次原因，对多位一线教师做了访谈. 面对立体几何结构变化问题，长期从事文科数学教学工作的陈老师鲜明地表明了自己的立场. 在她看来，新教材的编排顺序是有待调整的，若放在教学当中来看，这样的顺序多少会使教学显得有点儿凌乱. 比如，在认识柱、台、球等简单几何体时，就会涉及点、线、面的位置关系. 但点、线、面的位置关系又放在了后面介绍，教师只能浅尝辄止，因为学生在头脑中尚未形成相应的基本概念. 而按教材顺序展开，则要在认识几何体与认识构成几何体的基本元素之间穿插代数运算（简单几何体体积、表面积公式），这样就会让学生产生"断篇"的感觉，对课程安排的前后联系认识不清楚，这往往让老师难以权衡. 那么教学中又应如何进行操作呢，陈老师给出了自己的见解. 比如在介绍柱体的时候，会涉及"什么叫柱体"，而判断是不是柱体的核心就是判断线面之间的关系. 此时可以让学生适当地认识点、线、面及其可能存在的关系，但这个"度"是需要教师根据学生的实际情况把握. 所以，在实际教学中对教学内容做一定的微调，以新教材为基准，在每章中做适当的深化及补充，可以减少学生理解上的障碍，同时也让自己教得更轻松.

王老师，某中学特聘优秀骨干教师，认为这个问题需辩证看待：新教材的结构编排既有优点也有不足. 为了了解空间几何的结构，学生必然要学会作图，而作图又必须掌握空间元素的性质、关系，否则，学生作图便是盲目的. 如关于点与线、点与面、面与面之间的位置关系，学生就不清楚在图形中该如何体现，头脑中也是空白的．他强调，教师的教学是从已知到未知再到知识的提升，这个过程一定要抓住学生的最近发展区．新的编排顺序，使得学生在作图时，头脑中没有"已知"，那么直接从空间几何体到作图，这样的过渡对学生来说是有难度的．但为了弥补不足，他认为可以在介绍空间几何体之前，将有关作图问题进行介绍，这样会减少学生出现认识上的错误和操作上的错误．值得注意的是，从学生的认知结构上讲，这样的编排确实有利．从柱、锥、台、球等几何体整体出发，再抽象出点、线、面，能使学生的思维、认知形成一个整体框架，对学生的后续学习有很大的帮助．

　　虽然不同的教师对新教材有自己的看法，但我们必须看到，新教材的螺旋式上升，从整体到局部再到整体，是符合学生发现事物、接受事物、认识事物的编排特征的．立体几何的教学中心环节就是拓展学生的空间认知能力，旧教材在这一点上是存在不足的．许多老师对旧教材一环扣一环、由浅入深、严密的逻辑推理赞不绝口，然而它对学生的空间思维能力的培养空间相对较小，其整个内容是在认识点、线、面的基础上，再运用性质、定理来论证相关命题的；在学习了空间向量的基础上，运用新的方法，更快更准地度量距离与角度，再在论证、度量中认识空间几何体，这对学生空间思维的抽象能力、想象能力锻炼较少．而新教材以空间能力发展为要务，教学顺序更符合学生认知事物的发展规律，学生接收起来比较容易，更重要的是将学生的空间认知能力培养凸显出来了．作为教师，我们应该首先明确立体几何所承载的核心任务，虽然旧教材中有值得推崇、值得借鉴的地方，但我们不能以此排斥新教材，或是沿用旧教材所体现的教学理念，也不能因为自己的惯性思维而阻碍对新课标、新教材的理解．

　　在学生问卷中，设置了相关问题："在立体几何教学时，老师是否按照教材顺序进行？"对此有 6 人回答"是"，6 人回答"不是"（他们分别来自两个不同的班级）．而对"你认为这样的教学顺序是否有利于你理解与掌握知识？"的回答中，所有人都给出了肯定的回答："是"．他们谈到，老师的教学安排是经过深思熟虑的，无论老师是否按照教材顺序展开教学，只要能够帮助学生厘清思路，知识点之间不出现较大的跳跃或脱节，学生都认为是可以接受的．所以要找出哪种方式较优，更利于学生的学习，这可能还得从教师那里寻找答案．

5.3.3 立体几何中的三视图

三视图是立体几何部分的新增内容，是利用物体的三个正投影来表现空间几何体的方法. 学生在认识了空间几何体及其组合的结构特征后，根据日常生活中常见的平行投影，以三个不同的侧面来勾画空间立体图形；反之，以三个不同的平面图亦可还原它们所代表的空间几何体. 这个过程能够使学生的空间想象能力得到空前锻炼. 在调查中，这也几乎得到所有教师的一致肯定（见表 5-6）. 其实，在初中的数学学习中，学生已经接触过三视图，这里再次出现，体现了螺旋上升的过程，更有利于学生对知识的理解与掌握. 画三视图是立体几何中的基本技能，学生在动手作图过程中，获得基本活动经验. 南京大学的顾沛教授在中国高等教育学会教育数学专业委员会第二届五次理事会上做了关于"如何从'双基'发展到'四基'"的报告，其中强调了数学活动经验直接与"人"有关，它对于创新人才的培养有着重要作用，符合素质教育的理念.

表 5-6　教师对三视图认知情况分析

	A. 非常同意	B. 同意	C. 一般	D. 不太同意	E. 完全不同意
10 题	30.6%	59.2%	10.2%	0	0

表 5-7　教师对三视图教学的认知分析

	A. 非常同意	B. 同意	C. 一般	D. 不太同意	E. 完全不同意
9 题	20.4%	30.6%	24.5%	18.4%	6.1%
	A. 非常合理	B. 时间偏多	C. 时间偏紧	—	—
18 题	40.8%	18.4%	40.8%	—	—

新增三视图体现了拓展学生空间思维能力的这一立体几何教学的根本出发点. 从表 5-7 第 9 题的回答情况来看，教师认为，在某种程度上它增加了学生的学习难度，但它在拓展学生空间思维能力方面的作用不可小觑，这也为立体几何的后续学习奠定了坚实的基础. 课标为空间三视图和直观图的教学安排了 2 个课时，但调查结果显示，接近半数的老师认为 2 个课时的时间是无法完成三视图和直观图教学的. 当被问及该节内容的课时安排时，有老师直言不讳道：按照课标的要求，三视图和直观图的教学在 2

课时内完成是可以操作的，但这需要考虑学生的实际情况．他以他所在学校为例，继续说道：以我们学校为例，从文科学生的整体情况来看，仅对三视图的教学可能就需 2 个课时．首先对三视图及其作法有一个初步的认识，并且对作三视图的一般规则要进行说明，而要对其进行加深与巩固，则需要放在第 2 课时中完成，再加上直观图的教学，可能就要花更长的时间．这样的安排，才能让学生在接受了新知识以后，有时间缓冲和加深对三视图的理解，才能对其应用进行巩固与提升．这也从一个侧面说明老师们对这一新增内容的重视．

这个观点也得到了其他老师的认可．三视图是看似简单但做起来难．虽说初中已经学习过三视图，但学生在将三视图还原成空间几何体时有较大的难度．文科生的空间感较弱，有的学生连对"侧视图"的理解都不到位．近来的高考题也让我们看到，三视图的考查力度在加大，有的涉及组合体，甚至在某些大题中都需要先由三视图还原成直观图，从这个角度来说，2 课时是远远不能满足高考考查要求的．三视图对发展学生的空间认知能力、空间想象能力都是有很大帮助的，所以对它的介绍必须加大力度．

当然，这只是部分老师的心声和看法．教学之所以会有复杂性，与教学对象的不确定性有关．课程进度的安排，要充分考虑到学生对知识的掌握情况．因此，三视图的 2 课时安排，不同老师通过实践也得出了不同的认知结果．但我们也欣喜地看到，老师们并不会因为"时间紧"这一原因而削弱三视图的教学力度，它的重要性是受众多教师认同的．三视图是立体几何中新增的内容，一线教师对它的研习相对较少，那么如何在有限的时间里让学生更充分地认识三视图和利用三视图呢？这是需要教师们在实际教学中积累经验的，也只有这样才能使新课标理念深入下去、贯彻下去．

多媒体的应用，为我们的数学课堂注入了新的活力，同时也对教师提出了更高的要求．在三视图的教学中，利用多媒体能够在有限的时间里展示更多、更直观的图形供学生观察．表 5-8 中的调查数据显示，绝大多数（65.3%）教师偏爱与多媒体与传统教学相结合的教学方式，沿用传统讲演式教学的教师仅占 6.1%，这亦体现出现代科技对教学方式的重大影响与革新．

表 5-8　新增三视图教学方法分析

	A 多媒体教学	B 传统讲演式教学	C 多媒体与 传统教学相结合	D 其他
19 题	24.5%	6.1%	65.3%	4.1%

经统计分析可知，教学方式的使用与教龄无显著差异（$\chi^2_{(12)} = 8.44$，$p > 0.05$），其结果分布情况如图 5-2 所示．绝大多数老师都倾向于使用多媒体，即使是教龄在 20 年以上的、习惯了传统讲演式的教师也都能够积极地运用多媒体教学．此外，在统计结果中我们还看到，多媒体与讲演式教学相结合的教学方式是备受各教龄段老师青睐的．有教师认为，多媒体在三视图教学中是不可或缺的，应充分发挥其优势．但他们担心，如若完全用多媒体进行演示，虽然学生获取的信息量可能更大，但"一晃而过"的东西始终难以在学生头脑中形成牢固的印象．教师一边强调，一边在黑板上展示，这种"故意"放慢速度的过程，实质是在与学生的思维速度、接受速度充分匹配的，从而让学生有足够的时间进行思考．

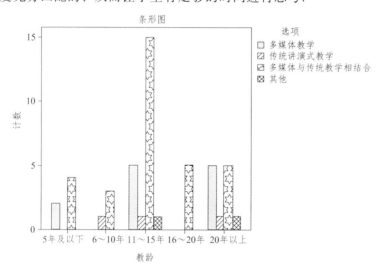

图 5-2　教师教龄对三视图的教学方式的影响

当学生被问及对三视图的看法时，他们一致表示，通过三视图的学习，能够比较顺利地将平面图形还原成立体图形，求表面积、求体积一般都能解决．但对于一些数学基础不太好的学生，他们对三视图的学习还是存在困难的. 不过可以肯定的是，三视图对他们的空间想象能力着实有一定的提升作用，从而对立体几何的后续学习有很大的帮助. 加之老师在这一块强调得比较多，平常测试中三视图又是不可或缺的考题，因此，学生们对三视图的学习很重视.

为了验证学生们的说法，我们设置了测试卷中的第 1 题：对三视图的考查，以观察他们对该题的解答过程. 通过观察，我们发现了一个有趣的现象：六名男生中，只有一人是先作出直观图后再去找相应的答案，其余五人均省略了作直观图的步骤，仅在草稿纸上写写画画，略做思考后直接写出结果；而六名女生不约而同地选择先作出直观图后再画对应平面图、找该立体图的体积. 女生思维的细腻性在这里体现得尤为明显. 从最终的答题结果来看，体积的计算，十二人全都答对，而其中五人在画侧面图时出现了不同程度的问题：作图不规范，没有注意长宽对应、高平齐.

5.3.4 立体几何与空间想象能力

立体几何的最主要的教学功能就在于发展学生的空间想象能力，而多媒体技术将生活中随处可见的立体图形搬入课堂，使得我们的数学课不再只有老师的简笔画或者耗费时间的尺规作图. 多媒体技术在拓展学生的眼界的同时，也放飞了他们的想象力. 三视图、直观图，将学生熟悉的二维平面图形拓展到三维立体空间. 无论是对立体图形的整体认识，还是对组成立体图形的基本元素进行剖析，多媒体都是极佳的教学辅助工具. 实物模型的使用，除了让学生可以动眼观察外，还可以动手操作；一个小小的几何体能勾起学生的探知兴趣，更重要的是可以将抽象的空间关系具体化.

有老师指出，在介绍立体几何之初，一项必不可少的工作就是让学生观察图形. 通过观察图形，能在学生头脑中形成直观感受，逐步形成空间概念，发展空间感. 比如，关于三个平面分割空间的问题，如何分割，最少分几块，最多分几块，这时直观的观察就显得尤为重要，若借助一定的动态展示，文科学生就能够轻松理解，并且会吸引他们去思考一些富有挑战性的问题. 又如，四个平面又会把空间分成几部分呢？特别是针对文科学生（他认为相较于理科生而言，文科学生在空间想象能力方面层次较低，更容易接受、理解直观的东西），如若缺少这一环节，在后续学习中可能会遇到很大的困难，教师的教学也会面临更大的挑战. 对于没有安装多媒体设备的学校，教师应该更多地使用实物模型，让学生画出立体图形或者制作立体模型，这样也能够达到不错的效果.

通过对学生的了解，他们也希望老师尽量用多媒体展示或者借助实物模型，这样不仅很有趣，而且能让他们更直观地看到一些不太容易想象的东西，启发他们去思考与想象.

表 5-9　实物教学和多媒体教学对发展学生的空间思维能力认知分析

	A. 非常同意	B. 同意	C. 一般	D. 不太同意	E. 完全不同意
8 题	28.6%	49.0%	16.3%	6.1%	0

表 5-10　实物教学和多媒体教学实际使用情况分析

	A. 会	B. 不会	C. 视情况而定
14 题	49.0%	14.3%	36.7%
15 题	55.1%	8.2%	36.7%

在立体几何教学中，90%以上的老师对实物教学和多媒体教学有助于发展学生的空间思维能力持肯定态度，但在实际教学中，会借助实物和多媒体教学的比例却下降不少，为何教师对此的认知与实际操作不相符呢？如表 5-9，5-10 所示.

访谈中，我们找到了相对可靠的答案. 老师之所以不会利用计算机让学生观察大量空间图形，其中最"有力"的理由就是：时间不允许！有老师表示，利用多媒体或者实物让学生观察，可以激发他们的兴趣，促使他们去想象，但这也容易导致课堂不受控制. 当学生联想翩翩、思绪颇多时，他们观察的、讨论的可能就已经远离课堂内容了，这多少会让一些教师显得很无奈，也使得教师在教学方式的选择上很谨慎.

新课标理念下，有效利用多媒体教学是值得推崇和应用的方式. 那么，如何有效控制课堂在这里就显得很关键. 为了避免不良因素的产生而放弃更优的教学方法是不明智的，因为任何东西都可能是一把"双刃剑"，有利有弊. 作为一线教师，就是要在理想与实际有冲突的时候，做出正确的抉择，选出更能兼顾学生多方面提升与发展的教学方式，灵活处理教学中的重点、要点，为整个教学环节铺好路. 正如某些教师所担心的，多媒体教学在带来便利的同时也有不足之处，那么教师可以在语言的表达，课件的制作上多下功夫，在保证课堂内容丰富性的基础上，充分发挥语言表达对学生的吸引力和控制力，使教学环节张弛有度，尽最大可能地让学生能够跟随教师的步调，在有限的时间里实现最大的收益.

在实物模型的使用方面，教师的选择情况与他们的教龄相关性显著（$\chi^2_{(8)} = 16.36$，$p < 0.05$）. 是否会使用实物教学的人数分布如图 5-3 所示.

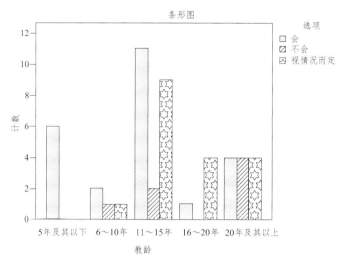

图 5-3　教师教龄对实物模型使用的影响

将选择 A，B，C 答案的分别赋分为 5 分、3 分、0，得到结果如表 5-11 表示.

表 5-11　实物教学情况与教龄差异分析相关情况

教龄	均值	N	标准差
5 年及其以下	3.50	6	1.975
5～10 年	3.25	4	2.363
11～15 年	4.14	22	1.320
16～20 年	4.20	5	1.095
20 年以上	3.58	12	1.505
总计	3.86	49	1.500

从表 5-11 中数据看到，教龄在 11 与 20 年之间的教师均值较高，且标准差较低. 该教龄段的老师有相当教学经验的累积，并且能够较好地接受数学课程的新理念，可以让学生自己动手制作实物模型，而在以往的教学中，这是鲜有的. 动手操作能力是新课标数学教学的目标能力之一，因为在动手操作过程中，会加深学生对空间元素及其结构的认知，并在寓教于乐的过程中，逐步培养学生的空间概念. 一些年轻老师，由于缺乏经验，

害怕"时间不够"，担心掌握课堂的能力不足，而不敢放手让学生们亲自动手去操作；一些年长的教师在教学中，虽然能够意识到展示实物模型、制作实物模型的重要性，但难免受教学惯性思维的影响，不愿花费时间跟精力，把课堂时间交给学生.

5.3.5　立体几何中的推理证明

立体几何除了发展学生的空间思维能力和想象能力外，对于发展学生的论证推理能力、合情推理能力也会有极大的促进作用，能进一步锻炼学生的逻辑思维. 当我们认识线面、面面平行和垂直时，新教材对其性质、定理运用公理化的方法进行了严格的推理说明；而判定定理的给出则充分体现了"直观感知、操作确认"，让学生通过观察、思考，合理使用手中模具，恰当利用合情推理，以对判定定理进行确认，再利用选修 2-1 中的空间向量来完善其证明过程. 纵观整个教材编排，除了体现公理化方法的严谨性，也运用了合情推理方式的有效性，为学生思考问题、解决问题提供了新的视角；其独立出来的空间向量与立体几何部分，不仅凸显了空间向量在解决立体几何问题中的工具作用，还对合情推理结论的不严密做了补充，使得整个立体几何部分形成了一个严密的逻辑体系.

表 5-12　教师对立体几何逻辑推理要求的认知分析

	A. 非常同意	B. 同意	C. 一般	D. 不太同意	E. 完全不同意
7 题	16.3%	36.7%	24.5%	18.4%	4.1%
11 题	24.5%	51.0%	14.3%	10.2%	0
	A. 合理	B. 没有影响	C. 不合理	—	—
17 题	20.4%	32.7%	46.9%		

为了了解教师对新教材中逻辑推理内容的认知与实践操作，我们设置了相关问题（见表 5-12）. 在谈及应加强文科学生的"空间认知，操作确认"时，教师对此有较高的认同度，几乎占调查总数的 90%. 高中文科学生抽象思维水平较低，但形象思维、直觉思维品质较好；在数学学习中，对于具体事物、直观图形的认识及文字语言之间的转化能力等表现较好. 他们愿意动手做一些实物模型，易于接受直观简洁的描述，但对数学语言

与符号语言的转化，以及对其进行的推理论证接受起来较为困难．结合他们这一思维特点，在以"空间几何体""三视图和直观图"积累丰富表象后，加之动手操作，一些抽象的推理说明也会变得显而易见．苏联教育心理学家克鲁捷茨基认为"学生在学习数学的能力上有差异，但他们也具有各自不同的潜能，教师的任务就是帮助学生去挖掘这种潜能，使每个学生的全部能力都得到最大限度的发展."

正因如此，接近八成的老师认为这是文科立体几何逻辑推理要求有所降低的信号．结合各市区的调研、模拟试题以及 2020 年各省市（包括四川省）的高考题，相较于以前的文科立体几何测试题，逻辑论证的难度有所降低，大多数省市均是将第一小问作为逻辑推理能力的考查，并集中在线面平行关系和线面垂直关系的证明上．处理线面平行，不外乎以线线平行和面面平行为踏板．纵观 2020 年考题，可以说运用面面平行"一招"便可"制胜"．高中立体几何课程历来以培养逻辑思维能力为主要目的，而新课标更加强调空间想象能力的培养，强调空间观念的建立，而逻辑思维能力的培养退至次要地位．

值得注意的是，还有超过 20%的老师因为缺少空间向量而认为纯综合几何会给文科学生带来更大的挑战；加之三垂线定理及其逆定理的删除，原本能够通过定理直接得出的结论需要学生自行证明；一道线面垂直或线线垂直的题目，原本简单几步便能解决，现在却需多次利用线面垂直方可解决，为学生解题带来了一定的困扰．当然，教师之中对此也存在截然不同的看法，认为三垂线定理及其逆定理的删除，必定会降低作角、找角的要求，线面角、二面角的求解难度必定会下降．因此，教师对新教材删除相关定理的做法出现较大分歧，20.4%的教师认为合理，46.9%的教师认为不合理．

然而新课标所要求的，判定定理只要求直观感知、操作确认，而在选修 2 中加以论证．选修 2 是理科学生的学习内容，那么没有了空间向量对判定定理的证明，对于文科立体几何不就缺乏完整的逻辑结构吗？缺少严格证明，这势必会让学生产生困惑："这样的结论可靠吗？"作为教师，要不要向学生进行严格证明呢？在实际教学中，教师又是如何处理这一问题的呢？

表 5-13　教师对省略判定定理证明过程的认知与操作分析

	A. 产生负面影响，学生对结论的严谨性产生怀疑	B. 产生积极影响，降低了学习的难度	C. 不清楚	D. 几乎没有影响	E. 其他
20 题	16.3%	46.9%	10.2%	24.5%	2.1%
	A. 进行详细补充	B. 有选择性地补充	C. 不会进行补充	—	—
21 题	6.1%	85.7%	8.2%	—	—
	A. 难度太低，需做大量补充	B. 难度较低，需做一定补充	C. 难度适中，课酌情补充	D. 难度较高	—
22 题	8.2%	36.7%	55.1%	0	

　　如表 5-13 所示，通过第 20 题的调查结果发现，更多的老师认为，判定定理不做证明，对学生是有积极影响的，这在后面的访谈中也再次得到一些老师的肯定；判定定理不做证明，会降低文科学生的学习难度，并不会对学生产生负面影响．加之，判定定理的证明更多使用的是反证法，这并不符合四川高考的考查模式，基本不会出现对判定定理证明的考查．对文科学生而言，判定定理是他们的解题武器，重点在于如何运用，不用深究其根源，否则，反倒会让学生抓不住重点，整堂课形散神也散．这也使得更多教师更倾向于在例题部分做扩充．

　　但在教学过程中，接近 90% 的老师会对判定定理的证明过程进行选择性的补充（由 21 题结果显示）．其实，深入研究教材也会发现，这里省略判定定理的证明过程多少有些无奈．我们知道，判定定理的证明，借助平面向量是比较恰当的，但按照教材"1，2，3，4，5"的编写顺序，平面向量的学习是在立体几何之后的，所以此证明过程不宜给出．但在"1，4，5，2，3"教材使用顺序下，立体几何是在平面向量之后学习的，那么此时补充其证明过程是可行的，也不会给学生带来过多的压力．

　　在访谈中，钟老师给出一个较为可取的做法，她专门突出了"选择性"三个字，这里尤其是对教学对象的"选择"．对于基础较好的学生，可以在教学中给出完整的证明过程，甚至可以让他们自己寻找证明方法，以加深学生对定理的理解，扩展他们的解题思路；但对基础较薄弱的学生，即使给出证明，他们在理解上也会存在困难，所以这种补充只会增加学生的学习难度，并不利于他们对知识的理解与掌握．所以，教材对判定定理没有完整证明也是有正面影响的，如何把握教学，这需要教师的智慧．

从学生的角度，我也进行了了解. 对于

"在学习立体几何中，你遇到的最大困难来自（　　）？

A. 识图、认图（各元素间位置关系）　　B. 推理证明

C. 使用向量法时的计算　　D. 作图（三视图、直观图等）

E. 其他＿＿＿＿"

这一问题的回答，学生中有 7 个人都选择了"推理证明"，其中还包括两名成绩优异的学生. 他们表示，立体几何中的逻辑推理必须能够灵活运用其中的相关定理，虽然这些定理都知道，也都记得，但是在具体的题目中，并不十分清楚需要运用哪些，尤其是在一些中间过渡较多的题目中，有时就会出现无从下手的情况. 不过，更让他们头疼的是如何添加辅助线，作出二面角的平面角. 由此，我们可以看到，学生们对自己的逻辑推理能力是有怀疑的，他们也希望能在老师的帮助下得到加强.

5.3.6　立体几何与空间向量

空间向量本身具有代数与几何双重身份，它的出现可以将立体几何中基本元素间的位置关系转化为数量关系，能够让需要推理证明的结论用数量运算来取代. 它从不同的角度去诠释立体几何，又以自身的独特性、优越性打破了公理化体系的瓶颈，使得让大众望而生畏的综合几何坠入"凡尘"，为更多的人所接纳. 向量几何成为国际数学教育的一大特点. 吴文俊先生根据现代化机械化的思想，认为："对于几何，对于研究空间形式，你要真正的腾飞，不通过数量关系，我想不出有什么办法，当然欧几里得几何漂亮的定理有的是，漂亮的证明有的是，可是就算你陷在里面，你也跑不了多远……"空间向量的引入给立体几何注入了新鲜血液，体现了"通法"在立体几何解题中的优势.

当教师们正在为旧教材中引入空间向量，以数释形，用数量关系表达几何位置关系而解决"立体几何难学"这一问题而津津乐道时，文科立体几何又再次删除了空间向量要求. 于此，文科立体几何的教与学似乎又面临新的挑战.

表 5-14　教师对空间向量解立体几何工具性的认同分析

	A. 非常同意	B. 同意	C. 一般	D. 不太同意	E. 完全不同意
13 题	40.8%	49.0%	8.2%	2.0%	0

通过第 13 题的回答得知，几乎所有教师都认同空间向量在解立体几何问

题中所体现的工具性作用，这无疑为文科生学习立体几何增添了乐趣，增强了信心（见表5-14）. 在新教材中，突出运用综合法处理立体几何问题以培养学生的空间想象能力和逻辑推理能力，必修2中的一些重要定理，则是在选修2-1中用向量的方法加以证明的. 虽然文科对选修2不做要求，但从教材整体的编排无疑再次说明空间向量在立体几何中的工具作用，向量法在一定程度上能够使立体几何问题得以简化，对解决立体几何问题有着十分重要的作用.

而在前面的论述中我们也提到，着眼于高考，文科立体几何的逻辑推理要求、考查力度（题目难度）是有所降低的. 从教材的建构意图上来讲，新教材更加突出立体几何所带来的空间思维能力的训练，因此并不需要空间向量作支撑. 至此，关于文科立体几何中的空间向量产生了截然不同的观点.

表 5-15　教师对文科空间向量删除的认同分析

	A. 非常同意	B. 同意	C. 一般	D. 不太同意	E. 完全不同意
12 题	12.2%	24.5%	18.4%	36.7%	8.2%

表 5-15 中的数据显示，空间向量对文科生是必要或不必要的几乎各占一半. 这里虽然没有出现教龄对此的显著影响（ $\chi^2_{(16)} = 14.56$ ， $p > 0.05$ ），即老教师在教学中受惯性思维的影响，按部就班，但从统计图 5-4 中可以看到，对此持绝对反对意见的更多的还是那些教龄较长的老教师.

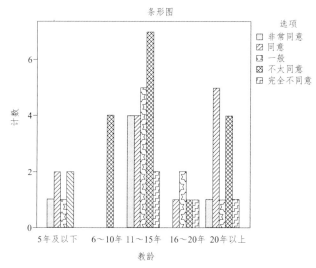

图 5-4　教师教龄对空间向量删除的认同影响

在他们看来，现代科技引导立体几何发展趋于代数化，空间向量的出现可以将立体几何问题编译成计算机语言，使立体几何问题处理变得简洁高效，在这种情况下，让学生学习空间向量首先是符合时代背景的. 而在实际教学中，空间向量为学生提供新的解题思路，学生可以根据实际问题、自身情况选择相应的方式解题. 加之空间向量让立体几何程序化，文科学生通过理解加记忆的方式可以很快、很好地掌握，以降低立体几何的学习难度，增强学习信心，这也对学生数学学习兴趣的保持与提高有积极作用.

也有老师强调，根据以往的调查，相比综合法，学生使用向量法的平均得分可提高 5 分左右. 这在任何考试中都能拉开相当大的差距，那么在高考考场上，学生会用空间向量就显得尤为重要. 文科立体几何在难度上，从整体来讲有所降低，但是二面角、线面角的计算仍然需要掌握，而文科生恰恰在准确找出平面角这个环节中有很大困难. 有人说 2021 年各高考试卷鲜有计算线面角或二面角的考题，但这并不代表今后就只注重线面、面面位置关系或距离关系的考查. 因此，空间向量可以成为文科学生解立体几何的最佳保障.

表 5-16　教师对实际教学中补充空间向量的认知分析

	A. 很有必要	B. 有必要	C. 无所谓	D. 没有太大必要	E. 完全没有必要
23 题	19.4%	34.8%	5.1%	37.7%	3.0%
	A. 拓展学生的知识面	B. 为解决立体几何问题提供新的视角	C. 减低立体几何解题难度	D. 其他	—
24 题	6.1%	32.7%	61.2%	0	—
	A. 以向量法为主	B. 以综合法为主，向量法辅之	C. 两者并重	—	—
25 题	10.2%	71.4%	18.4%		

那么您认为有必要给文科学生补充空间向量吗？通过该问题的回答，同样印证了上面的结果（见表 5-16）. 不同的教师对于是否该为文科学生补充空间向量存在不同的看法，因为就空间向量对文科生后续学

习的影响是有不同的认知的. 有老师表示, 删除空间向量是符合文科学生的发展要求的. 不可否认, 空间向量对学生眼界的开阔、接受新的事物都是有帮助的, 但就未来择业而言, 空间向量对文科学生所涉行业领域的影响是微乎其微的. 因此, 在高考指挥棒作用下, 可以看到, 对文科学生, 立体几何的考查难度并不大, 所有问题, 即使没有空间向量, 解决起来也不会很难; 如果硬要补充的话, 可能会加重学生的学习负担, 同时空间向量的使用也会对学生产生误导. 比如, 对线面角的求解, 法向量是与平面垂直的向量, 它与已知向量所成的角并不是所求角, 而是所求角的余角, 不注意的话, 学生非常容易出错. 他特别提到, 如果遇到的是一个斜棱柱之类的几何体, 是不便于建立直角坐标系的, 那么要用向量法去解题也是不科学的, 因此, 教学需要针对性. 按最现实的意义来说, 教学是要服务于高考的, 因材施教才能实现收获的最大值. 对于一个整体基础都很好, 学习能力、接收能力都较强的班级, 其实是可以适当补充空间向量的, 这样更能保证他们在各种测试中都万无一失, 但一定要强调向量法与综合法各自的适用范围, 使学生能够在解题时判断哪种方法更简洁; 如果教学对象的基础不够, 补充空间向量不仅没多大帮助, 反而还会加重他们的负担. 新教材的编排已经在减轻学生负担, 我们为何又要给他们加上呢?

立体几何的识图认图、点线面各元素间的位置关系、度量关系, 在理解了性质、定理的基础上能够推理论证出其他命题等一系列教学要求, 着实会给学生带来不小的压力. 这既需要学生具有较强的空间想象能力, 同时又必须有较好的抽象思维能力. 而更多的老师为了降低立体几何的抽象性而主张向学生补充空间向量, 这开阔了学生的眼界, 为解立体几何题提供了新的视角. 有老师认为, 既然空间向量解题有很好的效果, 为什么不能让学生有所了解呢? 空间向量只是在平面向量的基础上增加了一个维度, 那么通过平面向量进行类比教学, 学生是容易接受的. 一旦掌握了该方法, 学生在遇到困难时, 就可以选择这种解决方法, 而不至于丢分. 学习空间向量之后, 学生也可以透过 x, y, z 轴确立的三个方向加深对空间几何体的认识. 通过对 "如果补充了空间向量, 后续的教学您将如何进行" 一问的回答情况来看 (见表 5-17), 71.4% 的教师都表示会以综合法为主, 向量法辅之. 其实这也从一个侧面说明, 教师不会因为引入向量法而沉溺其中，他们表示，在教学中会强调综合法与向量法分别的优势与不足，并让学生学会区分在何种情况下选择何种方法解题.

表 5-17　教师对补充空间向量影响分析

	A. 完全没有负担	B. 有一定负担	C. 负担很重	—
26 题	24.5%	61.2%	14.3%	—
	A. 有很大帮助	B. 有一定帮助	C. 没有太大帮助	D. 没有帮助
27 题	22.4%	63.3%	10.2%	4.1%
	A. 课标中不要求	B. 增加老师和学生的负担	C. 有碍于空间思维能力的锻炼	D. 其他
28 题	38.8%	30.6%	22.4%	8.2%

但我们必须面对一个现实问题:我们的教学进度如何保证? 不可否认，额外补充知识，这样会对教师的教学产生一定的影响. 其中 14.3% 的老师认为这样做会有较大的教学压力，毕竟每节内容都有相应的课时安排. 但 85% 以上的教师认为空间向量确实在降低学生学习压力的同时，也为教师的后续教学有很大帮助.

有教师以南充一中教学安排为例，认为各学校教学安排的灵活性是很大的，学校的课时量很充足，高二文科至少可以提前一个月的时间完成期末考核所有内容，这段时间由教师自行安排复习内容，丝毫不会影响课程进度. 而此时理科还要专门进行空间向量的学习，所以文科教学可以紧跟理科的节奏，为学生补充一定空间向量的知识. 因此，在很多老师看来，这是为文科学生补充空间向量的绝好时机. 虽然各学校的实际情况不太一致，但这或许也存在一定的借鉴价值.

有老师坦言，往大里说，补充空间向量是违背了新课标的要求，虽然我们的希望是让学生通过学习达到能力的提升，但现实的评价标准依然是分数. 空间向量能很好地满足"抓分"这一需求，这也在很大程度上减少了学生的心理负担，降低他们对数学的畏惧感. 新教材对文科生不要求掌握空间向量，那么立体几何考题的设置也会有相应的导向，甚至有的考题会为向量法故意制造障碍，不便建系或不便计算，向量法虽是解立体几何的通法，但并不是所有题目都适合使用．所以，我们可以把它看成一个辅助工具，也应让学生明确它的价值所在．在综合法与向量法中各取所长，在不同的问题中选择恰当的应对方法，这是我们需要教给学生的．

综上所述，文科立体几何引入空间向量似乎已经找到极为可靠的支撑，一切困扰也尽在一线教师的掌控之中，也为众多文科数学教师认可接纳，但不得不说的是，所有的这些理由均是被应试教育指导模式所合理化的，所有"论据"也都是在极大地附和考试要求与"分数"评价体系．文理分科是为了符合社会发展的不同需求，不同的个体在社会中都有各自的价值体现，而教材内容就是专门为实现不同发展需求而精心制定的．从本质上讲，一线教师为学生补充空间向量与其说是为了扩大视野，降低立体几何的学习难度，不如说是为各种考试添加保险系数．应试教育的理念深入人心，因此教师们担心学生没有空间向量这一工具会在立体几何学习中遇到很大的困难，但这是不是有杞人忧天的意味在里面呢？当然，在学生问卷中，学生们也明确表示了对空间向量的"好感"，但从测试卷的结果来看，学生对综合法的掌握与应用情况远比我们想像得好很多，学生的这一能力是需要教师给予肯定的．线面角、二面角的求解确实是让很多学生头疼的问题，那为何不把补充空间向量所花的时间用于线面角、二面角的巩固加深呢？其中，帮助学生解决二面角问题也是教师"赋予"空间向量最强大的功能，因为它直接避开了对空间想象能力的要求，而找二面角的过程又是拓展学生空间思维能力的最佳训练途径．对引入空间向量这一问题存有争议，其中一个重要原因就在于它对空间想象能力要求的削弱，这一点也是与立体几何的教学功能背道而驰的．因此，以谋取分数为目的牺牲锻炼空间思维能力的机会是有失妥当的．

5.4　教学建议

5.4.1　研究结论

新课标理念下的教学正如火如荼地展开，其中不乏对新理念的有效贯彻，但确实存在"穿新鞋走老路"的现象．知识结构、知识内容、能力要求的改变，使得教师们需要一个平稳的过渡期．着力于新课标理念下文科立体几何教学实施的调查研究，借助调查问卷以及后期的教师访谈等手段，对立体几何在文科教学实践方面进行了分析与探讨.

1. 教师对"两新"的理解不足，对新结构的把握不够

教材对立体几何部分做出较大调整，引入了新的知识点，而对传统知识点产生了新要求. 不少教师习惯于以考试的考查力度来衡量知识点的重要程度. 对柱、椎、台、球及简单几何体、斜二测法画简单空间图形的直观图等立体几何基础内容，部分老教师习惯性地凭经验进行教学. 立体几何基础教学内容之一的"作直观图"，实质是落实学生对具体图形的线面关系的理解，也是对空间几何性质的初步探索，但它与新增的空间图形的三视图一样，被模拟试题或高考题模板化，美其名曰"有针对性地教学"，导致"直观图"教学被"一笔带过". 教师在实践中较少关注空间几何体、直观图、三视图自身所赋予的拓展学生空间能力的作用，更多地以"拿分""应试"为目的，让学生在学习中难以发现所学知识的现实意义与实际用途，并不利于学生以积极乐观的心态投身立体几何的学习. 考虑文科学生的数学学习心理，他们非常重视"实用性". 解题能力固然是他们迫切的需求，但是只有在有限的时间内利用空间几何体及其点线面元素、利用作直观图和三视图扩展他们的空间感才能在变幻莫测的试题中保持稳定的解题能力；只有凸显解题与实际生活的紧密联系才能维持学生学习的兴趣. 数学成绩不太理想，是大多数学生选择文科学习的重要原因，了解学生的能力基础，把握文科学生需要的知识、能力目标，才能促使学生数学的进步，维持数学学习的热度. 所以教师应看到教材内容的更高层次的立意，不仅仅只是在表面上跟随教材步调而实际操作还是旧思路、老方法.

对于教材的结构编排，教师的认同度并不太高，实际教学中不少教师选择以新教材为基准，但在其中会做相应调整，融入旧教材中的部分知识或编排顺序，惯性思维的影响确实存在. 这样就会出现对新教材中删减掉的部分进行补充时，新增的知识结构又无法进行贯穿，不能较宏观地把握教材体系，俨然一副"穿新鞋走老路"的样子. 些许教师对某些新增内容本身并不熟悉，因此在处理教学时常常显得无所适从，不得不采取点到则止的方式. 而支持他们、说服他们这样操作的理由在于高考对此内容的要求较低. 那么，从另一个侧面也说明，我们各高校专家牵头的各级骨干教师培训尚有未落实之处. 为此，加强各级教师培训，将我们的前沿思想、

最新成果、教育发展动向渗透给一线教师，促进教师宏观把握教学的能力，并从根本上、从主观上认识新课标的先进性与自身的不足。同时，对于教学的具体环节，尤其是重难点的把控环节，也应给予一线教师一定的指导，这样他们才能从认知到操作都踩着新课改的步调大胆前行。

2. 三视图教学缺乏文科"专属"性

三视图的增加，能使学生自主建构起平面与空间之间的联系。从不同角度观察，同一物体的观察结果迥然不同，结合已知数量关系，将其直观图抽象出来，从而解决相应问题。三视图对空间想象能力的要求较高，更直接突出立体几何中的空间想象能力。大多数教师能够看到三视图的教学功能，能够与时俱进地借助多媒体来加强其教学的有效性，这是值得认可的；但较普遍存在的课时不够的问题是需要一线教师正确面对，而不仅仅认为是新课标在课时安排上没有充分考虑教学实际。教师应学会适当地"放手"，让学生能够利自主完成某些任务，从而提高学习能力与自我控制能力。

从前面的调查中可知，三视图的学习安排在空间点、线、面元素关系之前，是学生构建空间思维的基础环节，也为后续学习奠定了基础，这亦体现了教师对提高学生空间思维能力的重视。但教学中，往往是重结果轻过程，文科学生数学基础薄弱，抽象思维能力较差，直观的动手操作往往可以帮助其空间感的构造，但动手操作恰好又是文科学生所缺乏、教师也较少关注的。在学生测试中，学生作图有失规范，这无不与教学侧重点有关。考试题型中鲜有作图题，自然，平常教学中也不会在此用过多"笔墨"。然而，有效作图又是文科生加强动手操作能力的有效途径，所以，专属文科立体几何的教学似乎还缺乏点文科味儿。

3. 立体几何教学仍受"应试"观念的影响

在第三章的调查分析中我们又提到，发展学生的空间思维能力、培养学生的兴趣可以尽量借助多媒体技术与实物模型，这一点几乎是得到众多教师一致认可的；但在实际教学中，相当一部分教师选择的是"视情况而定"，认知与操作并不相符。有的教师会随"进度"的快慢而选择是否让学生"观察图形"，利用多媒体或者实物让学生观察，以激发他们的兴趣，促使他们去想象. 这固然很好，但容易导致课堂不受控制，当学生思维发散时，他们观察的、讨论的可能就已经远离课堂内容了，这把"双刃剑"也让部分教师对多媒体技术辅助工具的选择或者实物模型的使用很谨慎. 在实物模型的使用方面，教师的选择情况与他们教龄的相关性显著. 一些年轻老师，由于缺乏经验，害怕"时间不够"，担心把控课堂的能力不足，而不敢放手让学生们亲自动手；一些年长的教师在教学中，虽然能够意识到展示实物模型、制作实物模型的重要性，但难免受教学惯性思维的影响，不愿花费时间跟精力，把课堂时间交给学生. 究其更深层原因，总不免看到"应试"的成分存在.

4. 立体几何教学弱化逻辑推理要求，强化空间思维能力

数学是训练思维的体操，立体几何有利于发展学生的直观认知能力、空间想象能力、逻辑思维能力、推理论证能力、运用图形语言交流能力. 但综合新课标要求、教材内容，以及各省市高考题目来看，文科立体几何对能力的要求及培养做出了调整，更加突出空间思维能力的培养，空间想象能力已成为重点. 三视图的增加就是最好的证明. 空间想象能力的培养可归结为三个不同的层次：利用多媒体技术或实物模型扩充头脑中的图形表象是第一层次；借助手中实物对性质、定理进行直观认识，操作感知，将抽象的空间元素直观化，从而加深对空间结构的认识是第二层次；灵活运用抽象概念进行论证推理，从直观到抽象，深化点、线、面元素的空间位置关系及性质特征，加强学生的空间抽象能力与想象能力则为第三层次. 它们之间相互独立而又相互依存，尤其是文科学生必须重点把握的这一环节.

由教材引导学生通过"操作确认"认知空间，实际的动手操作又为空间点、线、面关系的推导做好铺垫，学生在实践中逐步形成逻辑推理的基础. 被文科学生认为是立体几何难点之一的逻辑推理在新教材中有难度降低之势，这对以形象思维擅长的文科学生来说无疑是一个可喜的信号. 虽说对三垂线定理及其逆定理进行了删除，不少教师认为"可惜"，但在学生的测试中，这一点并未给他们带来多大影响. 学生们所反映出来的困惑，如定理内容无法灵活运用、如何有效添加辅助线等，都应引起教师重视，且教师在日常学习中应多多引导学生进行积累. 新教材中对判定定理的内

容不做证明，其本意并非硬要交给学生自行证明，而是较好的证明方法所需知识涵盖在必修 4 中，此时学生还未接触，所以教材不免要避免该过程，同时也为学生减轻一些负担. 结合教师访谈发现，新教材无判定定理的证明过程，并不会给文科学生带来较大困扰，但多数地区若将新教材按 1，4，5，2，3 的顺序展开，此时学生已有能力完成其证明，那么该证明过程可以根据学生的实际而选择是否要求. 因此，在教学中，多数教师不随意添加难度，而是在教材所给例题的基础上选择酌情补充，以保证基础且能适当提升；注重合情推理的有效利用，引导文科学生直观感知，操作确认之后进行思辨论证，与以往枯燥的"因为某定理""所以某结论"的灌输式的推理模式有本质区别.

但对于"教材中对文科立体几何的逻辑推理要求适度弱化，而空间思维能力的提升备受重视"的变化，教师的应对办法尚显不足. 文科生的逻辑推理要求降低，降低至何处？教师们只能比较单一地借助调研题与高考题，从中总结经验，并非从教材本身出发，揣摩文科立体几何的改革导向. 同样，发展学生的空间思维能力并非一朝一夕，一环一节之事，在"应试"的氛围中，功利之心促使部分教师简化或省去观察图形、制作模型的环节；线面关系印证，面面关系的寻找都成为解题拿分的手段，而非对空间关系的深入理解，对学生的空间认知能力的培养.

5. 立体几何学习难以摆脱空间向量的影响

空间向量强大的"工具"作用毋庸置疑，但就新教材突出对学生空间上思维能力的培养而将空间向量从文科立体几何中删除，教师们的看法并不统一，这也导致部分教师对文科立体几何的教学有不同的实施方式，因此，是否对文科学生补充空间向量出现较大争议. 其中一些教龄较长的老师认为空间向量的出现可以将立体几何问题编译成计算机语言，使立体几何问题处理变得简洁高效. 而在实际教学中，空间向量为学生提供新的解题思路，学生可以根据实际问题、自身情况选择相应的方式解题. 加之空间向量让立体几何程序化，文科学生通过理解加记忆的方式可以很快、很好地掌握，这样可以降低立体几何的学习难度，增强学习信心，也对数学学习兴趣的保持与提高有积极作用，可以成为文科学生解立体几何的保障. 更多的教师则是看重向量法解题思维的单一性，能够较好地满足文科学生

"抓分"这一需求,虽然他们明确空间向量的补充有悖于新教材的编排理念,但它在很大程度上减轻了学生的心理负担,降低了他们对数学的畏惧感.对向量法的充分认可,也使不少教师"克扣"其他环节,为向量法的补充预留时间.但他们只是希望学生能够多掌握一种解题方法,在解题时更有把握.空间向量的身影并未走出文科立体几何教学,因为它已深深地刻在某些教师的教学思想里.

5.4.2　教学建议

透过现象看本质,透过教师与学生对立体几何的认知态度以及实际操作的分析,提出以下教学建议.

1. 正确认识立体几何,辩证看待课程标准

课标为教学提供了可操作性指导,新的理念必定带来新的教学形式.但金无足赤、人无完人,任何事物都不可能十全十美,自然,新课标本身也可能存在不完善的地方,也需要随着时间的推移、实践的验证、时代的变迁逐步修订.新课标理念的推行、新教材的使用都需要集一线教师之智慧,将他们在教学实践中遇到的问题集中起来、反映出来,并想办法加以解决,以使在新课标理念与实际教学之间达到一种平衡.不同观点的碰撞才会有新的思想产生,才有利于推动新课改的进程.教材对立体几何这一数学经典内容在旧教材的基础上进行了不小的调整,这需要教师深入研习,把握新课标的核心思想,结合实际、创造性地使用教材才能更好地实现学生能力的培养,教师们完全可以对教材进行再次研究、二次加工.

正如有些教师所认可的,取适当——益于学生理解和掌握的方法对判定定理进行证明,不但不会增加学生的负担,还能够充实文科立体几何的教学,增强学生良好的逻辑思维.例如,在"直线与平面垂直的判定"中,可以让学生运用探究的方式,利用手中的实物,去发现怎样折叠三角形,才能使得折痕与桌面垂直.在这个过程中,学生们可以充分发挥自己的想象力,能够进行大胆的猜想.在老师的引导下,从最简单的情况入手分析,逐步推敲、层层深入,得出大家都认可的结论:一条直线与一个平面内的两条相交直线都垂直,则该直线与此平面垂直.这样的结论其实同学们能

够意会，但支撑它的理由、让学生信服的理由在哪里呢？要说明该定理并非难事．在教学中，老师首先将该结论翻译成数学语言：平面 α 内有两条直线 a,b ，且 $a\cap b=A$ ， α 外有一直线 l ， $l\perp a$ ， $l\perp b$ ，求证： $l\perp\alpha$ ．

我们可以按如下方式进行说理：

因为 $a\cap b=A$ ，

所以 $\vec{a}$ 与 $\vec{b}$ 不共线，

所以 对于 α 内任意向量 $\vec{\mu}=p\vec{a}+q\vec{b}$ ，其中 $p,q\in\mathbf{R}$ ，

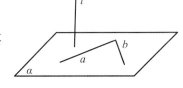

所以 $\vec{l}\cdot\vec{\mu}=\vec{l}(p\vec{a}+q\vec{b})=p\vec{l}\cdot\vec{a}+q\vec{l}\cdot\vec{b}=\vec{0}$ ，

所以 l 与平面 α 内所有直线垂直，

所以 $l\perp\alpha$ ．

这个过程简单易懂，如果教师们能够积极主动去研究，对教材进行合理加工，找准自己的立场，同时又通过学生的视角去看待教与学，那么诸如此类的问题是能够迎刃而解的．教师工作的创造性在这里就体现得尤为明显．

但不可否认的是，对新课标、新知识把握不够的现象依旧存在．

从了解的情况来看，骨干教师的培训工作大力展开，并且进行得有声有色．但培训内容多以专家讲授、学员聆听为主，学员的自主性、参与性较低．因此，在培训中可多展开讨论，使学员积极参与、主动思考，尽可能地理解讲座的中心思想，在交流讨论中升华认知，不断深化对新课标、新课程的认识．在学习的不同阶段，可让学员进行汇报交流，这可以是一堂精心准备的示范课，也可以是饱含自己新观点、新想法的思想汇报课．这样让专家听、专家评，能够让学员在较短的时间里迅速成长，我们的骨干教师培训项目也才能真正发挥其应有的功能．

2. 突破难点，兴趣培养是关键

学生是课堂学习的主体，学生学习的主观动力很大程度上由兴趣决定．但从调查结果来看，文科学生对立体几何的总体兴趣并不浓厚，究其原因在于立体几何本身的抽象性以及高要求的空间思维能力．当学生屡次"遭遇挫折"的时候，他们便会对自己失去信心，对立体几何失去兴趣．此时，教师的主导性应发挥其应有作用．立体几何教学不应该是一个枯燥乏味的

讲述过程，而应该是以激发学生学习兴趣为前提的动态发展过程。即让学生带着浓厚的兴趣投入到立体几何的学习中，自信满满地面对立体几何的挑战，这样，立体几何的教学已经成功了一半。

立体几何教学需要大量的图形作支撑，这些图形可以源自实际生活，更可以源自学生时常关注的，比如动漫、电影、旅游胜地、著名建筑等。学生刚接触立体几何时，丰富的图形元素会引起强烈的视觉冲击，并让学生将精力完全集中在多媒体课件上，对后面的内容产生期待。虽然这一做法不排除如某些老师所担心的，可能会为课堂引入带来较多潜在的干扰因素，但是，为了避免风险而扼杀一切有益的创意也是不明智的，只要教师能够适当地把握这个"度"，能从丰富的表象中分离出教学中心内容，突出重点，能让学生聚焦，如此的教学便是我们所想所要的。而事实上，想要做好这一点，并非易事，这需要教师具有强有力的课堂掌控能力、协调能力、语言组织能力，课件的制作在这个环节中也显得尤为重要，传统的教学模式很难让教师在这些环节中达到高度统一。所以，教师的理念需更新，方式需改变，能力需提升。课堂教学不能游离散漫，内容的衔接、知识的过渡、梯度的设置都需要用心地设计，只有课堂本身是环环紧扣的，精彩的，引人入胜的，教学的有效性才能在客观上得到保证。

在教学推进过程中，尽量多使用通俗易懂、富有趣味的语言，以降低学生注意力分散的概率。恰当地设置问题，层层递进，逐次加深，引导学生积极动脑，变静态的知识为主动的求知过程，营造活跃的课堂氛围。在必要时可增添竞争机制，抓住学生不服输的心理特征，促进学生多思考，并对学生多正面激励，给表现积极的学生充分的肯定，让他们在潜移默化中增强信心，增加面对困难的勇气，而勇气跟信心正是文科学生在数学学习中普遍缺乏的。因此，在针对文科立体几何教学时，教师应格外重视这一点。

立体几何部分，定理、公理的描述都较为抽象，加之融入较多数学语言，学生在认知理解上会有一定障碍。为此，教师对这些描述性概念的阐述就需要动脑筋。用多媒体展示，借助实物模型边讲解、边操作，化抽象为具体，语言表达生活化、通俗化，彻底防止学生对立体几何产生恐惧心理。如此一来，剩下的工作我们就有更充分的信心交给学生完成了。

3. 聚焦能力培养，空间想象很关键

对于学生空间想象能力的培养，主要从识图、画图和对图形的想象能力方面入手. 概括起来为：想得到，画得出，分得清，会处理. 画直观图是学生真正认识立体几何的第一步，从初步接触到具体操作，中间跨度的长短在很大程度上依赖于教师教学的有效性与针对性. 通过初中平面几何的学习，学生会自然而然地将其迁移至立体几何的学习中，但很多平面几何中的结论在立体几何中并不适用，这在无形中为立体几何学习平添了障碍. 教学中，教师首先应做好平面与立体几何的沟通，充分利用平面几何知识引导学生进行正迁移，应用归纳、类比的方式对其不同之处着重区分，让学生在比较中加深对空间元素的理解. 只有夯实了基础，空间认知能力的提升才有保障.

立体几何部分融入了合情推理，突破了传统思维模式，为学生解决问题提供了新思路、新视角. 学生在合情推理的基础上，再进行必要的逻辑论证，环环相扣，使数学问题的解决过程变得自然而然、顺理成章，数学学习也显得轻松愉悦. 新课标在各部分的"内容与要求"及"说明与建议"中频繁使用了"体会""体验""经历""感受""观察""感知""交流""探究"等对过程与方法，情感、态度与价值观要求的行为动词，并给予学生充分的时间和足够的信任，提供给学生自主学习的机会，而教师在教学过程中也要注意采用多样化的、富有成效的教学方式，以便为学生空间思维能力的发展拓展空间.

空间想象能力的培养是一个长期的任务，立体几何担负此重任，因此，在各个教学环节中应贯彻落实该任务，教学内容，课时安排，教学手段，教学策略，习题选择等都应精心准备，相互协调. 要紧扣实际生活，巧用多媒体技术与实物模型，以激发学生学习的主动性.

4. 准确把握逻辑推理能力要求，不随意增加难度

立体几何将进一步促进学生逻辑推理能力的发展，在各类立体几何考题中，推理、证明也是最多、最直接的考查内容，这也是教师在教学中格外强调逻辑推理的原因. 而实际上，教师往往是在强化解题能力，而忽略了学生解题障碍产生的原因. 正如学生所说，教材中的性质、定理都熟悉，但在具体问题中，却不知道如何运用. 教师们通常将该问题归结为缺乏解

题经验，以至无法熟练掌握性质、定理的用法，致使学生游离在问题表面，仿佛会做却又无从下笔. 因此，他们采取的解决方法多以强化练习为主，让学生在大量的练习中寻味立体几何中推理证明的技巧和方法，再在巩固练习中加深理解，最终达到掌握的程度. 然而，问题解决需从根源抓起，我们要为学生扫清逻辑推理障碍，应先让学生充分认识逻辑推理的基础内容——概念、性质、定理；再使用通俗易懂的语言对抽象概念加以阐述，使用直观的演示或操作对定理加以确认，使用较简单的方法对性质加以论证，并在阐述、确认和论证中，让学生经历概念的形成、定理的产生、性质的推导过程. 其实，知识的再发现也是知识再创造的过程，也是加深理性思维、逻辑思维的过程.

从调查中我们也看到，学生是希望教师能够对教材内容进行深度剖析的，他们对教材中未给出直接结果的东西是好奇的，如思考、探究栏目里的内容；判定定理的推导过程，等等. 教师应充分利用这些"悬念"，先让学生自主思考，合作交流，找出自己认可的答案，运用已学知识对判定定理加以证明. 当然，为了保证教学进度，这一工作可以根据实际情况作为课后作业让学生自己完成，在适当的时候对作业结果进行评价，并跟学生交流自己的解法，在肯定学生劳动成果的同时，拓宽学生的思路，解决教材中的遗留问题. 当然，巩固练习不可或缺，难度把握、题量安排很重要.

值得注意的是，通过对 2020 年各省市高考考题研究，发现文科立体几何试题大致可以分为两方面的考查：逻辑推理与度量计算. 从考题来看，整体来说比较平稳，没有出现极易或极难的题目. 其中，大多数省市均将第一小问作为逻辑推理能力的考查，并集中在线面平行关系和线面垂直关系的证明上. 处理线面平行，不外乎以线线平行和面面平行为踏板. 纵观2020 年考题，可以说运用面面平行"一招"便可"制胜". 教师要做到有的放矢，避免在教学中为学生设置难题、偏题，也不要受惯性思维的影响，沿袭以往教学的重难点. 同时必须注意文理科学生之间的差异，精选例题、习题，抓基础、练能力，注重在直观感知、操作确认的基础上积累经验，着眼于学生能力的提升. 重点剖析学生不易理解、经常出错的地方，比如找二面角、线面角问题. 这需要精讲多练，突出作图、解题的本质，首先帮助学生克服心理障碍，然后强化解题技巧，让学生对难题的解答也逐渐达到掌握的程度.

5. 空间向量非万能

立体几何改革中，文科空间向量的删除或许是争议最大的版块. 老师一方面害怕给学生增添没必要的负担，另一方面又担心学生出现完全可避免的失误，所以很多老师在此都有疑虑. 空间向量是解决立体几何问题的有效工具，一线教师可以适当给文科学生补充该部分内容，以开阔他们的眼界，拓宽他们的解题思路，增强他们学好立体几何的信心. 它是一种手段，一种方法. 而 2020 年的四川卷让我们深刻感受到只有永恒的解题能力，没有不变的解题方法. 向量法在很多地方都行之有效，但绝不可在教学中神话其解题功能. 虽然该题给出的是一个直棱柱，建立直角坐标系非常方便，但由于 Q 点的具体位置不能确定，在写 Q 点的坐标时会出现两个未知常数，这为后面计算向量以及点到平面的距离造成很大的困扰，非但没起到化抽象为具体，化繁为简的效果，反倒增加了计算量，增加了题目难度. 考试说明中也有相关提醒，文科学生用向量法解立体几何或将不占优势. 新课标理念下的高考，命题专家也在命题时倾向综合法的求解，如果勉强使用向量法，反倒会陷入专家们精心设下的"陷阱". 对于一线教师来说，这或许是不必补充空间向量的最强有力的理由. 所以，在教学中，教师必须做好综合几何的教学，指导学生清楚掌握空间点线面位置关系的判定与证明，应用等积换底度量距离，同时也应落实线面角、二面角的平面角的作法、求法，注重学生动手操作、用眼观察能力，以便在新课开展与旧知巩固中不断训练学生的空间想象能力，在深化基础的过程中提升学生的空间认知能力.

既然空间向量在立体几何的教学中出现如此大的争议，那为何不对空间向量从文科数学中删除做一些思考呢？本人资历尚浅，对此研究不深，拙劣见解有如下几点：第一，删除文科空间向量是为学生减负的体现之一. 空间向量对文科学生后续发展的作用不明显，在繁重的高中学习任务中，将其删除，对学生而言应该是有积极影响的. 第二，欧几里得的《几何原本》是人类史上影响最大的著作之一，对后世数学及自然科学的发展产生了极其深刻的影响，其数学思想和方法支配了数学两千多年，其中三段式的推理思维方式更是影响至深. 立体几何回归综合法的应用，在某种程度上是对经典三段式推理思维的传承与延续，同时深化数学的本质特性 ——

逻辑性. 第三，向量法解题是程序化思维模式，这更加符合理科学生的思维习惯. 综上所述，是否该为文科学生补充空间向量的疑虑是不是有所减少呢？

实践中我们可以看到，学生在线面角和面面角的处理中问题是最大的，由于缺乏空间感或者无法准确地使用相关性质、定理做出相应的平面角导致出错. 这让很多学生都遇到同一个问题——老师讲时很清楚，自己做时有困难，慢慢地一些消极情绪开始滋生，这是支持教师补充空间向量的最充足的理由. 但是，遇到困难应"就地解决"，有针对性地瓦解难题，而不应采取"绕圈迂回"之术. 要学生使用向量法，教师就必须处理好"何时给学生补充空间向量？""补充到什么程度合适？"等一系列问题. 如果客观条件不允许或是在实际教学中出现无法预见的问题，空间向量的补充不仅无法达到我们预期的效果，更会因学生理解上的偏差而影响整个立体几何的学习效果，同时，线面角、二面角"难"的问题也没能得到解决. 在前面的分析中也有提到，空间向量的教学并不像有些教师认为的"简单易懂". 新内容加入，学生需要一定的适应与接收的时间，更需要有巩固练习的时间. 学生会犯理解上的错误，更会犯计算上的错误，不得不说，向量法的计算量着实不小. 与其如此，还不如将这些时间与精力直接用在线面角、二面角的加深与巩固上，发挥集体备课的优势，集各教师所想与所长，帮助学生找准问题的突破口，让"难题"慢慢变为"常规题"，让"难点"逐渐变为"易入手点"，做学生坚强的后盾，提高学生面对困难的勇气.

【附录1】

教师问卷

第一部分

请完成您的基本信息（请在符合您情况的选项前的□上打"√"）

1. 您的教龄：□5 年及其以下　□5～10 年　□10～15 年　□16～20 年　□20 年以上

2. 您目前授课学生类别：□文科生　□理科生　□文/理科兼有

3. 您的最后学历：□中专（中师）□大专　□本科　□硕士　□博士

4. 您近三年参加县级以上教师培训的次数：□0次　　□1次　　　□2次
□3次　　□3次以上

5. 您的职称：□中学二级及以下　　　□中学一级　　　□中学高级及以上

第二部分

请阅读下列语句，请从"A. 非常同意、B. 同意、C. 一般、D. 不太同意、E. 完全不同意"五个选项中选出最符合您真实感受的一项，并在相应的数字上画"√"。

题号	相关观点	相关选项				
1	立体几何知识在整个高中数学学习中具有举足轻重的作用	A	B	C	D	E
2	通过立体几何的学习，学生将自然语言转化为图形语言和符号语言的能力得到了提高	A	B	C	D	E
3	通过立体几何的学习，学生的空间想象能力和逻辑思维能力都能获得充分锻炼	A	B	C	D	E
4	在立体几何教学中，应该注重教材中的"观察、思考、探究"栏目的使用	A	B	C	D	E
5	学生合情推理能力的培养是立体几何教学目标之一	A	B	C	D	E
6	与旧教材相比，新教材的立体几何结构更科学	A	B	C	D	E
7	新教材中立体几何对于文科学生逻辑推理的要求有所降低	A	B	C	D	E
8	实物教学和多媒体教学都有助于发展学生的空间思维能力	A	B	C	D	E
9	新增三视图的内容加重了学生学习立体几何的难度	A	B	C	D	E
10	三视图能充分拓展学生的空间思维能力	A	B	C	D	E
11	对于文科学生的立体几何的教学，应该更加强调"空间认知，操作确认"	A	B	C	D	E
12	为体现"不同学生实现不同的发展"，对于文科学生删掉空间向量是必要的	A	B	C	D	E
13	向量法是学生解决立体几何问题的有力工具	A	B	C	D	E

第三部分

将您认为更加贴切的选项的序号填在括号里（只选一项）.

14. 在立体几何教学中，您会利用计算机让学生观察大量空间图形. ( )

    A. 会　　　　　B. 不会　　　　　C. 视情况而定

15. 在立体几何教学中，您会使用实物模型，并且有时会让学生自己动手制作模型. ( )

    A. 会　　　　　B. 不会　　　　　C. 视情况而定

16. 在立体几何教学中，您会完全遵照教材的编排顺序开展教学. ( )

    A. 会　　　　　B. 不会　　　　　C. 视情况而定

17. 新教材对旧教材中的相关性质定理作了删减（如三垂线定理及其逆定理），您认为（ ）.

    A. 合理　　　　B. 没有影响　　　C. 不合理

18. 您认为课标在三视图和直观图教学时间安排上（ ）.

    A. 非常合理　　B. 时间偏多　　　C. 时间偏紧

19. 对于三视图的教学，您更偏向于使用（ ）.

    A. 多媒体教学　　　　　　　　B. 传统讲演式教学

    C. 多媒体与传统教学相结合　　D. 其他_____

20. 关于空间图形位置关系的判定定理没有严格证明（理科会在选修系列中用向量法进行严格推导），这对文科学生的学习（ ）.

    A. 产生负面影响，让学生对结论的严谨性产生怀疑

    B. 产生积极影响，降低了学生学习的难度

    C. 不清楚　　　D. 几乎没有影响　　　E. 其他_____

21. 在实际教学中，您对判定定理具体的证明过程（ ）.

    A. 进行详细补充　　　B. 有选择性地补充　　　C. 不会进行补充

22. 对于文科立体几何的教学，教材中设置的推理证明的例题、习题，您认为（ ）.

    A. 难度太低，需做大量补充　　B. 难度较低，需做一定量的补充

    C. 难度适中，可酌情扩充　　　D. 难度较高

23. 有的老师会向文科学生补充空间向量，您认为这种做法（ ）.

    A. 很有必要　　B. 有必要　　　C. 无所谓

    D. 没有太大必要　　　　　　E. 完全没有必要

24. 您认为一些老师向文科学生补充空间向量最主要的原因是（   ）.

A. 拓展学生的知识面   B. 为解决立体几何问题提供了新的视角

C.降低立体几何解题难度   D. 其他_____

25. 对于文科学生，如果补充了空间向量，后续的教学您将（   ）.

A. 以向量法为主   B. 以综合法为主，向量法辅之   C. 两者并重

26. 您认为向文科学生补充空间向量知识对教师的教学（   ）.

A. 完全没有负担   B. 有一定负担   C. 负担很重

27. 您认为向文科学生补充空间向量对降低立体几何后续教学的难度
（   ）.

A. 有很大帮助   B. 有一定帮助

C. 没有太大帮助   D. 没有帮助

28. 有老师不赞同文科学生补充空间向量，您认为最主要的原因是
（   ）.

A. 课标中不要求   B. 增加老师和学生的负担

C. 有碍于空间思维能力的锻炼   D. 其他_____

第四部分

请根据您的认知，在您认为恰当行为动词上打"√"。

29. 在必修 2 中，文科学生应该（了解、理解、掌握）柱、椎、台、球及简单几何体；（了解、理解、掌握）简单空间图形的三视图；（了解、理解、掌握）斜二测法画简单空间图形的直观图；（了解、理解、掌握）线面、面面垂直或平行的判定；（了解、理解、掌握）用公理、定理和已获得的结论证明一些空间图形的简单命题。

【附录 2】

教师访谈提纲

1. 柱、椎、台、球及简单几何体；简单空间图形的三视图；斜二测法画简单空间图形的直观图这三节内容中，新课标分别要求学生达到怎样的目标（了解、理解、掌握）？您认为什么样的要求更合适？调查中该三问的错误率较高，您认为原因是什么？

2. 您认为新教材的编排结构合理吗？您在教学中是如何处理的呢？（分析合理不合理的原因。有的老师会调整顺序，这个顺序是怎样的？）

3. 三视图和直观图需要在2课时内完成，您认为合理吗？为什么？（很多老师认为时间很紧，原因分析）您认为培养学生空间想象能力最重要的是什么？

4. 您认为有必要在课堂上，让学生观察大量几何图形吗？为什么？（有的老师虽然知道观察图形对学生有力，但是实际并没这么操作，为什么？）

5. 线面垂直、平行的判定定理没有给出证明，您怎么看？在教学中，您会对判定定理的证明过程进行补充吗？（调查发现，90%的老师都会补充，原因是什么？）

6. 文科学生删掉空间向量是不是"不同学生实现不同的发展"的体现？您会在教学中给文科学生补充空间向量吗？为什么？（在哪儿补充，补充到什么程度，如何克服时间安排的问题）

第6章

高中概率内容教学研究

随机现象在日常生活中随处可见，诸如明天是否会下雨、登山爱好者在登高山前决定是否买保险、上班途中是否会遇红灯，等等，它已和人们的生活紧密相连. 而概率是研究随机现象的学科，它为人们了解客观世界、形成主观认识、做出理性抉择提供重要的思维模式和解决问题的方式方法，同时也是统计学发展的理论基础. 在九年义务教育阶段，概率已经成为数学课程的基础组成部分，这也是我国数学课程改革的重大变化. 在高中阶段，《普通高中数学课程标准》要求继续加强随机性数学的教学. 同时在《普通高中数学课程标准》中概率被提到"一个未来公民必备常识"的高度，而数学课程改革的基调之一就是"培养未来公民的数学素质"，由此可见其重要性.

6.1 已有研究简介

6.1.1 国外研究情况

国外关于概率教学的研究多以学生作为研究主体，侧重于运用教育学和心理学的理论成果分析学生在学习活动中思维发展的过程，而把从事概率教学的教师作为研究主体的并不多见.

如 Piaget 和 Inhelder 在 1951 年出版的《儿童机会观念的由来》一书中根据他们的发展心理学理论，指出孩子们获得概率概念是分阶段进行的，特别是 Piaget 在关于不同年龄阶段孩子的所做所想方面的论断与认知心理学的研究成果非常吻合.

Fishbein 和 Gazit 曾研究过学生对理论概率和试验概率的接受情况. 他们以 5, 6, 7 三个年级的学生为研究对象，对其进行短期的理论概率及试验概率教学实验. 结果发现，这两种概率定义中学生更容易接受理论概率.

Graham A. Jones 等在 *An overview of research into the teaching and learning of probability* 一书中阐述了如何进行概率教学和如何学习概率. Jones，Graham A 在 *Exploring Probability in School* 一书中讨论了概率的重要性以及在高中概率教学中应实施研究型学习.

另有一些学者在研究中探究过学生对概率的一些通俗表达诸如"机会、可能性"等的理解情况. 其中，Green，Fischbein 和 Gazit，Williams Amir，Moritz，Watson 和 Pereira-Mendoza 以及 Chars，通过问卷测试不同年龄阶段和不同数学背景的学生对概率概念理解的情况. 研究表明，学生在现实生活经验基础上，很容易接受事件发生具有不可预见性和不确定性，但仅根据生活中的一些零散认知难以理解事件发生的不确定性背后隐藏的统计规律性，而难以理解大量重复试验对于规律发现的重要性，并且试验重复次数越多获得的规律越可靠. 同时一些学者研究发现，年龄越小的学生基本上都是根据自己的直觉来回答概率问题.

6.1.2　国内研究情况

在国内虽说从 20 世纪 60 年代起概率就进入了中学教材，但直到 20 世纪末概率教学因诸多因素仍没有被重视起来. 所以，总体来说在这之前我国关于概率教学的研究极少. 张奠宙曾撰文指出："中国的数学教育研究文章可说汗牛充栋，为何没有人去关注'概率教学'？"直到 2001 年在《普通高中数学课程标准》中明确规定了教学内容和教学要求以及考试比重明显增大的情况下，相关的研究才逐渐丰富起来，但关于概率的研究比较局限于概率统计知识介绍和解题技巧探究，而涉及概率教学的研究相对较少. 随着新课程改革的深入，近年来相应的教学研究也逐步展开. 综合国内研究，主要有以下三方面：

1. 概率知识方面

有学者以初一至高三数学教师为研究对象，调查了教师对几种概率定义的理解情况. 研究教师中关于"简单复合法"和"预言结果法"等错误认识的具体表现，考查了教师对概率公理化定义产生背景的了解情况，同时也调查了教师对消除学生"概率无用论"的教学策略.

另外，也有学者从两个方面研究了初中生对概率值的理解. 一方面是学生对理论概率、实验概率及主观概率的倾向问题：研究发现，不同年龄阶段的学生对概率的倾向不同，其中，初一年级较习惯于主观概率，初二学生倾向于理论概率，初三学生介于两者之间．同时发现，测试题目的背景对学生选择概率定义有着明显的导向作用．另一方面是考查学生定性与定量的解释概率值.

概率知识方面的研究很多，这里就不再一一赘述.

2. 概率教学方面

在概率教学方面最具代表性的研究应该是华东师范大学李俊教授所做的研究．李俊主要研究的是关于中小学生对概率的概念学习，其中主要研究了三个问题：

（1）高中以下学生对于概率知识的认识问题.

（2）概率到现如今这个层次，经历了怎样的发展过程.

（3）授课重点放在实验上，以缩短教学时间，是否合理？

对于教师的教学，李俊也给出了几条建议：

（1）教师应创造情境，鼓励学生用真实的数据、活动以及直观的模拟试验去检查修正或改正学生对概率的认识.

（2）教师应注意搜集在研究学生认知方面出现的新成果，并把它融合到自己的教学实践中.

（3）教师应帮助学生提高其认识水平，将他们逐渐引向更高，更复杂的水平.

此外，南京师范大学的陈嫣、涂荣豹等人研究了概率教学在培养学生认识和创造性思维方面的作用，他们指出，应从教学方式、思维方式、学习方式三个方面去培养学生的随机性数学意识.

有学者从理论的角度，形成了以下结论：

（1）概率主要是在概念、内容、心理和一定的安排组织下完成的.

（2）侧重点应放在学生适用的现实生活中.

（3）概率教学要与时俱进.

（4）针对学生的认知结构，提出了不同的教学方法.

还有学者提出，概率教学重在培养随机观念，强调概率的测度属性，还可利用多媒体教学.

3. 概率解题方面

关于概率解题方面的研究资料非常多，多见于期刊. 下面简单谈谈.

有学者研究了概率与函数、数列等相关知识点的交汇及解题方法，即把解决概率问题简略地分成三步走：

第一步，准确分析事件结构；

第二步，合理设计做事方式；

第三步，灵活运用概率公式等.

6.2 研究问题

课改后，人教 A 版教材中概率的编排结构、教材内容及要求、知识呈现方式及处理都发生了较大的变动，一线教师对"概率"内容的认知态度、状况是怎样的，针对这些变动，教师是如何处理的，这些需要从以下三个方面进行研究.

（1）分析高中一线教师对"概率"内容的认知状况.

（2）分析"概率"内容的课堂教学现状.

（3）结合认知与现状提出一些实用性的教学策略及教学建议.

6.3 研究设计

6.3.1 调查问卷设计

本章主要是基于问卷调查，了解一线教师对课改后高中"概率"内容的认知状况及教学现状，深入分析造成这些认知及现状的原因，并针对性地为概率教学提供合理的教学建议. 因此，必须要了解教师在教学实践中的认识与基本操作，故而对高中数学教师进行问卷调查. 因调查对象来自某市参加教师培训的一线高中数学教师，涉及所有该市所有辖区县的多所城市、县域学校，故而保证了调查对象的多样性. 在深入分析和研究教材的基础上结合课堂观察的现象及了解的情况，设计了一套问卷. 为了便于数据分析及信度要求，本问卷均以态度型的选择题呈现.

下面按待研究的问题来谈谈如何设计问卷：

在设计问卷前拟订如下提纲：

（1）教师对高中"概率"内容的认知状况.

① 对"概率"知识的认知状况.

② 对"概率"的编排结构认知.

（2）"概率"内容教学现状.

针对待了解的教师对"概率"知识的认知状况，共设计了十道题：

问题 2 主要是了解课改后教师对概率知识的地位认识，调查教师是否对《普通高中数学课程标准》中关于概率的定位有个清晰的认识.

问题 1，4 主要是调查概率与日常学习生活的联系，学习和生活方面各对应一道题.

课改后，对概率的考查也做了部分调整，第 3，11 题主要是调查教师对高考要求的整体把握及重视情况.

第 5，16 题的设置是了解教师对概率与统计联系的看法.

几何概型是《普通高中数学课程标准》版教材中的新增内容，为了调查教师对几何概型与古典概型联系的认识情况，分别从两者的联系与区别入手设置了三道题，分别为第 6，9，21 题.

针对"概率"内容的编排结构认知，共设计了六道题：

在必修与理科选修中都分布有概率与统计的内容，第 7，10，13 题主要是为了调查教师对"统计"与"概率"编排结构的认知.

在人教 A 版文科概率的编排教学不涉及排列组合、计数原理及二项式定理等相关知识，第 12 题主要是了解教师对这一变化的看法.

相对于《大纲》版教材，人教 A 版中与概率相关的"工具性"知识编排顺序发生了很大的变化，第 15，18 题则是调查一线工作者对这些变动的具体看法.

关于"概率"内容教学的现状，共设计了十道题：

随机现象与生活紧密相连，第 8，17 题是了解教师在教学过程中对生活中的概率实例的运用情况.

从统计过渡到概率的教学，学生往往比较容易接受，第 14 题主要是调查教学中对"概率"与"统计"关系的呈现情况.

在教学中，概率的三种不同定义呈现的情况不同直接影响到学生对概率的理解，第 19 题主要是调查教师对不同定义的处理情况.

概率内容在《普通高中数学课程标准》版教材编排中放在必修 3，而计数原理、二项式定理、排列组合等相关内容编排在理科选修 2-3 中, 第 20, 25 题则是调查教师在教学中是如何处理这些编排变化的.

在概率部分,《大纲》版教材对文理科学生要求的差异比较小, 而《普通高中数学课程标准》对文理科学生的要求差异却比较明显, 第 22, 23 题是调查课改后中学教师对文理科"概率"的不同处理情况.

第 24, 26 题则是了解教学中对必修与选修的"概率"内容的处理情况.

1. 调查对象

向参加某市高中培训的教师共发放 90 份问卷, 回收 85 份问卷, 筛选有效问卷 63 份, 有效回收率 70%.

表 6-1　被选取教师的主要信息

	性别	年龄	教龄	学历	班级人数	职称	培训次数
A	50	4	4	2	3	5	1
B	13	39	4	55	7	33	19
C		15	37	6	11	25	20
D		5	14		42		23
E			4				
总人数	63	63	63	63	63	63	63

从表 6-1 中反馈的信息我们大致可以总结对被试者的以下总体认知:

(1) 这次被调查的高中数学教师中, 男教师居多, 占 79.4%, 进一步说明从事高中教学工作的以男士居多.

(2) 教师的年龄大部分都是 31 岁以上, 说明相对比较成熟、教法、理念已基本定型.

(3) 教师的教龄大部分都不低于 11 年, 说明被调查的教师大都具备较丰富的教学经验.

(4) 教师们的学历基本上都为大学本科及其以上, 说明高中数学教学已基本上形成了一支高水平、高质量的教师队伍.

(5) 任教班级人数绝大部分不低于 50 人, 说明现阶段基本还是以大班教学为主，进一步说明基础教育资源还相对匮乏，教育硬件设施还有待改善，同时教育资源分配不均.

（6）从职称统计数据看，中学一级及以上职称者占 92.1%，说明此次调查对象大部分都是非常有经验的教师.

（7）所有被调查教师都参加过近三年县级以上的教师培训，说明教师培训普及的面比较广，同时也说明教师对课改应该有着比较清晰的认识.

2. 问卷的信度

根据测量与统计原理，本问卷设计的是五点态度量表，故要测量其内部一致性信度（即 α 系数）. 本章采用 SPSS Statistics17 算得 $\alpha = 0.774$. 说明这份问卷的测试题可信度较高（见表6-2）.

表6-2　可靠性统计量

Cronbach's Alpha	基于标准化项的 Cronbach's Alpha	项数
.774	.792	26

6.3.2　访谈

因问卷调查难以做到具体、全面、深入，故而设置访谈作为问卷调查的有效补充和说明，有助于进一步探究教师选择情况差异的具体原因. 结合问卷调查情况设计了以下几个访谈问题：

（1）大部分教师认为，高考对概率的考查重点依然会放在如何计数上，您怎么看？

（2）您对"概率为0的事件就是不可能事件"及"概率就是频率的极限或近似值"这两个问题是如何看的？请举例说明.

（3）在"学生在区分几何概型与古典概型时非常困难"这一观点上的认识上，赞同和不赞同几乎各占一半，您如何看这种情况？

（4）"人教A版必修3中，统计章节放在概率之前，说明概率是建立在统计基础之上的". 针对这一观点，有约25%的教师持不置可否或反对态度，您觉得是什么原因造成的？

（5）在新的编排结构下，一线教育工作者支持文科生不涉及排列组合、二项式定理等编排设计，针对这一观点的选择，赞成和不赞成几乎各占一半，您如何看？你觉得其中的主要原因是什么？

（6）新教材中与概率相关的工具性知识（如：排列组合、计数原理、二项式定理）与概率的相对编排顺序并不科学，针对这一观点的认识几乎各占一半，您如何看待？

（7）统计有约占30%的教师认为在理科教材中，排列组合、计数原理应该编排在必修3的概率内容之前，您如何看待这个问题？为什么？

（8）在理科学生学习概率内容之前，我总是会先选讲计数原理或排列组合等部分工具性知识. 针对这一观点，您的态度是怎样的？

（9）对于文科学生学习概率，我认为有必要简略补充计数原理或排列组合等相关知识. 针对这个观点有约占58.8%的教师持赞成态度，您赞成这个观点吗？您认为造成这种现象的原因是什么？

（10）有教师在讲完必修3概率问题之后会进入选修2-3中选讲计数原理部分内容的内在原因是什么？

6.4 教师对"概率"内容的认知状况

问卷调查后，筛除部分无效问卷（有的只回答了部分题目，有的可能是对此次问卷调查的不重视，胡乱填写，有的基本信息不全）. 经搜集、整理后还剩下 63 份可用问卷，数据统计分析后可大致了解课改后教师们对高中"概率"内容的基本认识情况及教学现状. 由调查对象的多样性保证了调查结果具有一定的代表性. 问卷设置中，均以 A, B, C, D, E 分别代表态度非常赞同、赞同、不置可否、不赞同、很不赞同，下面具体简要分析.

6.4.1 教师对"概率"知识的认知

1. 教师对"概率"知识的认知调查分析

为了了解教师对"概率"知识的认知情况，在问卷中共设计了十道题，分别是第 1, 2, 3, 4, 5, 6, 9, 11, 16, 21 题.

第 2 题主要是了解教师对"概率"知识地位的认识状况，进而了解其对课标的把握情况. 调查情况如表 6-3 所示.

表 6-3 "概率" 知识地位认知

	A	B	C	D	E
2 题	20.6%	74.6%	4.8%	0	0

从表 6-3 中的数据结果分析得出：认可 "概率" 基础知识已经成为一个未来公民必备常识这一观念的教师所占比例为 95.2%，无反对者，说明在教师群体中这一观念基本上已经成为一种共识. 我们身处在一个瞬息万变的信息时代，如何在纷繁的数据中捕捉有价值的信息并以此做出合理决策已经成为每个公民的必备能力. 然而数据信息的处理必然离不开随机思想及概率基础知识，故而其作为公民常识性知识的普及已成为一种必然. 整个数学课程改革的基调之一就是 "培养未来公民的数学素养"，概率恰好充分体现了这一点. 从数据可以看出，绝大部分教师对 "概率" 内容在整个数学课程中的地位、教育价值有着较为清晰的认识，同时也只有准确把握这些，教学时才能做到心中有数，才能有意识地向它靠拢. 但是依然存在部分教师持不置可否态度，分析其原因为：首先，部分教师缺乏对课程标准的深入解读，以致对概率的定位及要求认识模糊；其次，思想上没有引起足够的重视，只是为了考试而教学，只关注知识本身以及对学生的评价标准，陷入了 "教教材" 的小圈子里，不能从全局上对其定位进行把握，造成对其不甚了解的情况，在这种观念支配下的教学往往会与课标提出的数学素养教学相去甚远.

第 1，4 题主要是了解教师对概率与日常学习和生活联系的认识情况，其数据统计情况如表 6-4 所示.

表 6-4 "概率" 与日常学习生活联系认识

	A	B	C	D	E
1 题	34.9%	65.1%	0	0	0
4 题	11.1%	55.6%	12.7%	19.0%	1.6%

第 1 题主要是调查教师对生活中概率的认识情况. 由表 6-4 中数据可知，所有被试者均认为概率与我们的日常生活息息相关，在这一点上认识比较一致，这也是教师对生活的一个直观体验. 数学家拉普拉斯说："生活中最重要的问题，其中绝大多数在实质上只是概率问题." 概率论是 "生

活真正的领路人，如果没有对概率的某种估计，我们将寸步难移，无所作为."上面的论断看起来比较夸张，但也从侧面说明了概率与现实生活的联系比较紧密，同时我们也能时刻感受到概率思想、随机现象在日常生活中的普遍存在性. 如校运动会抽签决定比赛对手，篮球比赛的投篮命中率，明天持续高温的可能性，股票涨跌预测，风险投资评估，等等.

第 4 题主要是调查在学习工作中对概率思想的运用情况. 由表 6-4 中数据的分布情况可以初步了解，约 66.7%的老师比较赞成在学习工作中较多地运用或接触到概率思想这一观点，但存在部分教师持不赞同或不置可否态度. 为了进一步探究各因素对其影响情况，针对第 4 题的态度选择情况与各因素间是否存在显著性差异进行卡方检验，其数据如表 6-5 所示.

表 6-5　概率思想在学习工作中运用情况认知差异的影响因素

	Value	df	Asymp. Sig. (2-sided)
教龄	9.899^a	16	.872
学历	2.692^a	8	.952
参加教师培训次数	8.744^a	12	.725

由表 6-5 中数据可以发现，教龄、学历以及参加教师培训次数的不同在第 4 题上的选择情况上不存在显著性差异（$p > 0.05$）. 这说明虽然教龄、学历、参加教师培训次数等因素不同，但并不影响对它的选择，大家在学习工作中对概率及概率思想的运用情况差别不大.

第 3,11 题主要是调查课改后教师对"概率"内容高考考查要求的认识情况. 其统计数据如表 6-6 所示.

表 6-6　高考概率要求的认识

	A	B	C	D	E
3 题	7.9%	61.9%	6.4%	23.8%	0
11 题	11.1%	73.0%	11.1%	4.8%	0

由表 6-6 中数据可以清晰地看出，在第 3 题的调查中约 69.8%的教师认同课改后概率的考查方向及比重不会产生大的变动这一观点. 首先从课时设计上看，《大纲》版在必修概率部分有 12 课时，选修 Ⅱ 中统计与概率合计 14 课时，累计 26 课时，而《标准》版在必修 3 中关于概率章节有 8

课时，选修 2-3 中统计与概率 22 课时，合计有 30 课时，故而从课时的总量对比上可以粗略看出关于概率板块的考查比重不会发生太大变化. 其次认真对比《大纲》版和《标准》版教材关于概率内容的设计及教学目标不难发现对概率要求的变化. 总体而言，对概率的考查方向不会发生太大的变动，但局部侧重点发生了变化，比如关于互斥事件，《大纲》版教材给出的教学目标是了解互斥事件的意义，会用互斥事件的概率加法公式计算一些事件的概率，而《标准》版教材则是通过实例了解两个互斥事件的概率加法公式；《大纲》版教材的落脚点在于"会用""会计算"，而《标准》版教材的落脚点在于"了解". 另外，在选修部分将重点放在了超几何分布与二项式分布上. 关于这种变动相对较多，这里就不一一赘述了. 2013 年四川省迎来了课改后的首届高考，对比分析这两年的概率解答题也可以印证上面的观点. 另外，约占 30.2% 的教师持不置可否和不赞成的态度. 造成这一认识的原因有以下两点：一是对课改前后教材内容及要求的对比不够清晰；二是新增内容诸如几何概型、超几何分布、条件概率等相关新增知识点影响对其整体的把握.

由 11 题的统计数据可以看出，大部分教师认为，高考对概率的考查重点依然会放在如何计数上，另一部分教师持不置可否态度，只有小部分教师持不赞成态度. 为此，针对此问题进一步访谈了某中学高二年级数学老师：（注：A 代表访谈者、B 代表被访谈者）

A：大部分教师认为，高考对概率的考查重点依然会放在如何计数上，您怎么看？

B：随机观念、随机意识在高考试卷中难以以具体形式呈现，所以高考考查应该落脚于对概念、定理、模型本质的认识和理解上，最终体现在概率解题中，而"计数"作为一个重要环节，无法忽视.

因此，结合访谈及对比教材及其说明可以看出，以往注重计算而《标准》版教材淡化计算，把培养随机观念放在了首位. 由此可见，大部分教师还没有跳出以往的"圈子"，观念的转变尚不到位，其中最主要原因是高中教师不得不面对的高考问题，一切以成绩论成败，功利思想比较普遍，概率教学的重点是随机性思想的培养，但这却难以量化，无法进行有效的考查，进而在一定程度上被概率的解题、计数所取代，这也是多年根深蒂固的应试教育思想所造成的. 综观如今的考核可以发现，考核注重考查学生对数学概念、定理等本质的理解，注重考试内容进一步贴近时代、贴近社会、贴近考生实际，注重考查考生运用所学知识分析问题、解决问题的能力，控制单纯、烦琐的运算，体现了"多想少算"的命题理念. 因此，要准确地把握高考对概率的考查方向及侧重点，需要认真研读课程标准解读.

第 5,16 题主要是了解教师对概率与统计的联系的认识情况. 其统计数据如表 6-7 所示.

表 6-7　概率与统计联系的认知

	A	B	C	D	E
5 题	12.7%	68.2%	14.3%	4.8%	0
16 题	9.5%	73.0%	6.4%	11.1%	0

从第 5,16 题的回答情况可以看出，绝大部分教师认同在利用随机思想解决问题的过程中将大量用到统计的思想与方法以及在统计与决策的过程中蕴含随机思想这一观点. 另有部分教师持不置可否、不赞成态度的分别约占 14.3%，4.8%；6.4%，11.1%，造成这一现象的原因是部分教师对概率与统计间的联系理解得不够深刻或者把概率与统计视为相对独立的两个板块，对它们之间的关联没有做深入思考. 概率定义充分说明了概率与统计之间的联系 —— "在相同的条件 S 下重复 n 次试验，观察某一事件 A 是否出现，称 n 次试验中事件 A 出现的次数 n_A 为事件 A 出现的频数，事件 A 出现的比例 $f_n(A) = \dfrac{n_A}{n}$ 为事件 A 出现的频率，事件 A 发生的频率 $f_n(A)$ 随着试验次数的增加稳定于概率 $P(A)$，因此可以用频率 $f_n(A)$ 来估计概率 $P(A)$". 因为这个定义是通过统计观察计数分析而抽象出来的，所以我们把这一概率定义称为概率的统计定义. 但 16 题中不赞成所占比例相对略大，为了探究影响 16 题认知差异的主导因素，下面对第 16 题的回答情况与各因素间的关系做卡方分析，统计结果如表 6-8 所示.

表 6-8　概率与统计联系认知差异的影响因素

	Value	df	Asymp. Sig. (2-sided)
教龄	17.265[a]	12	.140
学历	5.622[a]	6	.467
参加教师培训次数	11.420[a]	9	.248

由表 6-8 中的数据可知，教龄增长、学历提高以及参加教师培训次数的不同在第 16 题上的选择情况上不存在显著性差异（$p > 0.05$），由此说明，教师对统计与概率联系的认识相对而言比较一致.

第 6，9 题的设置主要是了解教师对古典概型与几何概型联系的认识情况，21 题主要是通过教师侧面了解学生对它的认知情况. 其统计数据如表 6-9，6-10 所示.

表 6-9 古典概型与几何概型联系认知

	A	B	C	D	E
6 题	23.8%	71.4%	1.6%	3.2%	0
9 题	11.1%	61.9%	6.3%	20.7%	0
21 题	11.1%	41.3%	12.7%	34.9%	0

表 6-10 古典概型与几何概型联系认知的影响因素

	6 题	9 题	21 题
年龄	.421	.825	.197
教龄	.015	.398	.267
学历	.000	.852	.622
参加教师培训次数	.608[a]	.217	.364

从第 6 题的调查结果看，绝大部分教师认同事件的等可能性既是古典概型运用的基础也是几何概型的条件这一观点，只有极少数部分教师持不置可否及反对态度. 从卡方检验结果来看，教龄（$p < 0.05$）以及学历（$p < 0.01$）两个因素在古典概型和几何概型联系的认识上具有显著性差异，特别是在学历这个因素上对其影响极其显著，故而说明一线教师在两种概型的联系认识上总体而言都比较到位. 随着教龄的增加以及中学教师队伍整体学历的提高，对这两种概型联系的认识变得更加深刻.

第 9 题主要是调查教师对古典概型与几何概型主要区别的认识情况. 从表 6-9 中数据可以看出，11.1% 的教师非常赞同其主要区别是试验结果"是否"为有限个，61.9% 的教师持赞同态度，几何概型是另一类等可能概型，它与古典概型的区别在于试验的结果为无限个；另有约占 6.3% 的教师持不置可否和 20.7% 的教师持不赞同态度. 由此可以看出, 还存在相当一部分教师在这两种概型区别的认识上比较模糊或错误, 这也进一步突显了概型教学的重点和难点之处. 因几何概型与生活比较贴近, 通过对几何概型的了解就可以更好地解释生活中的一些常见事件, 故而课改后在概率板块新增了此内容; 虽然几何概型在大学的《数理统计》中学过, 但对于部分一线教师而言, 时隔多年, 出现一定的遗忘, 加之对两种概型的定义对比理解不深刻, 似是而非, 所以才造成了以上近 30% 的教师持不置可否或不赞成态度. 再结合卡方检验数据看, 说明年龄、教龄、学历及参加教师培训次数 ($p > 0.05$) 的差异对其影响不大, 这进一步说明教师培训在新增知识点的培训方面存在不足之处, 教师培训往往从宏观上对课改后高中数学体系、要求做一些必要的讲解, 但较少针对变动较大的版块, 教师难教学生难学之处开展专题讲解, 所以往后的教师培训可以根据教师的诉求进行一些有针对性的专题讲解. 教师也应该不断"充电", 以提高自身的数学专业素养来应对不断变化的教育形式和改革.

为了进一步了解教师对概率"知识"方面的认知, 对某中学部分年轻教师进行了访谈, 此处列举两种认知错误或模糊的典型回答:

A: 您对"概率为 0 的事件就是不可能事件"及"概率就是频率的极限或近似值"这两个问题是如何看的? 请举例说明.

B_1: 概率为 0 的事件就是不可能事件, 比如太阳从西边升起的概率为 0, 它是不可能事件; 我们在实际应用中经常把频率的近似值看成其概率, 同时在试验次数极大时, 频率是逼近概率的, 故而从这个角度来说"概率就是频率的极限或近似值"没问题.

B_2: 我们说"不可能事件的概率为 0"但却没有"概率为 0 的事件就是不可能事件"这一说法, 但举例比较困难, 暂时找不到合适的例子; 同样的"概率就是频率的极限或近似值"这一说法很少见, 感觉存在问题但却说不出它具体错在哪里, 有点模糊.

针对上面访谈中两种典型的回答可以明显看出, 部分年轻教师在概率某些"知识"层面的认知还存在问题. 在原有教材中教师一般会在教学中强调"概率为 0 的事件就是不可能事件"这一论断是错误的, 但却很少举例说明, 学生也仅仅是记住了"结论", 没有真正理解其中的错误点, 但《标准》版教材引入了几何概型, 从几何概型的角度列举反例就易如反掌. 同

时从访谈中可以看出，对"概率就是频率的极限或近似值"这一问题的看法存在极大的问题，我们在应用中一般"习惯"把"频率"近似地看成"概率"，并以此认为"频率是概率的近似值"，这显然是一种误读. 同样地，我们把事件发生的频率随着试验次数的增加稳定于概率的认知误解为"概率是频率的极限"，概率的统计定义只是在描述上类似于极限的定义，但其与数学分析中的极限定义是有严格区别的，这里的"稳定"就是我们理解的"逐渐靠近". 但这仅是直观上的描述，其数学意义在《概率论与数理统计教程》中由伯努利大数定理（设 μ_n 是 n 重伯努利试验中事件 A 出现的次数，又 A 在每次试验中出现的概率为 $p(0 < p < 1)$，则对任意的 ε，有 $\lim\limits_{n \to +\infty} P\left(\left|\dfrac{\mu_n}{n} - p\right| < \varepsilon\right) = 1$）以其严格的数学形式精确地揭示了频率与概率的关系，即频率依概率"收敛"于概率 p.

第 21 题主要是从教师角度调查在教学过程中，学生在对古典概型及几何概型在这个问题上的选择比较分散，持赞同和不赞同或不置可否的比例几乎各占 50%. 为进一步了解造成其上选择情况的原因，进行了如下访谈：

A：在"学生在区分几何概型与古典概型时非常困难"这一观点的认识上，赞同和不赞同几乎各占一半，您如何看这种情况？

B：在这个问题上不能一刀切，影响学生区分的因素很多，存在教师对知识点的把握剖析情况、生源质量、知识点本身特点等诸多因素.

结合调查统计及访谈可以看出出现这种现象的原因如下：

（1）参加培训的教师来自各个区县的不同学校，从第 6,9 题的统计数据可以看出，存在相当一部分的教师对概型的联系与区别的认识上存在问题，故而在教学中就难以进行透彻的分析与讲解，进而影响学生对它的认识.

（2）学生结构的差异性（地域差异、班级层次差异、生源质量差异）造成认知情况的差异.

（3）教师的引导方式、教学方式方法不尽相同，情况复杂，所以学生在区分几何概型和古典概型时所遇困难也就不同.

（4）概型自身的特点决定了区别的难度. 古典概型及几何概型的主要区别在于试验结果的有限与无限，从有限到无限的过渡本身就是一个难点所在.

从卡方检验数据看，年龄、教龄、学历及参加教师培训次数（$p > 0.05$）的不同对学生在这两种概型的区分难易程度上不存在显著性差异.

2. 反思

通过对"概率"知识的认知问卷调查与访谈可以初步了解一线教师对概率知识的认知情况，由此产生以下两点关于知识定位及知识储备的反思：

（1）教师对概率知识的理解是否透彻、认识是否清晰，对概率知识的定位是否准确.

课改后与概率内容相关的知识做了相应的调整，也增加了部分新内容，对概率的要求、培养侧重点、考查等也做了一些微调. 本部分内容的课时比例与高考考查比例的不协调无形之中也增加了教师的疑惑. 新增内容有几何概型、随机数、随机模拟、条件概型、超几何分布等，这些新增内容对一线教师而言相对陌生，因为这些内容以前在高中没有接触过，都是在大学阶段才有所了解，但大学的学习是粗线条的，并没有进行深入透彻的研究，时隔多年几乎遗忘但却要成为高中教学的一部分，致使很多教师对这些新增知识点的认识存在偏差. 另外，存在部分教师对知识点间的联系缺乏深入的思考，加之一些顽固的错误经验意识（如一对夫妻计划生 2 个孩子，这 2 个孩子是一男一女或全是男孩的概率不一样的错误认识），造成了对概率知识认识不透彻、不准确的现象. 又如，在原有教材中理解"概率为 1 的事件为必然事件，概率为 0 的事件为不可能事件"相对比较吃力，但《标准》版教材中的几何概型却能够为其正确认识、理解提供简洁便利的实例.

另外，现在一线教师往往陷入这样一种"怪圈"，虽然课程改革后，教材以及考查方向都发生了部分变动，但教师并没有跟随课改的步伐不断更新自己的知识认知及定位，缺乏对教材及课程标准解读的足够重视，没有深入研读课程标准，加之应试功利思想的泛滥，故而造成了对概率知识的认识定位不准确.

（2）教师自身的知识储备及文化素养是否已经"到位".

教师的素养达不到要求是影响课程改革效果的根本原因. 学高为师，作为教师一定要不断充实自己使自身的知识储备达到一个高度，使知识更新处于一个动态的过程，也只有这样才能多角度、多层次的认识、全方位的理解教材知识点，也只有这样才能在课题引入时做到信手拈来，肢解知识点时做到举重若轻，课堂讲解时做到深入浅出. 但由于部分教师知识储备不足，在概率知识点的认识上存在一些偏差与错误，比如古典概型与几何概型区别的认知，把概率理解为频率的极限，概率为 1 的事件为必然事件，两个事件并的概率如果等于两个事件的概率的和则认为这两个事件为互斥事件等错误理解. 试想如果教师不能对概率知识点有着非常透彻的理解，又怎能搞好概率教学？学生又如何深刻理解知识点？

6.4.2 教师对"概率"编排结构的认知

1. 教师对"概率"编排结构的认知调查分析

为了了解课改后教师对"概率"内容编排结构的认知情况，在问卷中共设计了六道题，分别是第 7, 10, 12, 13, 15, 18 题.

第 7, 10, 13 题主要是调查教师对概率与统计分必修与选修两部分的认识情况. 其统计数据如表 6-11 所示.

表 6-11　概率与统计编排的认知

	A	B	C	D	E
7 题	7.9%	57.2%	6.3%	27.0%	1.6%
10 题	15.9%	58.7%	11.1%	12.7%	1.6%
13 题	11.1%	65.1%	15.9%	7.9%	0

第 7, 10 题主要是调查在新的编排结构下，统计和概率独立成章以及其编排顺序变动的缘由. 从统计结果看，选择相对而言较分散，有 65.1%的教师认为课改后教材中统计与概率独立成章是因为它们有相对独立完善的体系，其他教师则持不置可否或反对的态度. 在原有教材中概率和统计编排在理科第三册第一章中，而在《标准》版必修 3 中，统计与概率分别独立地作为第二章和第三章，概率与统计独立成章，除了各自有着较为独立完善的体系原因外，还有就是本次课改比较注重书本知识与生活的联系，注重知识的应用性，因为统计和概率都是和生活有着紧密联系的知识，有着丰富的生活背景，独立成章也说明对它的重视程度. 至于统计与概率的编排顺序问题，从调查统计数据可以看出，约

占 75%的教师认为，统计章节编排在概率章节之前是因为概率是建立在统计基础之上，约 25% 的教师持不置可否或反对态度. 再结合访谈可以看出，造成认识差异性的原因是认识角度不同，大部分教师是从知识的内在结构来认识的，因为概率概念最基本的定义是概率的频率定义（概率的统计定义），而频率是属于统计范畴里面的，所以说概率是建立在统计基础之上是有一定道理的，这种编排有利于学生更好地理解概率的意义，更有利于教学. 然而，另外一部分教师是从数理统计学的角度出发再结合学生的认知结构来认识的. 数理统计主要通过利用概率论建立数学模型，搜集所观察系统的数据，进行量化的分析、总结，并进行推断和预测，为相关决策提供依据和参考. 在构建数学教材内容结构体系时要充分结合学生的认知规律，转化的过程是以学生心理发展为前提的，因此，教材章节编排要符合学生的心理发展规律. 《标准》版教材在概率与统计的编排顺序上符合学生的认知规律，更容易从统计自然过渡到概率的统计定义认识. 同时也说明大部分教师还是比较习惯从知识的内在结构看待其编排顺序问题.

第 13 题主要是调查统计与概率在《标准》版教材中分为必修和选修两个部分的原因. 从表 6-11 中的统计结果看，其中大部分教师认为这体现了对不同学生要求的差异性. 《标准》版教材分必修和选修两个部分，必修是针对所有学生在义务教育的基础上，获得较高的数学素养的所有学生而设置的，而选修部分则是根据学生不同的发展方向而设置的，其中选修系列 1 是为希望在人文、社会科学等方面发展的学生设置的，选修系列 2 是为希望在理工、经济等方面发展的学生设置的，而除了必修 3 中的统计概率外，在选修 2-3 中还有一章关于统计与概率知识的进一步拓展，而选修系列 1 中没有关于概率与统计的相关知识，这说明概率统计分必修和选修部分充分体现了对不同发展方向学生要求的差异性. 另外，有约 24%的教师持不置可否或不赞成态度，造成这种情况的部分原因是对课标解读把握不准，但具体原因有待进一步考究.

为了了解教师对文科教材中关于概率的编排及教学不涉及排列组合、计数原理及二项式定理的认知情况，设计了第 12 题. 其统计数据如表 6-12，6-13 所示.

表 6-12　文科概率不涉及排列组合、二项式定理等的认知

	A	B	C	D	E
12 题	12.7%	39.7%	15.9%	30.2%	1.5%

表 6-13　文科概率不涉及排列组合、二项式定理编排的认知影响因素

	职　称	教　龄	学　历	参加培训次数
12 题	.565	.341	.882	.818

在新一轮的课改中，针对排列组合和二项式定理等内容的变动比较大. 在原有教材中，上述知识点是针对所有学生而言的，而在《标准》版教材中，上述知识点编排在选修 2-3 中，仅针对理科学生而言. 从表 6-12 统计数据可以看出，约 52%的教师认同文科不涉及排列组合、二项式定理等编排安排，同时有约占 48%的教师不认同上述观点. 为此，进行如下访谈：

A：在新的编排体系下，一线教育工作者支持文科生不涉及排列组合、二项式定理等编排设计. 针对这一观点，选择赞同和不赞成的几乎各占一半，您是如何看的？你觉得其中的主要原因是什么呢？

B：教了多年书，编排变动就造成和以往形成的既定认知及教学模式产生冲突，其次文科删了这一版块也不利于完整知识系统的形成.

根据问卷调查与访谈总结其不赞成的原因如下：

（1）没有明确概率教学的核心问题是让学生了解随机现象与概率的意义，教学时不应把重点放在"如何"计数上，计数本身只是方法和策略问题.

（2）课改后不论是教材的编排结构还是内容要求都发生了一些变化. 原有教材用了多年，很多一线教师对此版教材的知识及结构体系都非常熟悉，按照某种固定的思维模式已经教或学了多年. 比如，针对概率版块，排列组合以及二项式定理等相关知识作为解决概率问题的工具性知识，在以往的概率解题教学中运用得很多，虽然现在《标准》版教材在概率板块对文科学生的要求降低了，但往往涉及某些概率问题时缺乏简化思维过程的工具性知识，入手相对而言就比较烦琐，删掉了这版块知识的编排，使得很多教师"不适应"，这是由以往固有思维模式产生的不适感.

（3）有部分教师认为，排列组合、二项式定理等知识和概率板块应属同一知识体系，虽然要求存在差异性，但按照《标准》版教材对上述知识

点的编排就不能保证知识的系统性与连贯性.

因此,不认同文科学生选修教材中不涉及排列组合及二项式定理的编排安排.

由其卡方检验值($p > 0.05$)可以看出,职称、教龄、学历、参加培训次数这些因素对其选择均不存在显著性影响.

第15,18题主要是调查教师对与理科概率相关知识的编排顺序的认识情况.其统计数据如表6-14,6-15所示.

表6-14　与理科概率相关知识的编排顺序认知

	A	B	C	D	E
15 题	15.9%	42.8%	14.3%	27.0%	0
18 题	12.7%	57.1%	19.0%	8.0%	3.2%

表6-15　与理科概率相关知识的编排顺序认知影响因素（卡方检验）

	年龄	教龄	学历	职称	参加培训次数
15 题	.607	.121	.456	.546	.255
18 题	.208	.927	.804	.420	.157

第15题主要是调查新教材中与概率相关的工具性知识(如:排列组合、计数原理及二项式定理)与概率知识的相对编排顺序是否科学.有约占59%的教师认为现行教材的编排顺序不科学,另有约占 41% 的教师认为《标准》版教材中关于概率及其相关知识的编排顺序合理.从第 18 题的调查数据可以看出,有近70%的教师认为排列组合、计数原理等相关知识应该编排在必修 3 的概率内容之前,而另有 30%的教师反对以上观点.为了进一步了解教师的真实想法,访谈如下:

A:统计有约占 30%的教师认为在理科教材中,排列组合、计数原理应该编排在必修 3 的概率内容之前,您如何看待这个问题?为什么?

B:我赞成这个观点,排列组合、计数原理应该编排在必修 3 的概率内容之前更有利于概率解题教学,这是个基本的"工具".

综合调查统计情况及访谈可以看出,虽然课程改革已经实施了多年,但依然有大部分教师存在不适应感,比较认同原有教材对于概率知识的相关编排顺序. 原有教材关于计数原理、排列组合及二项式定理后紧接着概率的编排已经在绝大部分教师心中形成了比较固定的认识, 这种编排顺序的优点在于易于知识体系的形成, 教学时可以充分挖掘它们之间的联系. 同时学生也很容易从中找到其相通之处, 理解起来不存在障碍, 但这种编排的弊端也非常明显. 首先, 由于概率紧挨着排列组合, 很多学生甚至部分教师都认为概率就是排列组合知识的一个运用, 简单地将其与求排列组合的运算等同起来, 这样就忽视了概率本身所期望培养的随机思想, 显然违背了在高中阶段设置本部分内容的初衷. 其次, 由于《标准》版教材概率内容编排在必修 3 中, 而排列组合、二项式定理等相关知识编排在选修2-3 中, 这样在刚开始学习概率的时候学生还未接触排列组合, 更有利于随机意识的渗透和不确定性思想的培养, 而不会执着于计数. 所以造成以上调查情况的原因就在于教师对于概率设置的目的、初衷不明确, 或是这一初衷在一定程度上被正确解决概率题目所取代, 陷入概率即计数、计算、解题的认识上, 而造成这种认识的很大一部分原因在于标准化衡量体系下往往无法对随机性思想进行有效的考查, 所以最终也就归结于解决概率问题上, 这便是教师应试思想造成的. 另外, 从表 6-15 中的卡方检验值 ($p > 0.05$) 可以看出, 教龄、学历、职称、参加教师培训次数、年龄等因素均对其认知、选择无影响, 进一步说明中学阶段应试教育思想的普遍存在性.

2. 反思

通过对"概率"编排的认知问卷调查与访谈可以初步了解一线教师对概率编排的认知情况, 由此产生以下两点反思:

（1）教师的培训力度是否需要加强, 侧重点是否需要"微调".

课程改革相较于以往, 无论是理念, 还是要求、目标、内容都发生了改变. 其中概率板块知识编排的顺序变化很大, 比如概率与统计的相对位置, 计数原理、排列组合与概率的相对位置, 文理不同要求等. 为什么要进行这样的顺序调整? 初衷在哪里? 具体要求是什么? 考查的方向如何? 其最终目的是什么? 等等, 这些都是教师的疑惑. 尽管教育相关部门也组织了不少培训, 但短期培训往往从宏观上进行一些必要的说明、讲解, 很难顾及细节, 培训所涉及面广但具体落实到点却比较少, 教师培训的效果总体而言不太理想. 因此，培训部门应该根据教师诉求加大教师培训力度的同时"微调"其培训的侧重点，特别是针对把握不准的知识点以及变动的编排结构，只有吃透这些才能更好地进行概率教学.

（2）教师间的沟通交流与合作是否"到位"了.

为了更好地认识课程改革，教育部门的培训是一方面，同时也需要教师们的深入研究和探讨. 但个人的认识往往比较局限或是存在偏差，这就需要学校定期组织教研会不断促进教师间的沟通、交流与合作，并产生思想的碰撞，进而不断吸取他人的经验与教训，在思想的交流中获得更完整的认知.

6.5 "概率"内容教学现状分析

6.5.1 "概率"教学现状调查分析

为了调查课改后一线教师对"概率"内容板块的教学现状，在此问卷中设计了十道题，分别是第 8, 14, 17, 19, 20, 22, 23, 24, 25, 26 题.

第 8, 17 题主要调查教师在"概率"教学中引入生活实例的情况. 其统计数据如表 6-16 所示.

表 6-16　概率生活实例在教学中的运用情况

	A	B	C	D	E
8 题	4.8%	36.4%	3.2%	54.0%	1.6%
17 题	14.3%	79.3%	3.2%	3.2%	0

从总体上看，多数教师认为概率教学应该结合生活实际，把生活中的概率实例引入到课堂教学中. 针对第 8 题的调查结果可以看出，存在部分教师（约占 40%）认为，概率教学应偏重理论教学，恰当地引用少量生活实例，因为生活中的实例不如设计好的例子直观. 持以上观点的教师注重了自身教学的"好教"，但确忽略了学生的"易学". 较少运用充满生活气息的概率实例而一味追求"设计好的例子"，会导致学生的学习脱离现实背景，甚至没有经历生活中实例的提出、抽象、转化、构建简单模型与问题解决这一过程，只会解决"设计好的问题"，而很难解决实际中产生的问题.

认真研读《标准》版教材中关于概率章节的设计会发现，此版教材是将概率通过实例引入，并在具体的情境中，让学生通过动手实验，搜集数据，分析结果，寻找规律等过程构建知识，并强调最终的目的是解决实际问题. 综观高考对概率部分的考查情况可以看出，概率的考查比较注重与生活实例的联系，充分考查学生的理解、分析、转化及应用能力. 因此，对教师概率教学提出的要求是注重概率与鲜活的生活实例相联系，以培养学生的应用意识和实践能力.

进一步对影响第 17 题选择情况的影响因素进行分析，其卡方检验值如表 6-17 所示.

表 6-17　影响概率生活实例在教学中的运用差异因素

	Value	df	Asymp. Sig. (2-sided)
教龄	15.476[a]	12	.216
学历	6.818[a]	6	.338
职称	11.231[a]	6	.081
参加教师培训次数	34.878[a]	9	.000

由表 6-17 中数据可以看出，教龄、学历、职称（$p > 0.05$）这三个因素对概率实例在教学中的运用情况的选择不存在差异，而参加教师培训次数（$p < 0.01$）这个因素对其选择情况有着显著性差异. 这说明教师培训在这版块的效果很明显，通过教师培训提高了教师对概率教学的理解与认识. 概率与生活密切联系，对学生而言充满了趣味性和吸引力，因而从实际情景入手就显得非常有必要，同时也只有与生活实例紧密联系才能更好地培养学生的随机思想，否则学生就会狭隘地认为学习概率就是书本上的抛硬币、掷骰子、摸球，最多会运用计数原理或排列组合算算概率而已.

第 14 题主要是调查教学中教师对"概率"与"统计"联系的呈现情况. 其统计数据如表 6-18 所示.

表 6-18　教学中对"概率"与"统计"联系的呈现情况

	A	B	C	D	E
14 题	17.5%	66.7%	15.8%	0	0

研读教材可以发现，教材中是以数据处理为主线将统计与概率联系起来的. 从表6-18中数据可以看出，有约占84%的教师赞成或非常赞成在概率的教学过程应该让学生运用统计的方法系统地经历数据的搜集、整理过程，充分地领悟统计的思想方法，以此加深学生对概率的理解认识. 为了纠正概率教学中学生基于生活经验形成的概率直觉，促进概率概念的理解以及认识随机现象培养随机思想观念的目的，在教学过程中大部分教师会有意识地让学生亲身经历对随机现象的探究过程，引导学生合理猜测结果发生的概率，然后在试验中通过对数据的处理并与自己的猜测值进行比较，在检验和不断调整过程中，既形成了概率概念的初步认识，也纠正了学生的一些关于概念的错误认识. 比如，概率概念的试验定义（统计定义），这是一个非常重要的概念，其教学效果直接影响着概率的后续教学，在教学过程中要特别注意频率的稳定性对于概率概念本质理解的重要性，但这必须借助于对现实实践的统计. 教材中的处理就是通过抛硬币试验由频率近似估计概率值而得出的概率定义，故而概率教学离不开统计的支撑. 另有约占16%的教师持不置可否态度，出现这种情况的原因是部分教师忽视教学活动，他们对于书本上的试验仅用口头说教的方式进行教学，并以自身的讲解代替学生对知识概念的"建构"过程，同时认为因课时压力组织学生课堂探索并运用统计手段整理分析会"浪费"时间，且因课堂探索的可控性差，效果并不理想，更愿意"节约"时间进行实例讲解、题型训练，但这部分教师却忽视了这样的教学是难以改变学生已有的概率直觉.

为了进一步呈现课堂教学现状，下面选取一个教学片段加以说明.

下面是本科实习听课阶段在某中学高二年级组某老师关于概率定义教学截取的一个教学片段：

本节课前5分钟教师简要地对必然事件、不可能事件、确定事件、随机事件进行了说明.

教师 —— 教材第109页的抛硬币试验在课堂上我们就不组织进行了，同学们可以在课下自行组织进行. 同学们在初中阶段已经对频数、频率、概率有了一个初步的了解，这节课我们来进一步认识它们.

首先请同学们直接翻到第110页回顾下频数、频率的含义.

学生 —— 学生认真阅读110页频数、频率含义（在相同的条件S下重复n次试验，观察某一事件A是否出现，称n次试验中事件A出现的次数

n_A 为事件 A 出现的频数，事件 A 出现的比例 $f_n(A) = \dfrac{n_A}{n}$ 为事件 A 出现的频率）．

教师——从上述叙述中我们可以看出，频数即试验中某个事件出现的次数 $(0 \leqslant n_A \leqslant n)$，以事件出现次数的比例来衡量频率．

引导学生思考：频率的取值范围是什么？必然事件及不可能事件出现的频率是多少？

师生——在学生回答后教师归纳：由频率的定义可知，频率的取值范围为 $[0,1]$，必然事件出现的频率为 1，不可能事件出现的频率为 0．

教师——那么频率与概率到底存在着怎样的关系呢？在之前请同学们认真看书上关于计算机模拟掷硬币试验的统计结果以及历史上一些掷硬币的统计数据表并思考分析正面朝上的频率具有怎样的特点？请找出规律．

学生——讨论后回答：频率都在 0.5 附近波动．

师生——引导学生认识到：在大量重复试验中，随着试验次数的增加，正面朝上的频率总在 0.5 附近摆动，试验次数越多，一般来说就越靠近 0.5．

教师——因此一般来说，随机事件 A 在每次试验中是否发生是不能预知的，但在大量重复试验中，随着试验次数的增加，事件 A 发生的频率会逐渐稳定在区间 $[0,1]$ 上的某个常数．故而我们可以用这个常数来度量事件 A 发生的可能性大小：对于给定的随机事件 A，如果随着试验次数的增加，事件 A 发生的频率 $f_n(A)$ 稳定在某个常数上，就把这个常数记作概率 $P(A)$．因此可以用频率 $f_n(A)$ 来估计概率 $P(A)$．

后面教师用了 10 分钟左右时间说明概率的取值范围以及概率与频率的关系．

最后剩余时间用于例题讲解（例题涉及事件类型判断及概率计算）．

综观上述教学片段，总体而言，在概率定义教学的后续阶段还是注意了传统教学中的教师设问引导、学生讨论回答、师生归纳总结等环节．但认真分析不难发现上述教学片段存在的诸多问题，同时也是一线老师存在的较为普遍的问题．因为概率是一门研究随机现象的学科，其随机性决定了与传统的确定性数学的差异，教材设置中增加了较多的试验、探究，这就要求教师在教学时应该适当地转变教学方式. 因为概率的统计定义是建立在试验基础之上的，所以在构建概率定义时离不开动手试验、数据的搜集与处理等. 但从上述的教学片段可以看出，教师忽略了组织学生进行抛硬币试验这一环节，而是直接让学生观察书本上的计算机模拟掷硬币试验以及历史上一些掷硬币试验的统计数据并找规律. 这种以教师讲解为主的处理方式的好处在于避免了课堂试验，增加了课堂的可控性（如果课堂试验次数不大或统计数据情况极不理想可能对学生探索概率造成较强的干扰，虽然可以用概率的意义来解释但它属于下节内容），节省的部分时间用于概念讲解和例题讲解. 但这种处理方式的弊端也非常明显，因为教师没有组织课堂试验（一般情况下课后自行组织试验的可能性很小），学生没有经历个人重复抛掷硬币的统计与观察，以及小组统计，全班统计的观察与分析，再加上课堂试验数据与计算机模拟的抛硬币试验数据以及历史上的抛硬币试验统计数据之间的比较，也就不能逐渐形成当试验次数很大时频率在 0.5 这个常数周围摆动的认识，以及试验次数越大这个摆动幅度越小的认识，从而影响概率统计定义的形成. 而缺乏课堂试验的支撑，缺乏质疑猜测与对比，学生难以修正基于生活的概率经验意识. 另外，直接观察书本上计算机模拟掷硬币试验结果以及历史上一些掷硬币试验统计数据的优点在于这些统计数据都是在大量重复试验下得到的，观察这些大量的数据统计能够较直观地找出其中的统计规律；但缺点在于这些数据是"干瘪"的，缺乏课堂试验数据的"鲜活性"，所以在条件允许的情况下可以利用多媒体技术和课堂教学相结合，在课堂上直接利用计算机模拟掷硬币试验，这样更直观. 还有，没有经历课堂试验的少量数据观察→计算机模拟的较大量数据观察→历史上抛硬币试验的大量数据观察这样一个过程，难以形成在大量重复试验中随着试验次数的增加，事件 A 发生的频率会逐渐稳定在区间[0,1]中的某个常数，且试验次数越多，频率在某个常数周围摆动的幅度越小的认知.

由此可见，在概率统计定义教学中，组织学生在随机试验中利用统计手段系统地经历数据的搜集、整理、分析、质疑猜测、寻找规律、对比等过程有利于学生对概率定义的建构.

第 19 题主要是调查教学中对"概率"的不同定义的处理情况，其统计数据如表 6-19 所示.

表 6-19　教学中对概率不同定义的处理

	A	B	C	D	E
19 题	20.6%	65.1%	12.7%	1.6%	0

从第 19 题的统计数据可以看出，约占 85.7% 的教师认为在概率概念的教学过程中应该注意概率的直觉定义→统计定义→古典定义的过渡，因为这三种定义符合高中生的认知特点，比较容易接受，且具有内在的统一性，故而大部分教师在这点上的认识处理比较统一. 概率教学的核心问题是让学生了解随机现象和概率的意义，使学生学会用随机观念去描述和分析某些随机现象，但其前提是对概率概念的深刻理解. 概率概念与以往数学中的"确定性"数学概念存在着很大的差异，因为对它的理解在一定程度上依赖于"偶然性"，所以在概念的教学引入、设计、过渡中需特别注意. 下面首先对概率的直觉定义、统计定义以及古典定义做一个说明：

（1）概率直觉定义是个人对随机现象可能性大小的估计，是根据信息调整最初基于经验或直觉之上的估计.

（2）概率的统计定义为在大量重复进行同一试验时，事件 A 发生的频率总是接近于某个常数，并在它附近摆动，这时就把这个常数叫作事件 A 的概率.

（3）概率的古典定义是在一次试验中出现可能结果的总数是有限个，而且每个结果的出现都在同样可能的前提下，考虑如果一个试验有 N 个（同等可能的）结果，其中有 M 个结果有利于（或使得）事件 A 发生，那么比值 $\dfrac{M}{N}$ 即定义为事件 A 的概率.

在深入接触概率之前，学生主要靠直觉定义概率，这种主观直觉可以作为教学的出发点，但在概率概念教学的过程中基于学生的经验认识情况，为了纠正学生直觉定义存在的错误与偏差，教师需在课堂上组织学生进行试验观察并运用统计方法搜集整理分析数据以检验修正经验意识，并逐渐形成以频率近似估计概率的统计定义认识. 但大量重复试验在现实中一般难以得到保证，且"常数"也只是一种"想象"的保证，故而这个定义不能确切地求出概率，但经特殊化处理即针对等可能事件概率时，由统计定义可以抽象出概率的古典定义，即把古典定义视为统计定义的一个特例.

因此，注重直觉→统计→古典定义的过渡，引导学生从一般到特殊，经历试验探索分析，既有利于学生修正错误直觉，也能够加深学生对概率概念实质的理解，避免出现"频率稳定于概率"即"频率的极限是概率"的认识和概率是试验次数足够大时频率的近似值等错误观念。由表6-19中数据可知，大部分教师注重其定义的过渡，但另有约占12.7%和1.6%的教师持不置可否及不赞成态度。出现这种情况的原因是对《普通高中数学课程标准》要求的认识偏差造成对概率概念教学的忽视，认为《普通高中数学课程标准》淡化概率复杂计算即意味着要求降低学生对概率概念的理解，认为概率缺少了排列组合、计数原理等工具性知识就没什么内容可讲也没什么可深讲的。

第20,25题主要是调查对"概率"内容的教学安排顺序情况，其统计数据如表6-20所示。

表 6-20 "概率"内容教学安排顺序情况

	A	B	C	D	E
20 题	7.9%	36.5%	20.6%	33.3%	1.7%
25 题	12.7%	60.3%	17.5%	9.5%	0

表 6-21 "概率"内容教学安排顺序差异的影响因素

	Value	df	Asymp. Sig. (2-sided)
教龄	11.294[a]	12	.504
学历	2.173[a]	6	.903
职称	2.908[a]	6	.820
参加教师培训次数	9.111[a]	9	.427

基于 15,18 题教师对于理科概率相关知识编排问题的认识情况（大部分教师认为《标准》版教材关于概率与其相关知识的编排顺序不科学），再结合 20,25 题的统计数据可以看出，有约占 44% 的教师赞成按照概率的编排顺序进行教学，有约占 73% 的教师赞成在必修 3 之后直接进入选修 2-3 中选讲计数原理部分内容，在不影响学校教学进度安排的前提下尽量实现板块化的系统教学，以保证知识的连贯性与相对完整性。上述认识

主要是《标准》版教材相对于原有教材关于概率内容编排变化造成的. 原有教材的编写在第二册下中首先是排列、组合和二项式定理 、概率，紧接着是第三册理科选修中的概率与统计（离散型随机变量的分布、期望与方差等），这样的编排优点在于知识的系统性，学生在学习时能够一步到位，容易形成一个完整的知识系统. 而《标准》版教材在必修3中安排了统计和概率，计数原理则调整到理科选修 2-3 中，这种变动的最主要目的是避免受排列组合、计数原理的影响而更好地培养学生的随机观念与随机意识. 课改后，由于教师的观念转变不到位，不适应课程改革，所以有约占 56% 的教师在处理概率教学的过程中并不是严格按照教材中关于概率的编排顺序教学，更有甚者约占 73% 的教师会直接进入选修 2-3 中选讲部分内容，因为这样处理既能保证知识的系统性，更有利于概率的解题教学. 在某中学实习期间访谈了部分任教理科班的高二数学教师，他们普遍认为在必修 3 概率章节的教学过程中仅利用列举法（列表法、树形图）进行概率教学很局限，虽然思维简单但操作过程略复杂，不利于解题效率的提高，故而高二数学组基本上达成共识——在概率内容教学之前或之后有必要选取选修 2-3 中的计数原理（加法、乘法计数原理）部分知识进行讲解. 再结合表 6-21 中对影响 25 题选择的因素中教龄、学历、职称、参加教师培训次数的卡方检验值（$p > 0.05$），可以看出，教龄、学历、职称、参加教师培训次数等因素对其选择并不存在显著性差异，故而综合来看，针对教学顺序安排变动归根结底在于中学阶段保守的解题教学思想，忽视了课改概率变动的初衷.

第 22,23 题主要是调查教学中针对文理科概率的处理情况，其统计数据如表 6-22 所示.

表 6-22　对文理科"概率"的处理情况

	A	B	C	D	E
22 题	17.5%	52.4%	11.1%	19.0%	0
23 题	15.9%	42.9%	11.1%	28.7%	1.4%

由 22 题的统计数据可以看出，有约占 70% 的教师赞成在理科学生学习概率之前先讲解排列组合或计数原理等部分工具性知识，约占 11.1% 的

教师持不置可否态度. 原有教材中概率安排在排列、组合、二项式定理之后, 广大师生很容易将概率看作排列组合的一个应用, 而忽视概率设置的目的.《标准》版教材在概率内容编排时为了更好地实现培养学生随机观念的初衷, 特意将排列组合安排在选修 2-3 中. 结合访谈分析造成上述现象的原因如下:

（1）大部分教师的思想认识还没有转变到位, 没有充分理解概率设置的初衷, 依然停留在原有教材教学的既有模式上.

（2）概率解题教学的需要. 排列、组合、计数原理等相关知识作为概率解题的工具性知识的应用很广泛, 缺少这些工具性知识只能依托列举法进行一一列举, 其局限性非常明显, 这些知识在选修系列中会具体讲解, 所以现在只是把部分知识提前, 无碍 "大局".

（3）受升学压力的影响. 如何培养学生高效的解题是当前高中教师普遍思考的一个问题, 因为高考升学直接影响着社会对学校的评价, 继而影响着学校对教师的评价, 以成绩作为教师的主要评价标准几乎成为社会、学校的共识, 所以出现考什么教什么的教学策略. 教师能够认识到概率设置的培养初衷, 但随机思想在考试中很难得以考查, 最终概率的考查还是落脚于概率的解题上, 迫于 "无奈", 只能进行 "取舍".

（4）数学在各所学校都备受重视, 所以课时安排比较充裕, 甚至晚自习也比较充裕, 即在不影响正常教学进度安排的前提下, 客观上也为教师讲解计数原理抑或排列组合提供了便利和充足的时间.

但还是存在 19.0% 的教师不赞同在理科概率教学前讲解计数原理等相关知识, 因为这部分教师充分认识到在没有讲解计数原理、排列组合的前提下进行概率教学可以避开其干扰, 有利于学生更好地理解概率意义及随机思想的培养.

从 23 题的调查统计数据可以看出, 有约占 58.8% 的教师认为在文科概率教学前有必要简略的补充计数原理或排列组合等相关内容, 约占 11.1% 的教师持不置可否态度. 虽然文科概率要求相较于理科比较低, 文科只会在必修 3 中涉及概率, 在选修系列中没有安排排列组合、计数原理等相关知识的学习, 但依然有过半的教师认为有必要补充部分计数原理等知识, 造成这种现象的主要原因基本上还是处于解题教学的考虑. 综合实习阶段观察的现象有以下情况:

（1）很少一部分教师选择在概率教学中不补充计数原理知识.

（2）占一大部分教师会选择在概率之前补充加法和乘法计数原理.

（3）也有老师在概率内容之后补充计数原理知识.

（4）很少有老师既补充加法、乘法原理又补排列组合知识.

老师处理必修 3 概率这章前都补充讲解了加法原理和乘法原理. 在和数学老师交流的过程中提到的一个主要问题便是这样更有利于本章的古典概型概率解题教学, 提高解题效率, 有效避免繁杂的列举, 且学生也难以做到列举得不重不漏. 另有约占 30.1% 的教师持不赞成或很不赞同的观点. 为了了解其中的原因, 我利用实习阶段对高二数学组担任文科班级教学的部分教师进行了访谈, 其中存在部分教师认为在教学过程中随意"添加"知识点是教学的一大忌, 在补充知识上一定要慎重. 首先要看教学情况是否有补充知识的必要, 知识点本身是否晦涩难懂; 其次, 考虑班级层次及班级学生的学习情况和"消化"能力. 另外, 文科概率本身要求并不算高, 列举法在初中阶段的概率学习中已做了比较详尽的讲解, 学生们利用列举法基本都能满足文科古典概型的解题要求, 没必要给学生"加负", 况且概率教学的核心问题应该着眼于随机思想、随机观念的培养.

第 24, 26 题主要是调查教学中对必修与选修"概率"内容的处理情况差异, 其统计数据如表 6-23 所示.

表 6-23　对必修与选修"概率"内容的处理情况

	A	B	C	D	E
24 题	12.7%	73.0%	11.1%	3.2%	0
26 题	17.5%	68.2%	12.7%	1.6%	0

从 24, 26 题的调查统计数据可以看出, 约占 85.7% 的教师认为针对必修 3 中的"随机事件的概率、古典概型及几何概型"等概率内容着重让学生认识随机现象, 体会随机思想, 了解概率意义以及理解概型特征, 而约占 85.7% 的教师认为选修 2-3 中的"计数原理、离散型随机变量及其分布列以及条件概率和事件的独立性"等概率内容则着重让学生掌握概率计算的"工具性"知识及生活中广泛应用的概率模型. 由此可见, 大部分教师在必修与选修概率教学中的侧重点不一样, 其中必修 3 概率教学的要求体

现在认识、了解、知道、理解的层次，而不是一味地执着于解题与计数，比如古典概型的教学．首先是充分认识古典概型的特点．其次，最主要的是引导学生能够把生活中的一些实际问题转化为古典概型，以培养学生的分析和转化能力，而不是把重点放在"如何计数"上；对于结果，给出一个合理的解释，理解其中的概率意义即可．对于理科选修 2-3 中的概率内容，既是知识面的一个拓展，也是概率应用层次的一个体现，所以针对这部分内容的要求，体现在对计数思想的理解上，避免抽象的讨论计数原理，而且强调计数原理在实际中的应用；学会利用离散型随机变量思想描述和分析某些随机现象的方法，并能用所学知识解决一些简单的实际问题．另外，约占 11.1% 和 12.7% 的教师持不置可否态度，只有约占 3.2% 及 1.6% 的教师持不赞成观点．为了探究对其选择差异的影响因素，分别对 24, 26 题的可能影响因素作卡方检验，其卡方检验统计值如表 6-24 所示．

表 6-24　必修与选修"概率"内容的处理情况差异的影响因素

	教龄	学历	任教班级人数	职称	参加教师培训次数
24 题	.359	.975	.220	.137	.000
26 题	.002	.897	.533	.001	.000

由表 6-24 的卡方检验值可以看出，教龄、学历、任教班级人数、职称（$p > 0.05$）等因素在第 24 题的选择上不存在显著性差异，但参加教师培训次数（$p < 0.01$）的不同在第 24 题的选择上差异极其显著，由此说明，教师培训对教师更合理的处理必修 3 中的概率内容有着明显的影响．

从第 26 题各因素的卡方检验值可以看出，学历、任教班级人数（$p > 0.05$）等因素在针对选修 2-3 概率内容的教学处理上不存在显著性差异，但教龄、职称、参加教师培训次数（$p < 0.01$）三因素对其选择存在着显著性差异．即随着教龄的增加，自身教学经验的累积，职称的晋升，对教材的理解更深刻以及整体大局把握得更好，所以对选修 2-3 概率的教学也就更合理．另外，因为四川在 2009 年才开始使用《标准》版教材，所以最近几年的教师培训主要是针对新课程改革，而参加教师培训次数的增加对课程改革的认识也更加深刻，故而在选修 2-3 的概率教学处理上能更好地把握好其侧重点，进而说明教师培训在某些方面达到了预期效果．

6.5.2 反思

通过对"概率"教学现状的问卷调查与访谈可以初步了解一线教师对概率教学的现状，由此产生以下两点反思：

（1）教师关于概率的教学观念更新是否已经"到位"了.

由于原有教材已经使用了多年，很多一线教师都有多年的经验，并形成了比较固定的教学观念，而且由于应试思想的影响，很多教师都是本着考什么就教什么的原则进行教学. 比如，在概念教学中，很多教师认为高考考查的重点是对概率公式的运用，所以在概率教学中不惜把大量的课时分配到公式的讲解与应用，以及大量的题型训练上，学生往往只能机械地套用公式，进而使其思维僵化；而对于概率的概念教学，则分配较少时间，甚至把概率设置培养的初衷抛之脑后，导致学生对概率的理解比较模糊. 有部分教师虽然认识到概率教学的核心是让学生了解随机思想和理解概率意义，但迫于高考压力，还是"无奈"地选择"题海战术". 因此，教师概率教学观念的转变与更新变得尤为重要.

（2）概率内容的独特性是否需要在教学方式的选择上有更多的考虑.

概率是以随机现象作为研究对象的一门科学，即研究对象为不确定的，这与传统的数学内容间存在很大的差异. 这也直接决定了教师在教学方式以及角色上的转变. 以往教师比较习惯于注入式的教学方式，以教师讲授为主，而《标准》版教材和原有教材最直观的区别就在于课本中增多了探究和实验板块，这些都需要学生和教师合作完成，进而使得教师成为教学内容的构建者，这也使得以往的课堂模式、教学观念受到冲击. 同时概率与以往所学的确定性数学的不同之处体现在学习过程中伴随着试验探索，数据搜集处理，故而以讲授为主的教学模式不再完全适用. 在这种情况下，我们需要师生合作完成教学任务，并在课堂的合作互动中完成"教"与"学"的过程，把自身置于一个开放、不确定的环境中，成为教学内容的积极构建者，此时教材只是作为一个具有引导作用的资源而已.

6.6 教学建议

课改后，不论编写理念、培养目标，还是教材内容选取、编排结构、知识呈现方式及处理方式都发生了变化. 结合以上调查分析可以看出，教师不论对概率知识点，还是对教材编排顺序，都存在一些认知偏差. 另外，由教学现状调查可以看出，教师在概率教学处理方面也存在一些问题，但要实现概率教学目标，教师是非常重要的一因素. 因此，对教师提出了更高的要求：首先教师要转变观念，充分认识数学课程改革的目标与理念，即教师不仅仅是教学的实施者更是课程研究、建设和资源开发的重要力量. 其次，为了更好地完成课改后的教学任务，教师要积极研究与探索，不断充实自己，提高自己的专业素养. 因此，结合调查研究情况及概率自身的特点，摸索性地给出以下一些教学建议.

1. 组织课堂探索活动，让学生经历随机现象的建模过程，形成概率思想

弗莱登塔尔关于基础数学教育说过："学校数学主要是'活动的、操作的'". 在新《普通高中数学课程标准》理念下，高中数学的学习本身就是一个主动构建的过程，即学生学习的过程是在教师的引导下"再创造"的过程. 关于概率教学部分，《普通高中数学课程标准》中指出：概率教学的核心问题是让学生了解随机现象和概率的意义，并通过实例，在具体的情景中了解有关概率的意义，并能解决一些简单的实际问题. 概率在高中教材体系中属于比较"另类"的版块，因为概率本身研究随机现象，即研究对象为不确定的，这与传统的数学内容间存在很大的差异，因此不能完全沿用传统的灌输式的教学方法去教学. 为了适应概率自身的特点，在教学过程中教师应该积极地组织课堂探究活动，引导学生动手实验，让学生在探究活动中经历随机现象的建模过程，形成概率思想.

比如，在随机事件概率教学中，教师可以结合教材提供的抛硬币试验合理地组织课堂探索活动. 首先让学生思考抛一枚硬币可能出现的结果以及出现正面朝上的可能性是多少，让学生大胆猜测，学生根据自身的经验主观感受随机现象的不确定性及其发生的可能性似乎又有大小及规律可循. 其次，让学生带着这些疑惑参与课堂活动，探索频率与概率的关系，并逐渐形成建立概率模型的意识. 经个人重复抛硬币试验并统计观察，再小组统计、全班统计并分别观察分析其统计的规律性，在活动中让每个学生都参与到试验探索中来，并在试验中经历数据的搜集、整理和分析，通过实验结果逐渐建立随机现象模型并形成频率与概率之间似乎存在某种联系的

认识，再用数据分析的结果与其猜测值进行比较，在不断比较中逐渐修正自己的经验认识. 最后，结合课堂试验数据与计算机模拟的抛硬币试验数据以及历史上的抛硬币试验统计数据并进行比较，逐渐形成当试验次数很大时频率在 0.5 这个常数周围摆动的认识，并且试验次数越大，这个摆动幅度越小，进而形成概率的试验定义. 在明确出现正面朝上的概率为 0.5 的前提下，进一步理解 0.5 体现的概率意义，这里，我们可以充分借助在课堂探索活动中的统计数据. 硬币出现正面朝上的概率为 0.5，让学生理解研究随机现象时并不能知道事件是否发生这样一个结果，但我们知道它发生的可能性，0.5 并不是告诉我们一个结果. 正面朝上这个事件的概率为 0.5 并不是指在两次抛掷中就会出现一次正面朝上和一次反面朝上，而是在有足够试验次数的前提下，如抛掷 2 万次后，会有 1 万次左右出现正面朝上. 因此，让学生通过课堂探索活动，经历随机现象的建模过程，学生会更容易认识随机事件发生的随机性与规律性的统一，形成概率思想.

2. 概率教学应该注意与相应的生活模型相结合的教学策略

现实生活中的概率模型往往比较生动，学生在"枯燥"的数学学习中极易对生活实例、生活模型产生浓厚的兴趣. 而兴趣是学生学习的助推器，当学生对概率产生兴趣时，他会带着疑惑怀着一颗好奇心积极地探究其中的奥妙，这对学生的学习无疑会产生积极的作用. 因为概率论起源于赌博分赌金问题，带有浓烈的生活气息，故而在概率教学中可以以生活中大家非常熟悉的抽签、买彩票、摸球等概率模型为背景来展开. 然而，要实现生活中的概率模型与概率教学相结合，就需要教师在备课时广泛地联系生活，如有趣的实验、游戏，体育赛事（篮球、乒乓球、射箭等）结果预测分析等，充分发掘生活中学生熟悉的概率模型. 比如，在某次学校运动会的篮球赛中通过抽签方式决定对决次序，而体育又是一个特别讲究公平竞技原则的领域，那么为什么会采用这样"儿戏"的决定方式呢？为什么在扑克牌游戏中，"对子"比"连子"小，"连子"比"同花"小？为什么制定这样的游戏规则？这些游戏规则公平吗？它的依据什么？用这些生活实例再辅以引导性的提问，可以激发学生探究的欲望.

另外，教师可以引入一些生活实例的错误认识，引导学生探究其中错误的原因，进而让学生深刻理解概率等相关内容. 比如，我这里有几张免费的演唱会门票，在班上采用抽签的方式决定谁获得. 在准备好签后，同学会争先恐后地去抽，觉得先抽的概率比较大，后抽的概率比较小，究其原因是古典概型的认知错误与概率应用意识弱.

3. 概率教学需淡化复杂的概率计算，注重模型归类教学，理解古典概型和几何概型实质

由前述的调查研究可以发现，不论是文科还是理科概率教学，大部分教师都会进入一个误区，过分注重概率解题教学. 比如，在概率内容讲解前会补充计数原理、排列组合部分知识，这样做往往忽视了概率教学的核心内容是让学生了解随机现象并理解概率意义. 这是由多方面因素造成的，既有教师的认知问题、自身素质问题，也有标准化考查导向问题. 在没有接触计数工具的情况下，学习概率更易于随机思想观念的培养，故而在概率教学部分不能过分注重概率上的"如何"计数，应淡化概率的复杂计算. 另外，古典概型和几何概型是两个典型的概率模型，教学时，关键在于讲清楚这两个模型，而讲清楚这两个模型的目的在于遇到问题时模型的选择，因为古典概型和几何概型的主要区别在于试验的基本事件数是否为有限个. 因此，引导学生有个清晰的认识有利于模型的选择，同时在概型教学中要适当地进行归类讲解. 比如，前面提到的抽签、抽奖等问题都属于同一概率模型，而摸球、放球概型更是应用广泛，所以教学中讲清楚、讲透彻一个模型很重要，因为对一个典型模型的深度挖掘比对大量同类型模型的浅尝辄止更有效. 同时要让学生懂得恰当的转化，即从本质上认识古典概型与几何概型. 比如，计算班上 60 名学生生日都不同的概率. 很多同学会根据直观感觉且不假思索地认为 60 人生日不同的可能性很大，故而概率应该比较大. 这个问题乍一看和我们在课堂教学中的模型有所不同，不知如何入手，但深入分析研究其本质会发现它就是一个放球模型. 即在教学中可以把一年 365 天看成 365 个盒子，60 名学生看成 60 个球，把 60 个球放在 365 个盒子中，盒子中球数不限，则有 365^{60} 种方法，而要求 60 人的生日都不同则相当于每个盒子中的球至多只能有一个，所以有 A_{365}^{60} 种方法，所以概率 $P = \dfrac{A_{365}^{60}}{365^{60}} \approx 0.006$. 这进一步说明 60 个人中生日相同的概率约为 0.994，这是一个多么出人意料但却在情理之中的结果. 这种模型的

讲解既有利学生充分理解模型的本质，又有利于纠正学生的经验意识.

下面这道几何概型题，它对于学生理解几何概型本质很有参考意义.

在 Rt△ABC 中，∠C = 30°，BC = 2，求点 A 与线段 BC 上点的连线长度不大于 1 的概率.

易求 AB = 1，AC = $\sqrt{3}$，找到其临界点 D，且 AD = 1.

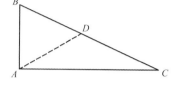

方法一（面积度量）：$P = \dfrac{S_{\triangle ABD}}{S_{\triangle ABC}} = \dfrac{1}{2}$；

方法二（长度度量）：$P = \dfrac{BD}{BC} = \dfrac{1}{2}$；

方法三（角度度量）：$P = \dfrac{\angle BAD}{\angle BAC} = \dfrac{\dfrac{\pi}{3}}{\dfrac{\pi}{2}} = \dfrac{2}{3}$.

为什么一题三解会得到不同的结果呢？错误原因在何处？几何概型和古典概型运用的前提是必须保证基本事件发生的等可能性，而方法三中选择了角度度量，但角度与线段 BC 上的点并不能建立一一对应，所以基本事件不具有等可能性，故而第三种方法错误.

因此，在教学中要注重学生对概型实质的理解.

4. 概率教学中注意阅读理解、转化和迁移能力的培养，注重多角度思维的培养

近几年的高考试题呈现出和社会生活以及生产实践相结合的趋势，但高考考查的题型相对稳定，和生活联系最紧密的就是概率板块，所以概率的考查往往是以生活背景作为载体. 这就要求学生具有较强的阅读理解、迁移转化能力，把具体的生活实例转化、"翻译"为熟悉的概率模型. 故而要求教师在概率教学中要有意识地进行阅读理解能力的培养，充分指导学生在阅读中挖掘题中的隐蔽信息，由此及彼的迁移能力，透析问题本质.

另外，在概率教学中教师要有意识地培养学生多角度思考问题的能力. 比如，在古典概率解题教学中，确定试验中基本事件数采用的计数方法的多样性（枚举法、列表法、树形图等）以及思维角度的多样性的培养. 比如，同时抛掷两枚均匀骰子，求出现的点数和为偶数的概率. 针对这样一

道简单的古典概型题目，教师应尽量引导学生多角度思考．教学中不妨记事件 A 为"同时抛掷两枚均匀骰子，出现的点数和为偶数"．解法一，用一个二维数组表示试验出现的基本事件，其中的两个数分别表示两个骰子出现的点数，由列举法可知试验的基本事件数为 36，事件 A 包含的基本事件数为 18，则事件 A 发生的概率为 $\frac{1}{2}$，这是一种常规解法；解法二，因为试验中只可能出现四种等可能情况，即（奇数，偶数），（奇数，奇数），（偶数，奇数），（偶数，偶数），事件 A 包含的基本事件数为 2，则事件 A 的概率为 $\frac{1}{2}$；解法三，也可以把试验出现的等可能的基本事件取为（点数和为偶数），（点数和为奇数），则事件 A 发生的概率为 $\frac{1}{2}$．三种不同的解法，三种不同的视角，这种一题多解有利于学生多角度思维的培养．

5. 多媒体技术和课堂教学相结合的教学策略

概率是一门研究随机现象的科学，伴随着大量的试验及数据处理，其随机数和随机模拟会和多媒体技术产生紧密的联系．而概率统计定义的形成过程是一个动态的过程，为了更加形象、直观地呈现这个动态过程，教师在课堂教学中可以适当地利用多媒体技术，让学生经历数学知识的发生、发展过程．比如，概率统计定义的教学中，要让学生形成概率是无数次试验中频率的稳定值，如果仅靠教师的讲解很难让学生形成清晰的认识，所以动手试验和计算机的随机模拟就显得很重要．而动手试验因为其试验次数的局限性只能使学生形成概率统计定义的粗略认识．因此，在课堂教学中，为了寻求其大量试验的统计规律，我们有必要观察试验次数较大的试验结果．教材中第 111 页的统计表呈现出了计算机随机模拟的结果，但表格数据毕竟是"死"的，所以在条件允许的情况下教师可以在课堂上用计算机随机模拟动态以还原书本表格里呈现结果的过程．因为计算机不仅能够大大提高数据处理效率，而且还能够提供可视化窗口，以便让学生在动态过程的观察中逐渐形成概率的统计意识．结合计算机随机模拟让学生在动态的模拟过程中形成这样一个意识：随着试验次数的不断增加，频率在一个常数附近摆动，且试验次数越大，摆动的幅度越小，故而这个常数就是事件的概率．我们以频率值近似估计概率值，但必须明确指出概率值不是频率四舍五入的值.

然而在具体的操作中,用计算机模拟随机数的产生、均匀随机数的产生等内容,在教学中一般无人问津,他们或者直接选择不讲或者轻描淡写一笔带过,其原因是多方面的,有硬件条件局限,有教师的多媒体技术能力薄弱,但最主要的原因是不考不教. 由此可见,考查导向对课程改革目标的实现有着非常重要的作用.

【附录】

新课程下高中"概率"内容教学调查研究问卷

尊敬的老师:

您好!为了了解各位经验丰富的一线老师在高中"概率"内容方面的教学情况,更好地总结高中"概率"教学的经验与方法,我们编制了下面的调查问卷. 问卷回答的内容只作为我们研究的参考,没有好坏对错之分,请您放心如实地填写,您的真实回答将在很大程度上提高本次研究的可信度和客观度,促进课堂教学的改进,提高数学教学效率. 谢谢您的合作!

一、您的基本情况(请在符合您情况的选项前的字母上打"√")

1. 性别:(A)男   (B)女

2. 年龄:(A)30 岁以下 (B)31~40 岁 (C)41~50 岁 (D)51~60 岁

3. 教龄:(A)5 年以下 (B)6~10 年 (C)11~20 年 (D)21~30 年(E)31 年以上

4. 现在的学历:(A)大专及以下学历   (B)本科   (C)本科以上学历

5. 任教每个班级的人数:(A)30~39 人 (B)40~49 人 (C)50~59 人 (D)60 人以上

6. 职称:(A)中学二级及以下 (B)中学一级 (C)中学高级及以上

7. 近三年参加县级以上教师培训的次数:(A)0 (B)1 次 (C)2 次 (D)3 次及以上

二、请遵照您内心真实的感受和思考如实填写以下问卷，您的选择有助于我们对调研情况的把握，谢谢您的支持.（从以下五个选项中选出一个您认为最适合的答案，在其前的字母上打"√"）

1. 在日常生活中，我会接触到很多与概率相关的方面（如彩票、天气预报、保险、投资，等等）.

A. 非常赞同　　B. 赞同　　C. 不置可否　　D. 不赞同　　E. 很不赞同

2. "概率"基础知识已经成为一个未来公民的必备常识.

A. 非常赞同　　B. 赞同　　C. 不置可否　　D. 不赞同　　E. 很不赞同

3. 根据多年的经验，大部分教师认为课改后，概率的考查方向及比重也不会有较大的变动.

A. 非常赞同　　B. 赞同　　C. 不置可否　　D. 不赞同　　E. 很不赞同

4. 在学习工作中，不论是面对概率还是非概率问题，运用概率思维考虑问题的情况较多.

A. 非常赞同　　B. 赞同　　C. 不置可否　　D. 不赞同　　E. 很不赞同

5. 在利用随机思想解决问题的过程中将大量地用到统计的思想与方法.

A. 非常赞同　　B. 赞同　　C. 不置可否　　D. 不赞同　　E. 很不赞同

6. 事件的等可能性既是几何概型的条件也是古典概型运用的基础.

A. 非常赞同　　B. 赞同　　C. 不置可否　　D. 不赞同　　E. 很不赞同

7. 新课改下，统计与概率独立成章说明它们自成体系.

A. 非常赞同　　B. 赞同　　C. 不置可否　　D. 不赞同　　E. 很不赞同

8. 在"概率"教学中应偏重理论讲解，引入少量生活实例就行，因生活实例没有设计好的例题直观.

A. 非常赞同　　B. 赞同　　C. 不置可否　　D. 不赞同　　E. 很不赞同

9. 几何概型与古典概型的主要区别是试验结果"是否"为有限个.

A. 非常赞同　　B. 赞同　　C. 不置可否　　D. 不赞同　　E. 很不赞同

10. 人教 A 版必修 3 中，统计章节放在概率之前，说明概率是建立在统计基础之上的.

A. 非常赞同　　B. 赞同　　C. 不置可否　　D. 不赞同　　E. 很不赞同

11. 高考对概率的考查重点依然会放在如何计数上，所以在教学中应该注重这版块的教学.

A. 非常赞同　　B. 赞同　　C. 不置可否　　D. 不赞同　　E. 很不赞同

12. 新的编排结构下，一线教育工作者赞同文科生不涉及排列组合、二项式定理等编排设计.

A. 非常赞同　　B. 赞同　　C. 不置可否　　D. 不赞同　　E. 很不赞同

13. 新课改下，统计与概率分必修和选修两个部分体现了对不同学生要求的差异性.

A. 非常赞同　　B. 赞同　　C. 不置可否　　D. 不赞同　　E. 很不赞同

14. 在概率与统计教学中应让学生系统的经历数据的搜集整理过程，以此能够加深学生对概率的认识.

A. 非常赞同　　B. 赞同　　C. 不置可否　　D. 不赞同　　E. 很不赞同

15. 新教材中与概率相关的工具性知识（如：排列组合、计数原理、二项式定理）与概率的相对编排顺序并不科学.

A. 非常赞同　　B. 赞同　　C. 不置可否　　D. 不赞同　　E. 很不赞同

16. 在统计与决策的过程中蕴含着随机思想.

A. 非常赞同　　B. 赞同　　C. 不置可否　　D. 不赞同　　E. 很不赞同

17. 我经常将涉及概率知识的生活实例运用到教学中去.

A. 非常赞同　　B. 赞同　　C. 不置可否　　D. 不赞同　　E. 很不赞同

18. 在理科教材中，排列组合、计数原理应该编排在必修 3 的概率内容之前.

A. 非常赞同　　B. 赞同　　C. 不置可否　　D. 不赞同　　E. 很不赞同

19. 概率概念的教学过程中应该注意概率的直觉定义→统计定义→古典定义的过渡.

A. 非常赞同　　B. 赞同　　C. 不置可否　　D. 不赞同　　E. 很不赞同

20. 在概率教学中，我是严格按照教材编排顺序进行教学的.

A. 非常赞同　　B. 赞同　　C. 不置可否　　D. 不赞同　　E. 很不赞同

21. 学生在区分几何概型与古典概型时非常困难.

A. 非常赞同　　B. 赞同　　C. 不置可否　　D. 不赞同　　E. 很不赞同

22. 在理科学生学习概率内容之前，我总是会先选讲计数原理或排列组合等部分工具性知识.

A. 非常赞同　　B. 赞同　　C. 不置可否　　D. 不赞同　　E. 很不赞同

23. 对于文科学生学习概率，我认为需要简略补充计数原理或排列组合等相关知识.

    A. 非常赞同   B. 赞同   C. 不置可否   D. 不赞同   E. 很不赞同

24. 有教师认为，必修 3 的教学中，"随机事件的概率、古典概型及几何概型" 等概率内容着重让学生认识随机现象，体会随机思想了解概率意义及理解概型特征.

    A. 非常赞同   B. 赞同   C. 不置可否   D. 不赞同   E. 很不赞同

25. 讲完必修 3 概率问题之后会进入选修 2-3 中选讲计数原理部分内容，在不影响学校教学进度安排的前提下尽量实现板块化的系统教学.

    A. 非常赞同   B. 赞同   C. 不置可否   D. 不赞同   E. 很不赞同

26. 选修 2-3 的教学中"计数原理、离散型随机变量及其分布列以及条件概率和事件的独立性"等概率内容着重让学生掌握概率计算的"工具性"知识及生活中广泛应用的概率模型.

    A. 非常赞同   B. 赞同   C. 不置可否   D. 不赞同   E. 很不赞同

第 7 章

基于教材解读的高中 HPM 教学研究

随着 1972 年 HPM（数学史与数学教学关系国际研究小组）的成立，国际上便越来越关注 HPM 教学的研究. 我国也逐步在课程标准等文件中指出有关提倡将数学史融入课堂等内容，数学教育研究者们也强调要在数学教学中更多地融合数学史知识，以此来推动数学教育现代化和数学素质教育的实现以及积极响应国家课程标准的改革实施. 不过，数学史"高评价，低应用"的现象在全世界都很普遍，这个现状也使得 HPM 教学的实践性和发展性亟待解决. 尤其是针对教材中的数学史素材，它们要如何融入课堂？其融入的有效途径和策略是什么？这些问题亟待研究.

7.1 已有研究简介

7.1.1 国外有关研究综述

对于数学史料对数学的重要性，英国数学家格莱舍认为，数学这个学科的教学是不能与其历史分开的. 德国数学家汉克尔也说，数学的伟大成就是建立在一代又一代人的创造上.

19 世纪 90 年代，美国开始提出将数学史运用在数学教学上. 到了 20 世纪，欧美数学家们开始进一步大力提倡数学史的教育价值.

德国大数学家 M. 克莱因在 20 世纪 70 年代的一次采访中指出了数学史是教学的指南，大力支持在课堂中运用数学史料. 法国数学家庞家莱也认为，数学课程的内容应该按照数学史的发展顺序来呈现，让学生的认知过程与现实的发展相符合. 而荷兰数学教育家弗赖登塔尔有一个非常深刻的批评，他说教材若没有历史感，则是把火热的发明变成了冷冰冰的美丽.

1972 年，HPM（International Study Group on Relations between History and Pedagogy of Mathematics）组织在英国举行的 ICME2（第二届国际数学教育大会）上正式成立. HPM 译为数学史与数学关系国际研究小组，我们通常称它为数学史与数学教育，以专门研究数学史与数学教学之间的关系. 最开始，HPM 会议只在国际性的大会议上举行，但从 1984 年开始，HPM 在墨尔本以卫星会议的方式举行. 从此，HPM 每四年都会选择不同地点举行卫星会议，让来自世界各地的学者都能进行学术交流. 随着 HPM 队伍的不断壮大，其影响也越来越大.

7.1.2 国内有关研究综述

我国数学史研究的开创人李俨在 20 世纪 30 年代便出版了《中国算学史》等多部数学史著作. 但是，长期以来，我国对数学史的研究都是远离数学教学的. 从 20 世纪 90 年代初，我国才对数学史的教育价值做出大量研究并举办多次会议对其进行深入探讨.

其中，台湾地区的成果较为丰硕. 1998 年，台湾师范大学洪万生教授创刊《HPM 通讯》. 时至今日，洪万生教授已经向我们分享 HPM 有关研究成果近 20 年了. 与此同时，大陆也越来越关注数学史的教育价值，大量著作论文随之出版发表.

我国著名数学家吴文俊教授认为，对数学历史的了解可以帮助我们更深刻地认识到数学的现状，还可以指引我们知道数学未来的发展方向. 张奠宙教授也在《关于数学史和数学文化》一书中揭示了当前的数学教学还停留在只讲数学史是什么，而没有将数学史的发展进程深刻地融入教学课堂中.

华中师范大学钟雪梅在她的硕士学位论文《高中数学教材中数学史料的教学研究》里做了教学实验调查，主要采用问卷法，得到了教师对数学史教学的看法：大部分老师均认可它的益处，但表示在实际课堂中实施起来有困难，要想有深层次的数学史教学那就更难了.

而张维忠和汪晓勤在其编写的《文化传统与数学教育现代化》一书中，明确提到了教师对数学史"高评价，低应用"的现象早已有之，而且事实上这种现象在世界各地均具有普遍性.

7.2 研究问题与内容

7.2.1 高中数学人教 A 版教材中的数学史内容解析

数学史内容在教材中呈现了多少？在哪里呈现的？呈现的具体形式是怎样的？本章对高中数学人教 A 版教材中的数学史内容进行了罗列、统计和归类. 并依照六个类型的数学史，选出六个典型内容对教材的编排意图做出分析.

7.2.2 基于教材解读的 HPM 教学

依照教材，在正文出现的数学史会以引入、延伸等方式将其融入课堂教学，故将选取的三个正文类的数学史料的 HPM 教学片段按照教材的编排意图呈现出来，再对其进行教学分析和评价.

7.2.3 基于教材解读的 HPM 教学的进一步运用

除了依照教材编排的 HPM 教学，数学史还有其他进入课堂的方式，这在实际课堂中也是很常见的. 为了继续对 HPM 教学做进一步的探讨，我们选取了教材中的六个典型数学史内容的 HPM 教学片段，以便让读者感受到数学史料可以在课堂上使用的更大空间和可以发挥的更大功能.

7.2.4 基于教材解读的 HPM 教学策略

基于以上研究，要对如何更好地运用教材中的数学史内容进行总结和反思，具体的教学策略和基本步骤是什么，从而达到初衷 —— 逐渐改变目前国内教育工作者对 HPM 教学的"高评价，低使用"，使其成为"高评价，高使用".

7.3 教材中的数学史内容解析 —— 以高中数学人教 A 版为例

7.3.1 教材中的数学史基本内容

现今中国高中数学人教版 A 版教材中出现了大量数学史料，以高考涉及的教材为范围，即必修系列、选修 1 系列、选修 2 系列、选修 4-4 与选修 4-5 教材，将其中所有数学史内容均按教材罗列在表 7-1 中.

表 7-1　我国高中数学人教 A 版教材中的数学史料

教材	教材中的数学史
必修一	函数符号的引入 函数概念的发展历程 对数的发明 中外历史上的方程求解
必修二	画法几何与蒙日 祖暅原理与柱体、锥体、球体的体积 欧几里得《原本》与公理化方法 笛卡儿与解析几何 坐标法与机器证明
必修三	算法历史 海伦-秦九韶公式 辗转相除法 更相减损术 秦九韶算法 《九章算术》的介绍 割圆术 "回归方法"的由来 雅各布·贝努利的介绍 蒙特拉罗方法
必修四	弧度制的发明 三角学与天文学 向量及向量符号的由来
必修五	海伦和秦九韶 毕达哥拉斯学派、三角形数、正方形数 斐波拉契数列 高斯和他的故事 古代学者的思想言论 有关国际象棋的数学名题 九连环 赵爽弦图
选修 1-1	为什么截口曲线是椭圆 牛顿法 ——用导数方法求方程的近似解
选修 1-2	哥德巴赫猜想 "群"的发明 开普勒、波利亚、拉普拉斯的言论 科学发现中的推理 哈代的言论 虚数单位的发明

教材	教材中的数学史
选修 2-1	为什么截口曲线是椭圆 牛顿法——用导数方法求方程的近似解
选修 2-2	哥德巴赫猜想 "群"的发明 开普勒、波利亚、拉普拉斯的言论 "三段论"的创立 科学发现中的推理 哈代的言论 虚数单位的发明
选修 2-3	"杨辉三角"与二项式系数的性质 杨辉三角中的一些秘密
选修 4-4	笛卡儿、费马与坐标方法 摆线及其应用
选修 4-5	法国科学家柯西

7.3.2 教材中的数学史内容类型分析

以上所有数学史内容在教材中的编排位置和方式不同，因此，为方便基于教材研究 HPM 教学，需先按照它们出现的位置将其分为正文类和课后类. 其中，正文类再按数学史在教学环节中的编排分为新课引入、新课内容与新课延伸类，课后类则按照数学史本身的内容性质分为课后数学家、课后理论知识与课后实际问题类. 即将高中数学人教 A 版高考涉及教材中的所有数学史内容分为了六类，现将其罗列如下.

1. 正文类

1）新课引入类

（1）必修五.

第二章 数列

2.1 数列的概念及简单表示法：毕达哥拉斯学派、三角形数、正方形数

（2）必修五.

第二章 数列

2.3 等差数列的前 n 项和：高斯和他的故事

（3）必修五.

第二章 数列

2.4 等比数列：古代学者的思想言论

（4）必修五.

第二章 数列

2.5 等比数列的前 n 项和：有关国际象棋的数学名题

（5）必修五.

第三章 不等式

3.4 基本不等式 $\sqrt{ab} \leqslant \dfrac{a+b}{2}$：赵爽弦图

（6）选修 1-2 及选修 2-2.

第二章 推理与证明

2.1 合情推理与演绎推理

2.1.1 合情推理：哥德巴赫猜想

2）新课内容类

（1）必修三.

第一章 算法初步

1.3 算法案例：辗转相除法、更相减损术、秦九韶算法

（2）选修 2-3.

第一章 计数原理

1.3 二项式定理

1.3.2 "杨辉三角"与二项式系数的性质

3）新课延伸类

（1）必修一.

第一章 集合与函数概念

1.2 函数及其表示

1.2.1 函数的概念：函数符号的引入

（2）必修三.

第一章 算法初步

1.1 算法与程序框图：算法历史、海伦-秦九韶公式

（3）必修三.

第一章 算法初步

1.3 算法案例：《九章算术》的介绍

（4）必修三.

第二章 统计

2.3 变量间的相关关系："回归方法"的由来

（5）必修三.

第三章 概率

3.1 随机事件的概率：雅各布·贝努利的介绍

（6）必修三.

第三章 概率

3.2 古典概型：蒙特拉罗方法

（7）必修四.

第一章 三角函数

1.1 任意角和弧度制：弧度制的发明

（8）选修 1-2 及选修 2-2.

第二章 推理与证明

2.1 合情推理与演绎推理

2.1.1 合情推理：开普勒、波利亚和拉普拉斯的言论、"群"的发明

（9）选修 2-2.

第二章 推理与证明

2.1 合情推理与演绎推理

2.1.2 演绎推理："三段论"的创立

（10）选修 1-2 及 选修 2-2.

第二章 推理与证明

2.2 直接证明与间接证明

2.2.2 反证法：哈代的言论

（11）选修 1-2 及 选修 2-2.

第三章 数系的扩充与复数的引入

3.1 数系的扩充与复数的概念：虚数单位的发明

2．课后类

1）数学家类

（1）必修二．

第一章 空间几何体

1.2 空间几何体的三视图和直观图

阅读与思考：画法几何与蒙日

（2）必修二．

第二章 点、直线、平面之间的位置关系

2.3 直线、平面垂直判定及其性质

阅读与思考：欧几里得《原本》与公理化方法

（3）必修二．

第二章 点、直线、平面之间的位置关系

3.3 直线的交点坐标与距离公式

阅读与思考：笛卡儿与解析几何

（4）必修五．

第一章 解三角形

1.2 应用举例

阅读与思考：海伦和秦九韶

（5）选修 4-4 坐标系与参数方程．

第一讲 坐标系

阅读与思考：笛卡儿、费马与坐标方法

（6）选修 4-5 不等式选讲．

第三讲 柯西不等式与排序不等式

阅读与思考：法国科学家柯西

2）理论知识类

（1）必修一．

第一章 集合与函数概念

1.2 函数及其表示

阅读与思考：函数概念的发展历程

（2）必修一．

第二章 基本初等函数

2.2 对数函数

阅读与思考：对数的发明

（3）必修二.

第四章 圆与方程

4.1圆的方程

阅读与思考：坐标法与机器证明

（4）必修四.

第一章 三角函数

1.2 任意角的三角函数

阅读与思考：三角学与天文学

（5）必修四.

第二章 平面向量

2.1 平面向量的实际背景及基本概念

阅读与思考：向量及向量符号的由来

3）实际问题类

（1）必修一.

第三章 函数的应用

3.1函数与方程

阅读与思考：中外历史上的方程求解

（2）必修二.

第一章 空间几何体

1.3空间几何体的表面积与体积

探究与发现：祖暅原理与柱体、锥体、球体的体积

（3）必修三.

第一章 算法初步

1.3 算法案例

阅读与思考：割圆术

（4）必修五.

第二章 数列

2.1 数列的概念与简单表示法

阅读与思考：斐波拉契数列

（5）必修五.

第二章 数列

2.5 等比数列的前 n 项和

阅读与思考：九连环

（6）选修 1-1 及选修 2-1.

第二章 圆锥曲线与方程

2.1 椭圆

探究与发现：为什么截口曲线是椭圆

（7）选修 1-1 及选修 2-1.

第二章 圆锥曲线与方程

3.2 导数的计算

探究与发现：牛顿法 —— 用导数方法求方程的近似解

（8）选修 1-2 及选修 2-2.

第二章 推理与证明

2.1 合情推理与演绎推理

2.1.1 合情推理

阅读与思考：科学发现中的推理

（9）选修 2-3.

第一章 计数原理

1.3 二项式定理

探究与发现：杨辉三角中的一些秘密

（10）选修 4-4 坐标系与参数方程.

第二讲 参数方程

阅读材料：摆线及其应用

7.3.3 教材中的数学史典型内容分析

针对这六类数学史内容，从每一类中各选出一个典型的数学史料做分析，分析此数学史料在教材中的编排位置和具体内容，以及它能起到什么作用. 比如，正文类数学史料用在新课教学上有什么效果，课后类数学史料在学生阅读了解后又有什么收获,等等. 后续的 HPM 教学运用研究都是基于本部分所做的. 而对教材编排意图的分析主要是依靠人教版教科书与教师用书中的相关内容.

1. 正文类

1) 新课引入类：毕达哥拉斯学派的三角形与正方形数

"数列的概念及其简单表示法"是"数列"这一章节的第一课时,对于这一新课内容,教材在编排上将数学史料 —— 古希腊毕达哥拉斯学派的"三角形数"与"正方形数"作为新课引入,让同学们利用数形结合的数学思想方法把每一个"三角形"与"正方形"化为"数",从而化为一列按照一定顺序排列着的数."三角形数"即 1, 3, 6, 10, …,"正方形数"即 1, 4, 9, 16, …,由此便引出数列及其相关的概念.

教材内容利用"形数理论"来引入数列的概念,其作用是让学生产生浓厚的兴趣,并激发学生的学习热情,使之主动参与课堂活动 —— 将"形"化"数",从而学习数列知识,同时还能让学生在学习新课的过程中加强数形结合这种数学思想方法. 这也为后面"空间几何体"与"平面几何"的学习做好铺垫.

2) 新课内容类："杨辉三角"与二项式系数的性质

"杨辉三角与二项式系数的性质"是"二项式定理"之后的一个课时的新课内容,因为"杨辉三角"中蕴含了丰富的数学知识,由它可以直观看出二项式系数的一些性质. 比如：（1）对称性：与首末两端等距离的两个二项式系数相等,即在本章第二节"排列与组合"最后的"探究与发现：组合数的两个性质"里讲到的组合数的第一个性质：$C_n^m = C_n^{n-m}$. （2）运算性质：在相邻两行中,除 1 以外的每一个数都等于它"肩上"两个数的和,即在本章第二节"排列与组合"最后的"探究与发现：组合数的两个性质"里所说的组合数的第二个性质：$C_{n+1}^m = C_n^m + C_n^{m-1}$. （3）增减性与最大值：由对称性可以知道,二项式系数先增后减,根据项数不同,中间的一项或者两项取得最大值.

所以,教材将"杨辉三角"和二项式定理的学习编排在一起,其目的在于帮助同学们更有乐趣和实践性地学习抽象的二项式系数的性质.

除此之外，"杨辉三角"是我国古代数学的研究成果之一，它的发现先于国外五百年左右，是非常伟大的数学成就。人教版的教师教学用书中也明确指出，教师应当抓住杨辉三角这一题材，向同学们展示我国数学传统文化的结晶，以引起同学们对先辈的敬仰与对民族的自豪感。

3）新课延伸类：弧度制的发明

"弧度制的发明历程"是"任意角和弧度制"第二课时中的新课边空备注，作为延伸知识。在学习弧度制之前，我们是用角度制来度量角的：单位为度，1 度的角等于周角的 $\frac{1}{360}$。所以"弧度制"是我们之前完全没有涉及的一个新知识，在深入学习它之前，应先让学生了解其发展历程。其实，6 世纪的时候，印度人在制作正弦表的过程中便孕育了弧度制的概念，而欧拉正式建立其概念已经是在 1748 年了。

教材将弧度制的发明作为新课的延伸内容，其作用是通过教学使学生在了解这些知识之后，便可以厘清"弧度制"的来龙去脉，从而更容易接纳吸收课堂的新知识 —— 弧度制的概念以及弧度与角度之间的换算。另外，学生还可以从"故事"中增加数学素养，巩固数学文化知识。

2. 课后类

1）数学家类：海伦和秦九韶

"海伦和秦九韶"是"解三角形"这一章最后的"阅读与思考"内容，承接了本章第二节的"应用举例"知识。

第二节的"应用举例"主要是应用正弦和余弦定理解决生活中的实际问题，然后推导出三角形的面积公式：

$$S = \frac{1}{2}ab\sin C, \quad S = \frac{1}{2}bc\sin A, \quad S = \frac{1}{2}ac\sin B.$$

这三个面积公式均利用了三角形的两边边长及其夹角。

紧接着教材安排例 7 让同学们对此面积公式进行实践训练，而例 7 第（3）小题和例 8 都是已知三边边长求三角形的面积。并且在这一节的习题中，还出现了对"海伦公式"的证明题，这一系列都是为后面的学习做铺垫。

例 7 在 △ABC 中，根据下列条件，求三角形的面积 S（精确到 0.1 cm²）：

(1) 已知 $a=14.8$ cm，$c=23.5$ cm，$B=148.5°$；

(2) 已知 $B=62.7°$，$C=65.8°$，$b=3.16$ cm；

(3) 已知三边的长分别为 $a=41.4$ cm，$b=27.3$ cm，$c=38.7$ cm.

例 8 如图 1.2-8，在某市进行城市环境建设中，要把一个三角形的区域改造成市内公园. 经过测量得到这个三角形区域的三条边长分别为 68 m，88 m，127m，这个区域的面积是多少？（精确到 0.1 cm²）

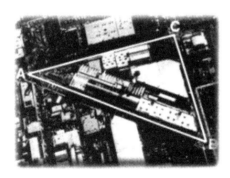

图 1.2-8

2. 已知三角形的三边为 a、b、c，设 $p=\dfrac{1}{2}(a+b+c)$，求证：

(1) 三角形的面积 $S=\sqrt{p(p-a)(p-b)(p-c)}$；

在学生思考本题证明方法后再通过其后的"阅读与思考：海伦与秦九韶"对其进行更深入、更透彻地学习. 这则材料显示了古希腊数学家海伦的事迹以及以他命名的"海伦公式"，还显示了我国古代数学家秦九韶的事迹以及他独立推出的"三斜求积"公式.

具体地，"海伦公式"是利用三角形的三边边长求出三角形的面积：

$$S=\sqrt{p(p-a)(p-b)(p-c)}，这里 p=\dfrac{1}{2}(a+b+c).$$

秦九韶的"三斜求积"公式为

$$S = \sqrt{\frac{1}{4}\left[c^2 a^2 - \left(\frac{c^2 + a^2 - b^2}{2}\right)^2\right]}$$

它与"海伦公式"是等价的.

综上所述,教材先由新课内容推导较为简单和常用的三角形面积公式,然后由例题来引导已知三边求面积的方法,接着由课后习题让他们试着独立思考证明"海伦公式",最后让学生通过阅读教材了解"海伦公式",即"三斜求积"公式及其发展历程.这样精心编排的目的一是训练学生的解题能力,二是培养他们的发散思维,并让他们从数学史料中感受古代中西数学家们创新进取的数学精神.

2) 理论知识类:**对数的发明**

"对数的发明"是"对数函数"这一小节最后的"阅读与思考"内容,让学生在学习对数的定义和运算性质后,通过这部分知识了解对数的发明背景和历程.它是纳皮尔在社会发展需求下为了简化数字计算方法而苦心钻研出来的,是 17 世纪数学上的伟大成就.

此阅读材料的作用在于让学生认识到好的数学符号体系是可以大大节省人的思维负担,有益于天文、军事、工程等事业的发展,进而推动整个社会的进步.同时它还可以让同学们感受到数学家们为数学符号体系的发展、社会生产的发展以及科学技术的发展所做出的长期努力和卓越贡献.

3) 实际问题类:**祖暅原理与柱体、椎体、球体的体积**

"祖暅原理与柱体、锥体、球体的体积"是"空间几何体的表面积与体积"这一小节最后的"探究与发现"内容,作为学生的补充拓展知识."幂势既同,则积不容异",祖暅原理中蕴含着非常丰富的理论与实践意义.

此阅读材料的作用是,通过对祖暅原理的学习,我们可以利用它再对比已学过的长方体体积公式推导出新课中的柱体体积公式,也可以利用它推导出锥体和球的体积公式,从而加强巩固对于空间几何体的学习和应用.同时还要让学生归纳出利用祖暅原理求未知几何体体积的方法,以此培养学生的归纳能力和逻辑推理能力.

实际上,人教版的教师教学用书也指出教师教学时,可以利用祖暅原理来推导球的体积公式[24].另外,学习了我国古代数学中远早于国外一千多年的这样一个伟大的数学成就后，可以让同学们更加敬佩我国古代数学家，更加了解我国传统民族文化.

7.4 基于教材解读的 HPM 教学案例研究

由于正文类数学史料均出现在教材新课内容中，基于前面对于正文中三个数学史料的编排方式和意图的分析，现将它们在课堂上的 HPM 教学片段呈现如下.

7.4.1 新课引入类案例：毕达哥拉斯学派的"三角形数"与"正方形数"

1. HPM 教学片段

根据教材中的编排方式，"形数理论"应用于数列概念的引入上，以下为具体的教学片段.

师：同学们，传说古希腊毕达哥拉斯学派的数学家常常在沙滩上研究数学问题，他们在沙滩上画图形或者用小石子摆图形来表示数，他们表示过三角形、正方形、长方形等图形，那么大家仔细观察图 7-1，这些图形可以表示哪些数？为什么？

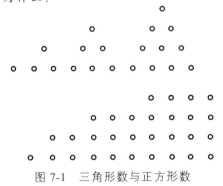

图 7-1　三角形数与正方形数

生：有多少个石头就是数学几，所以三角形表示 1，3，6，10. 正方形表示 1，4，9，16.

师：很好，那么在数学中呢，类似 1，3，6，10，⋯这样能表示三角形的数我们便称为三角形数，类似 1，4，9，16，⋯能表示正方形的数称为正方形数.

而按照一定顺序排列着的一列数呢，称为数列. 那么同学们看三角形数 1，3，6，10，…和正方形数 1，4，9，16，…是什么？

生：是数列.

师：对了，它们都是数列，其中，每一个数叫作这个数列的项.

2. 教学分析

以上就是按照教材中的呈现方式，毕氏学派"形数理论"在高中数学课堂中的教学片段. 下面从教学过程和教学现状两个方面来进行教学分析.

教师先以毕达哥拉斯学派的故事吸引学生进入课堂，再带领学生"由形得数"，以培养他们数形结合的思想方法，最后便由得到的三角形数和正方形数引出数列等相关概念.

在实际课堂教学中，教师也几乎都会采用教材中的呈现方式，利用毕氏学派的"形数理论"来引入数列的概念，用他们的数学史故事来调动学生学习的积极性，同时还能增长他们的数学背景知识.

7.4.2　新课内容类案例："杨辉三角"与二项式系数的性质

1. HPM 教学片段

本节知识将数学史料"杨辉三角"作为新课内容的讲解工具，所以教师务必深入研究教材，进行教材设计. 以下为具体教学片段.

师：同学们，在上节课的学习过程中，我们知道了二项式定理为：

$$(a+b)^n = C_n^0 a^n + C_n^1 a^{n-1}b^1 + \cdots + C_n^k a^{n-k}b^k + \cdots + C_n^n b^n \ (n \in \mathbf{N}^*)$$

还学习了二项展开式中的各项系数 $C_n^k(k \in \{0,1,2,\cdots,n\})$ 叫作什么？

生：二项式系数.

师：值得注意的是，它们是一组仅与二项式次数 n 有关的 $n+1$ 个组合数，与 a,b 没有关系，那么同学们想想，展开式的"二项式系数"和"系数"是一样的吗？为什么？

生：不一样，展开式中的系数与 a,b 的大小是有关系的.

师：很好，接下来就请同学们计算一下对于 $(a+b)^n$，当 $n = 0,1,2,3,4,5,6$

时，展开式的二次项系数，填写教材 32 页的表格.

好，现在我们已经得到了 $(a+b)^n$ 的系数表，如图 7-2 所示.

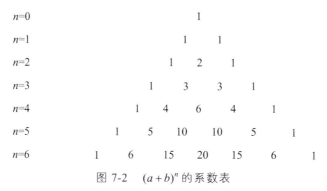

$n=0$					1				
$n=1$				1		1			
$n=2$			1		2		1		
$n=3$		1		3		3		1	
$n=4$	1		4		6		4		1

图 7-2　$(a+b)^n$ 的系数表

同学们，这样的一个三角形的图形表，就叫作二项式系数表. 那么你们能借助这个表来发现一些新的规律吗？

生：每一行的两边都是数字 1！

师：对啦，那么同学们知道这是为什么吗？

生：因为二项式系数 $C_n^0=C_n^n=1$！

师：好，我们继续横向来观察每一行的数，除了两头均为 1，还有什么特点？

生：它的数是左右对称的.

师：那么转变为二项式系数的性质，是什么？

生：$C_n^m=C_n^{n-m}$.

师：这实际上就是我们学习的组合数的性质，是吧. 而且我们再来看，每一行数的增减性如何？

生：从左往右看，是先增后减.

师：也就是中间的数是什么？

生：最大值.

师：好，现在请同学们用数学语言准确地描述出来.

生：当 n 为偶数时，对于二项式系数 C_n^m，当 $m \leqslant \dfrac{n}{2}$ 时，C_n^m 逐渐增大；当 $m \geqslant \dfrac{n}{2}$ 时，C_n^m 逐渐减小. 中间的二项式系数 $C_n^{\frac{n}{2}}$ 取得最大值. 当 n 为奇数

时，当 $m \leqslant \dfrac{n-1}{2}$ 时，C_n^m 逐渐增大，当 $m \geqslant \dfrac{n+1}{2}$ 时，C_n^m 逐渐减小. 中间的二项式系数 $C_n^{\frac{n-1}{2}}$ 和 $C_n^{\frac{n+1}{2}}$ 是相等的，同时取得最大值.

师：对了！要注意，当 n 为奇数时，中间的两个数都为最大值. 同学们，那么现在我们就根据对每一行的横向观察得到了二项式系数的对称性、增减性和最大值了. 接下来能不能试着纵向观察呢？又能得到什么性质？

生：表中除了左右两端的 1，其他数都等于肩上两数相加的和！

师：非常正确！所以对于 $n=7$，$n=8$ 时，同学们能不能直接写出它的二项式系数？用不用再去进行庞大的计算？

生：不用啦，$n=7$ 时，它的二项式系数依次为 1，7，21，35，35，21，7，1；$n=8$ 时，依次就为 1，8，28，56，70，56，28，8，1.

师：很神奇对吧？那么根据这个特点我们又能得到二项式系数的什么性质，大家想想.

生：$C_{n+1}^m = C_n^m + C_n^{m-1}$！

师：这也是我们之前学过的组合数的性质吧！现在同学们将二项式系数表跟图 7-3 的这个表比较一下，是一样的吗？

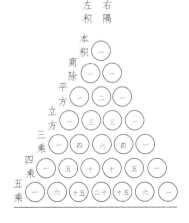

图 7-3 杨辉三角

生：是，只不过阿拉伯数学变成了汉字.

师：是的，它们其实就是一个表. 值得指出的是，这个表大约在公元11 世纪的时候就被北宋数学家贾宪首创，并在《释索》算术中记录了！后来南宋数学家杨辉在《详解九章算法》中引用了此表，所以二项式系数表又称为贾宪三角或杨辉三角，它与欧洲的帕斯卡三角一致，但却比它先创了五百年！由此可见，我国古代数学家付出了多少汗水，他们的成就值得我们整个中华民族自豪！

也就是说，我们刚刚是通过杨辉三角直观地观察出这么多关于二项式系数的性质. 所以古代数学的成就，其功能和奥秘是值得我们不断探索和挖掘的.

那么除了这个方法，我们也可以从函数的角度去探究性质，即将 $C_n^0, C_n^1, C_n^2, \cdots, C_n^n$ 看成以 x 为自变量的离散函数 $f(x)$. 下面我们一起来看.

2. 教学分析

下面我将从教学过程和教学现状两个方面来进行教学分析.

以上教学片段依照教材内容，先引导学生根据已学过的知识列出二项式系数表，再借助此表去发现有关二项式系数的一系列性质：

（1）每行两端都是 1：$C_n^0 = C_n^n = 1$.

（2）与两端的 1 等距离的数相等，即对称性：$C_n^m = C_n^{n-m}$.

（3）增减性与最大值：当 n 为偶数时，$C_n^{\frac{n}{2}}$ 最大；当 n 为奇数时，$C_n^{\frac{n-1}{2}}$ 和 $C_n^{\frac{n+1}{2}}$ 最大.

（4）在相邻的两行中，除"1"以外的每一个数都等于它"肩上"两个数的和：$C_{n+1}^m = C_n^m + C_n^{m-1}$.

最后再与古代数学家的成就"杨辉三角"对比，发现是一致的，由此对我国古代数学的成就"杨辉三角"进行介绍，以便向同学们展示它的魅力.

在实际课堂教学中，部分教师会按照教材中的编排方式，先找规律引出性质，再指出"杨辉三角"这个伟大的古代数学成就，也有部分教师会先介绍"杨辉三角"，再找规律. 但总的来说，他们都是通过"杨辉三角"这个形式来探究发现二项式系数的性质,并着重突出我国古代数学的成就，与教材内容一致. 这样的教学会让学生体会到我国古代的数学成就是巨大的, 从而触发其爱国情感和身处新时代的使命感.

7.4.3　新课延伸类案例：弧度制的发明

1. HPM 教学片段

教材中出现的弧度制的简单发展历程是新课的边空备注内容, 作为新课弧度制的延伸内容, 可以向同学们介绍弧度制的发展历程. 以下为该数学史料应用于弧度制一课的具体教学片段.

师：同学们, 在生活中, 度量物体的长度我们常常用什么单位?

生：米、分米、厘米!

师：是的, 针对不同的物体, 我们有时也会用尺、寸等单位, 对吧?

生：是的.

师：好, 那么我们又是如何度量一个角的呢?

生：用度作单位.

师：这种用度作单位来度量角的单位制我们就叫作角度制. 具体地, $1°$的角就等于圆周角的 $\dfrac{1}{360}$.

而除了角度制, 还有另一种单位制也可以来度量角, 它叫作弧度制：把长度等于半径长的弧所对的圆心角叫作 1 弧度的角, 用符号 rad 表示, 读作弧度. 它的产生丰富了数学符号, 在某些情况下, 也让我们使用起来更加简便.

其实, 在 6 世纪的时候, 印度人制作正弦表时用到了一种计算方法, 用同一种单位 —— 角度来度量圆周和半径, 这是最早的弧度制概念. 1748 年, 数学家欧拉在《无穷小分析概论》这部著作中明确提出了弧度制的概念, 正式建立了弧度制. 那么请问同学们, 根据弧度制的概念, 一个圆周角不仅等于 $360°$, 也等于多少弧度呢?

生：2π rad.

师：很好, 同样地, 比如像长度的单位制之间有换算的公式, 1 米=3 尺. 那么角度和弧度之间的换算公式是怎样的? 我们继续来学习.

2. 教学分析

以上就是按照教材"弧度制"这课时的课本内容所呈现的教学片段,

下面我将从教学过程和教学现状两个方面来进行教学分析.

课堂上先复习角度制，再引入弧度制，让同学们知道它们都是度量角的度量单位. 对弧度制的概念和内容进行讲解后，将课本的备注内容 ——"弧度制的发明"向同学们做简要说明，让他们了解弧度制是如何产生和发展的，并认识弧度制的数学价值和应用价值：它将线段和弧的度量统一起来，从而简化了三角公式及其计算.

在实际课堂中，大部分教师也会依照教材的编排，向同学们简要地陈述弧度制的发展历程. 通过数学史的小故事来引发同学们的兴趣，调动课堂气氛，也让同学们了解到弧度制产生的必要性. 它可以和三角函数联系起来，使得应用起来更加方便，从而让同学们体会到数学成就的来之不易和巨大的作用.

7.5 例析教材中数学史内容在教学中的进一步运用

前面针对正文的三个数学史料，按照教材中的编排方式呈现了它们在新授课中的教学片段，并做了简单的教学分析. 但是，在实际课堂中，教师或许并不会完全依照教材安排的教学过程进行教学，数学史料也不可能完全按照课本所规定的形式在课堂中呈现. 那么，在实际的教学中，教材里的数学史还可以怎样融入课堂呢？在这里，先对正文类的案例作教学片段的补充或建议；再对课后类，即教材编排中不进入课堂的数学史料对HPM教学做进一步的探讨.

7.5.1 新课引入类：毕达哥拉斯学派的"三角形数"和"正方形数"

1. HPM 教学片段

"形数理论"作为教学引入的确可以提高学生的兴趣. 但是，数学史的应用不能只停留在"形"的表面. 更多的时候，这些图形是帮助我们更形象直观地学习数列的知识. 教材既然已经给出数学史料，我们便应该将它的作用发挥到极点，也让学生们感受到数学家们所做出的杰出贡献.

教材中，"数列的概念及其简单表示法"之后，紧接着讲解"等差数列"与"等差数列的前 n 项和"，利用高斯解决"$1+2+3+\cdots+100=?$"的方法引入，再利用他的方法探究"$1+2+3+\cdots+n+\cdots=?$"的结果，从而得到一般的等差数列前 n 项和的求和公式：$S_n=\dfrac{n(a_1+a_n)}{2}$.

实际上，除了高斯方法，我们还可以利用毕达哥拉斯学派的"形数理论"去探究"$1+2+3+\cdots+n=?$"的结果，甚至于它还能探究"$1+3+5+\cdots+(2n-1)=?$"和"$2+4+6+\cdots+2n=?$"的结果，从而让同学们学会更多解决问题的途径，使其思维发散，锻炼其思维弹性.

另外，在教材内容"等比数列的前 n 项和"的例 3 中，其边空备注知识延伸了公式 $1^2+2^2+3^2+\cdots+n^2=\dfrac{1}{6}n(n+1)(2n+1)$. 但是课本中并没有给出证明方法，由于学生也还没有学过数学归纳法，难免会对公式产生疑惑. 此时，若利用"形数理论"得以证明，既有助于他们对公式的学习，也有助于培养他们的解题能力. 以下为具体的教学片段.

师：同学们，从高斯的算法中我们得到了启发，利用倒序相加的办法得到了等差数列 $1,2,3,\cdots,n,\cdots$ 的前 n 项和，那么是否还有其他巧妙的办法得到前 n 项和的结果呢？大家还记得我们之前学过的毕达哥拉斯学派的三角形数吗？你们能不能结合它来得到呢？

（同学们认真地思考，并动手操作，有了倒序相加法的基础，有些同学便想到了再补一个倒三角形来解答. ）

师：现在我们就一起来看看古希腊数学家们是如何求出 $1+2+3+\cdots+n$ 的和的. 同学们，假设现在用小石子摆一个有 n 行的三角形，请问总共耗费多少颗小石子呢？

生：$1+2+3+\cdots+n$！

师：很好，需要用到 $1+2+3+\cdots+n$ 颗石子，但是这个结果等于多少呢？我们继续用三角形数来探究，同学们知道怎么做吗？

（基于前面的思考和老师的点拨，同学们踊跃回答）

生：在原本的三角形旁边也摆上同样的倒立的三角形，补成一个平行四边形（见图 7-4)！则有

$$2(1+2+3+\cdots+n)=n(n+1),$$

两个三角形数的和等于一个正方形数！

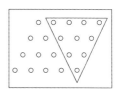

图 7-4　两个三角形数的组合

师：所以得到

$$1+2+3+\dots+n=\frac{1}{2}n(n+1).$$

古人们也是像你们这样来解决等差数列 1，2，3，$\cdots$，n，$\cdots$前 n 项和的！

同学们感受到形数理论的威力了吧，其实啊，形数理论的作用还不止这些呢！同学们再看看图7-5所示的正方形数. 假设有 n 行 n 列，又能得到什么呢？

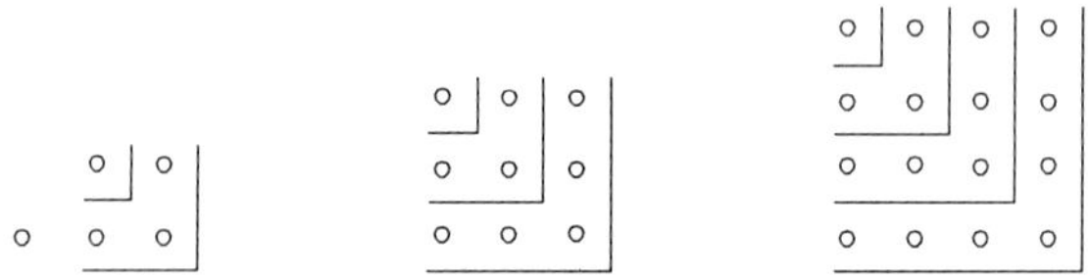

图 7-5　正方形数的分割

生：$1+3+5+\cdots+(2n-1)=n^2$！

师：对了，按照分割的办法，可以将一个 n 行的正方形数分成 $1,3,5,\cdots$，$2n-1$，由此就得到了正奇数这个等差数列的前 n 项和啦. 而对于正偶数的前 n 项和，同学们能不能也试着用 $n+1$ 行 n 列的长方形数来解决呢，把自己的草稿本当作沙滩，也来学习数学家们画一画.

（类比正方形的分割，很多同学都想出了办法）

好，许多同学都类比正方形的切割方法画了解决的办法，现在我们一起来看一看图7-6. 等差数列 $2,4,6,\cdots,2n,\cdots$的前 n 项和是多少呀？

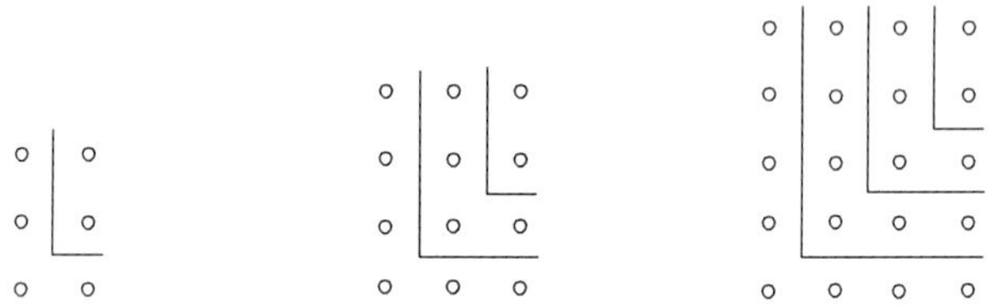

图 7-6　长方形数的分割

生：$2+4+6+\cdots+2n=n(n+1)$！

教学片段二：

师：同学们，现在我们知道了 $1^2+2^2+3^2+\cdots+n^2=\frac{1}{6}n(n+1)(2n+1)$，那么如何去证明这个结论呢？

现在，我们做出一个 n 行的三角形，将小石子画作圆圈，并在圆圈中填上数，第一行填上 1，第二行填上 2，第三行填上 3，$\cdots$，第 $n-1$ 行的圆

圈都填上 $n-1$，第 n 行的圆圈都填上 n，如图 7-7 所示.

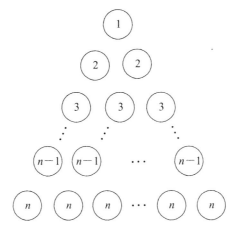

图 7-7 第一个三角形

好，就像这样，我们得到这个正三角形之后，将其顺时针旋转 $120°$，得到第二个三角形. 圆圈中的数变成了从左往右每一排数依次为 n，$n-1,\cdots,2,1$，如图 7-8 所示.

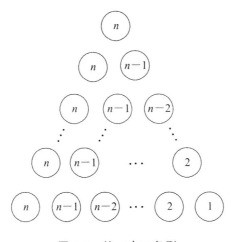

图 7-8 第二个三角形

得到第二个正三角形后，再将其顺时针旋转 $120°$，得到第三个三角形. 圆圈中的数变成了从右往左每一排数依次为 $n,n-1,\cdots,2,1$，如图 7-9 所示.

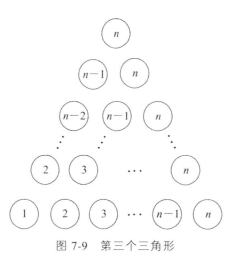

图 7-9　第三个三角形

现在，我们将这三个正三角形对应位置上圆圈内的数相加，则它们的和均为 $2n+1$，我们得到第四个正三角形. 现在同学们能根据这四个三角形推导出二次幂和公式吗？如图 7-10 所示.

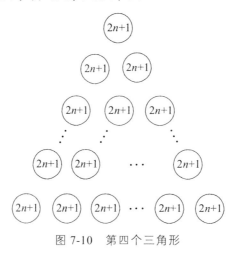

图 7-10　第四个三角形

生：前三个三角形圆圈内的数相加之和为 $3(1^2+2^2+3^2+\cdots+n^2)$，最后一个三角形圆圈内的数相加之和为 $(1+2+\cdots+n)(2n+1)=\dfrac{1}{2}n(n+1)(2n+1)$. 由它们相等便有：

$$3(1^2+2^2+3^2+\cdots+n^2)=\dfrac{1}{2}n(n+1)(2n+1)$$

$$1^2 + 2^2 + 3^2 + \cdots + n^2 = \frac{1}{6}n(n+1)(2n+1)$$

所以得以求证.

2. 教学分析

以上教学片段均为教材中所出现的毕达哥拉斯学派的"形数理论"在人教 A 版数学教材"数列"一章的课堂应用."形数理论"这个数学史料本身的特殊性,使得它在"数列"中的课堂活动有趣而丰富.它可以引起学生的兴趣,唤起学生的求知欲望,让他们学习用代数和图形解决数学问题,发展其开拓创新的数学思维能力.

我们也认识到了教材中的数学史如何根据教材编排的方式进入课堂,并通过"形数理论"的具体史料内容思考了更多进入课堂的方法,使得该数学史料不仅能用在引入方面,还能深入新课内容.这样学生便能学到更多的数学文化知识和应用方法,感受数学史的魅力,感受 HPM 教学的魅力.

7.5.2　新课内容类:"杨辉三角"与二项式系数的性质

1. HPM 教学片段

众所周知,"杨辉三角"是我国古代最璀璨的数学成果之一,课本利用它来学习二项式系数的性质,有趣又有效.

但是,"杨辉三角"的作用还不止这些,教材在本课之后的"探究与发现"中也提到了它的许多其他秘密.在新课教学中,我们也可以将其融入课堂,让同学们看到"杨辉三角"中蕴藏的更多的魅力.以下为具体的教学片段.

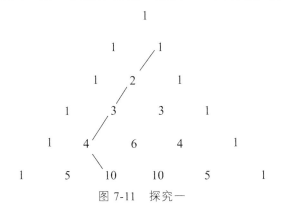

图 7-11　探究一

师：前面我们学习了杨辉三角，也借助杨辉三角发现并讨论了二项式系数的一些性质.

而杨辉三角作为我国古代伟大的数学成果之一，它其中所蕴藏的奥秘还远不止这些. 下面，我们继续来探究它的秘密.

同学们，观察图 7-11 中杨辉三角内部的连线，你们能发现什么规律？能不能归纳出一个一般性的数学结论呢？小组之间相互讨论.

生：$1+2+3+\cdots+C_{n-1}^1 = C_n^2$.

师：那可不可以证明呢？

生：可以，左边转化为 $1+2+3+\cdots+n$，即等于 $\dfrac{1}{2}n(n+1)$，等于 C_n^2.

师：很好，我们发现杨辉三角这一斜行之和的结论，能不能继续推广？

生：$1+3+6+\cdots+C_{n-1}^2 = C_n^3$；

$\quad 1+4+10+\cdots+C_{n-1}^3 = C_n^4$；

$\quad \cdots\cdots\cdots\cdots$

$\quad C_r^r + C_{r+1}^r + C_{r+2}^r + \cdots + C_{n-1}^r = C_n^{r+1}$.

师：也就是说，现在我们得到了

$$C_r^r + C_{r+1}^r + C_{r+2}^r + \cdots + C_{n-1}^r = C_n^{r+1}$$

这个一般性的结论，怎么证明？

（同学们进行思考和讨论）

生：$C_r^r + C_{r+1}^r + C_{r+2}^r + C_{r+3}^r + \cdots + C_{n-1}^r$

$= C_{r+1}^{r+1} + C_{r+1}^r + C_{r+2}^r + C_{r+3}^r + \cdots + C_{n-1}^r$

$= C_{r+2}^{r+1} + C_{r+2}^r + C_{r+3}^r + \cdots + C_{n-1}^r$

$= C_{r+3}^{r+1} + C_{r+3}^r + \cdots + C_{n-1}^r$

$= \cdots\cdots$

$= C_n^{r+1}$

师：对了，正是利用我们前面所学的性质 $C_{n+1}^m = C_n^m + C_n^{m-1}$ 来推导出来的. 没想到杨辉三角不仅横看. 竖看有秘密，斜着看也有秘密！

那我们继续观察，如图 7-12 所示，杨辉三角中的这些斜行，它们之间又有什么规律，你们能发现吗？请小组之间相互讨论.

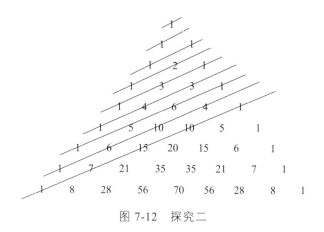

图 7-12　探究二

生：每一斜行之和，排成一列即 1，1，2，3，5，8，13，21，34 …… 刚好就是斐波拉契数列！

师：是的，其实除了这些，杨辉三角中还蕴藏了许多数学知识，需要我们从不同的角度和方法观察所得，希望同学们可以在课后继续探究，领略杨辉三角更多的魅力！

2. 教学分析

以上教学片段用于新课中,杨辉三角不仅可以观察二项式系数的性质,还可以通过其中不同形式的排列得到 $C_r^r + C_{r+1}^r + C_{r+2}^r + \cdots + C_{n-1}^r = C_n^{r+1}$ 以及斐波拉契数列等数学结论. 当然，这些只是杨辉三角中的九牛一毛. 此片段是基于教材中的课后知识"杨辉三角中的一些秘密"来展开新课教学的,在利用杨辉三角找到二项式系数的规律后，再和同学们一起探究出它蕴藏的更多奥秘，从而让同学们感受杨辉三角这个古代数学成就的了不起，引发他们的爱国之情和对民族的自豪感.

另外，在新课上探究更多杨辉三角的秘密，可以引起同学们对杨辉三角的探索兴趣和热情，以至于发现它所含有的更多数学规律和结论，从而培养同学们的发散思维能力和探索未知的数学研究精神.

7.5.3　新课延伸类：弧度制的发明

1. HPM 教学片段

虽然教材中出现的弧度制的简单发展历程是边空备注内容，但也是对教育工作者的提醒和帮助. 若教师只将这则史料作为小故事一笔带过, 不免有些可惜, 不应只让学生学会弧度制并简单听一下弧度制的发明, 更应让学生追本溯源, 依照教材所给的史料带领学生模仿古人再次"发明"弧度制, 知道在历史上为什么有了角度制还要有弧度制, 从而更深刻地认识弧度制的内涵和意义.

以下为具体的教学片段.

师: 同学们, 在生活中, 度量物体的长度我们常常用什么单位?

生: 米、分米、厘米!

师: 是的, 针对不同的物体, 我们有时也会用尺、寸等单位, 对吧?

生: 是的.

师: 好, 那么我们又是如何度量一个角的呢?

生: 用度作单位.

师: 这种用度作单位来度量角的单位制我们就叫作角度制. 具体地, $1°$的角就等于圆周的$\frac{1}{360}$. 对于长度的单位制我们还学过它们之间的关系, 1米=10分米=100厘米, 1尺=10寸, 它们都是十进制, 而角度的进制是怎样的呢?

生: 六十进制! 1度=60分=360秒.

师: 很好! 其实, 在6世纪的时候, 印度人制作正弦表时用到了一种计算方法, 用同一种单位 —— 角度来度量圆周和半径! 现在我们不妨也来追随古人的思维试试看! 由整个圆周所对的角为 $360°$, 以及周长公式 $l=2\pi r$, 同学们能计算出半径所对的角是多少分吗?

生: $360 \times 60' \div 2\pi \approx 3439'$.

师: 对啦, 大家觉得用角度来度量半径别不别扭呀?

生: 别扭.

师: 那我继续讲故事, 后来数学家欧拉为了消除这种别扭, 1748 年, 在他的《无穷小分析概论》这部著作中, 提出了把圆的半径作为单位来度量弧长. 那么同学们想想, 这一思想的提出有什么作用?

生: 用线段度量弧……

师: 对! 换句话说就是, 它将线段和弧的度量统一了! 这就使得我们在表示和计算三角公式上更加简便了. 从欧拉提出这一思想开始弧度制也就正式建立了，长度等于半径长的弧所对的圆心角叫作 1 弧度的角，用符号 rad 表示，读作弧度.

那么请问同学们，根据弧度制的概念，一个圆周角不仅等于 360°，还等于多少弧度呢？

生：2π rad.

师：很好，同样地，比如像长度的单位制之间有换算公式，1 米=3 尺. 那么角度和弧度之间的换算公式是怎样的？我们继续来学习.

2. 教学分析

以上教学片段紧靠教材的边空内容展开，一边讲弧度制的发展故事，一边带领学生模仿古人关于弧度制的孕育方法，计算如何用角度来同时度量圆周和半径，其计算量烦琐. 学生由此也就深刻地感受到了，欧拉建立弧度制的意义，它可以简化计算.

当然，通过这样的教学过程，学生不仅深刻理解了 1 弧度的角与弧度制的定义，还通过弧度制发明的探索过程，体会到了弧度制的好处. 并从模仿古人的实践活动里，体会到他们的艰辛，同时感受古代数学家思维的开阔性，也正是这种开阔性和知难而上的精神才促进了数学的发展.

相比教材中安排的传统教学过程，这样的课堂，学生会感觉更加生动有趣，学习氛围更好，学到的知识也更多. 所以，教材中所出现的数学史料，不论它们处于新课内容还是备注内容，都必定是对学生有益的. 作为教师，应该学会将这些数学史料恰当地融入课堂，带领学生更好地学习数学，感受数学.

7.5.4　课后数学家类：海伦和秦九韶

1. HPM 教学片段

此部分内容虽然是学生的课后拓展知识，但实际上它在前面的新课内容——必修 5 第一章第 2 节第 4 课时"三角形的计算问题"，及其例题、习题中已有所体现. 所以它可以直接融入新课的学习过程中，也使得教学过程更流畅，学生的学习一气呵成. 以下为具体的教学片段.

师：现在，我们已经推导出了三角形的三个面积公式，分别为：

$$S = \frac{1}{2}ab\sin C, \ S = \frac{1}{2}bc\sin A, \ S = \frac{1}{2}ac\sin B.$$

也就是说，已知三角形的两边及夹角，便可直接利用公式求出三角形的面积．那么就请同学们利用公式计算教材 16 页的例 7.

例 7 在△ABC 中，根据下列条件，求三角形的面积 S（精确到 $0.1\ \mathrm{cm}^2$）：

(1) 已知 $a = 14.8\ \mathrm{cm}$，$c = 23.5\ \mathrm{cm}$，$B = 148.5°$；

(2) 已知 $B = 62.7°$，$C = 65.8°$，$b = 3.16\ \mathrm{cm}$；

(3) 已知三边的长分别为 $a = 41.4\ \mathrm{cm}$，$b = 27.3\ \mathrm{cm}$，$c = 38.7\ \mathrm{cm}$.

好，第（1）小题，已知两边 a, b 及夹角 B，怎么做？

生：直接利用公式 $S = \dfrac{1}{2} ac \sin B$.

师：代入得到 $S = \dfrac{1}{2} \times 23.5 \times 14.8 \times \sin 148.5° \approx 90.9 (\mathrm{cm}^2)$. 那么第（2）小题，已知两角 B, C 与一边 b，怎么办呢？

生：可以利用正弦定理！

师：很好，由正弦定理得：$c = \dfrac{b \sin C}{\sin B}$，则

$$S = \frac{1}{2} bc \sin A = \frac{1}{2} b \cdot \frac{b \sin C}{\sin B} \cdot \sin A.$$

在这里，由三角形的内角和可直接求出角 $A = 180° - B - C = 51.5°$，所以代入得到：

$$S = \frac{1}{2} \times 3.16^2 \times \frac{\sin 65.8° \sin 51.5°}{\sin 62.7°} \approx 4.0 (\mathrm{cm}^2).$$

于是我们得出了一个结论，已知两角和一边时也可以求出三角形的面积，只不过间接使用了正弦定理而已．

那么第（3）小题呢，已知三边长，怎么求面积？同学们好好思考一下．

生：利用余弦定理和正弦定理！

师：非常好，那我们一起来整理思路．现在已知三边，便可以利用余弦定理求出任意一角的余弦值．然后由三角函数的平方公式，对应角的正弦值也可求出，最后呢？

生：直接利用三角形面积公式！

师：那我们现在就一起来计算吧，不妨求角 B 的余弦值.

$$\cos B = \frac{c^2 + a^2 - b^2}{2ca} \approx 0.7697 ;$$

$$\sin B = \sqrt{1 - \cos^2 B} \approx 0.6384 ;$$

应用公式则有：$S = \frac{1}{2} ac \sin B \approx 511.4 (\text{cm}^2)$.

同学们，也就是说，已知三边也是能求出三角形的面积的！但是这个过程就稍微有点复杂了，计算也更加烦琐. 那么我们想啊，能不能依照这个计算过程推导出一般的三角形面积公式呢？

现在，已知三角形的三边长为 a, b, c，求它的面积 S. 请同学们认真推导.

生：$S = \frac{1}{2} ca \sqrt{1 - \left(\dfrac{c^2 + a^2 - b^2}{2ca} \right)^2}$.

师：对了，按照刚刚计算的方法，有 $S = \frac{1}{2} ca \sqrt{1 - \left(\dfrac{c^2 + a^2 - b^2}{2ca} \right)^2}$，我们继续来化简，把 $\frac{1}{2} ca$ 代入根号中，就有

$$S = \sqrt{\frac{1}{4} \left[c^2 a^2 - \left(\frac{c^2 + a^2 - b^2}{2} \right)^2 \right]}.$$

其实，这就是著名的"三斜求积"公式！它是我国南宋著名数学家秦九韶在《数学九章》中独立推出的，目的在于利用此公式来解决古代田域的问题. 所以说，秦九韶重实践重创新的精神，不仅推动了我国古代数学的进步，还帮助解决了当时的田耕问题，推动了农业的发展！

不过，最早推出由三边求面积公式的不是秦九韶，是古希腊的数学家阿基米德，公式也不是 $S = \sqrt{\dfrac{1}{4} \left[c^2 a^2 - \left(\dfrac{c^2 + a^2 - b^2}{2} \right)^2 \right]}$，而是

$$S = \sqrt{p(p-a)(p-b)(p-c)} ，\text{这里} \ p = \frac{1}{2}(a+b+c).$$

此公式被称为"海伦公式"，因为它最早被古希腊数学家海伦在其著作中记载，并给出了证明. 那么同学们能不能再试着推导一下"海伦公式"呢？

（由于此公式的推导较难，所以主要由教师板书演练）

好，我们一起来推导：

$$S = \frac{1}{2}ca\sqrt{1 - \left(\frac{c^2 + a^2 - b^2}{2ca}\right)^2}$$

$$= \frac{1}{4}\sqrt{(2ca)^2 - (c^2 + a^2 - b^2)^2}$$

$$= \frac{1}{4}\sqrt{(2ca + c^2 + a^2 - b^2)(2ca - c^2 - a^2 + b^2)}$$

$$= \frac{1}{4}\sqrt{(a + c + b)(a + c - b)(a - c + b)(-a + c + b)}$$

现在，记 $p = \frac{1}{2}(a + b + c)$. 则有

$$a + c - b = 2(p - b), \quad a - c + b = 2(p - c), \quad -a + c + b = 2(p - a)$$

代入上式即为 $S = \sqrt{p(p - a)(p - b)(p - c)}$.

同学们，现在我们推导出了我国的"三斜求积"公式和西方的"海伦公式"，以后这些公式可以直接应用于实际问题的求解过程中. 虽然它们形式不同，但它们是等价的. 可以看到，"海伦公式"的形式整洁，更便于我们记忆. 现在就请同学们看着教材 17 页的例 8，快速计算一下区域的面积.

例8　如图 1.2-8，在某市进行城市环境建设中，要把一个三角形的区域改造成市内公园. 经过测量得到这个三角形区域的三条边长分别为 68 m，88 m，127m，这个区域的面积是多少？

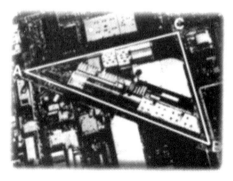

图 1.2-8

生：利用"海伦公式"更简便！

师：是的，直接应用"海伦公式"可得到区域面积约为 2840.8 平方米. 也希望同学们今后可以好好利用数学家们留给我们的宝贵财富，牢记他们所做出的杰出贡献！

2. 教学分析

以上教学片段将"阅读与思考"中的材料融入了新课课堂，引导学生从教材例 7 第（3）小题的计算自行推出我国秦九韶的"三斜求积"公式. 并讲解了它在古代数学中的作用，即解决了田域类问题，从而让学生感受到数学最根本的意义就是解决生活问题，推动社会发展. 接着再给出西方与之等价的"海伦公式"，它的推导过程比较复杂，教师需慢慢引导学生，不能囫囵吞枣，只知结果，不解过程.

由于"海伦公式"的形式漂亮，便于记忆，能帮助学生更快捷地解决实际问题，故学生可直接应用于教材例 8，进而让他们感受到数学家们的贡献是无价的，唤起他们的敬佩之情.

而教材上的编排是利用正余弦定理的交替使用以及三角形的面积公式来讲解这两道例题的，新课结束后再单独给出"海伦和秦九韶"的拓展内容. 这里并没有去培养学生的归纳能力和解题能力，也没有利用数学史上这两大公式的简便性和实用性. 所以相对而言，以上教学片段更好地去发挥了数学史的作用和学生的能力，还让他们感受到了数学成就的魅力和数学的应用意义. 教材中的数学史料是值得我们深入课堂的，HPM 教学也应立足于教材.

7.5.5　课后理论知识类：对数的发明

1. HPM 教学片段

"对数与发明"是同学们课后的阅读材料，而且整篇内容全是文字性理论. 但实际上，对于对数概念的引入以及对数的学习，我们都可以利用阅读材料中提供的数学史料，以使整个课堂丰富生动且有吸引力，让学生紧跟古代数学家发明对数的方法来发现对数并学习对数.

以下是具体的两个教学片段.

教学片段一：

师：同学们，上新课之前，请大家在不使用计算器的情况下，动手快速计算以下式子：

（1）32×256；

（2）$4056 \div 128$；

（3）16^3；

（4）$\sqrt{16384}$.

对于（1）（2）（3），相信同学们都可以较快地计算，对吧？那么对于(4)呢？可以很快吗？

生：不行.

生：因为大家还没有学过数字比较大的开方运算，是吧？那有没有什么比较快速的方法呢？

事实上，同学们现在遇到的这些问题对于16世纪的天文学家来说可是小菜一碟. 那时天文学蓬勃发展，科学家们每天都要处理庞大的天文数据. 可是当时还没有计算机，他们只能从运算方法入手去提高效率. 那么他们又是怎么做的呢？观察图7-13中的两行数，你们能不能发现德国数学家斯蒂菲尔所发现的结论呢？

0	1	2	3	4	5	6	7	8	9	10	11	12	13	14	⋯
1	2	4	8	16	32	64	128	256	512	1024	2048	4096	8192	16384	⋯

图 7-13　两行数

生：第二行数等于第一行数的 2 的 n 次方！

师：同学们太棒了！也就是如果把第一行数记作 n，第二行数记作 $f(n)$，实际上 $f(n) = 2^n$. 那么，这个规律能不能帮助我们快速计算以上整式呢？

生：可以！

（1）$32 \times 256 = 2^5 \times 2^8 = 2^{13} = 8192$；

（2）$4056 \div 128 = 2^{12} \div 2^7 = 2^5 = 32$；

（3）$16^3 = (2^4)^3 = 2^{12} = 4096$；

（4）$\sqrt{16384} = \sqrt{2^{14}} = 2^7 = 128$.

师：对啦，借助这个表格，几秒钟便可以口算出来了，那么为什么能这么简便呢？它们的共同特点是什么？

生：我们是把每一个要算的整数写成了 2 的 n 次方！

师：很好！德国数学家斯蒂菲尔在 1544 年出版的《综合算术》一文中就阐述了这样的对应关系和运算性质！

我们是把整数的乘法、除法、乘方、开方运算转化成与它们对应指数的加法、减法、乘法、除法，从而提高了运算效率！

接着，请同学们继续思考，132×156 能不能借助这个表格来进行快速运算？

生：不可以！这个表格中没有 132 和 156！

师：好，那现在我借助其他计算工具得到 $132 \approx 2^{7.04}$，$156 \approx 2^{7.29}$．对刚刚的数据做一个修改，补充了两组．如图 7-14 所示，还能得到吗？

0	1	2	3	4	5	6	7	7.04	7.29	8	9	10	11	12	13	14	14.33	⋯
1	2	4	8	16	32	64	128	132	156	256	512	1024	2048	4096	8192	16384	20592	⋯

图 7-14　修改后的两行数

生：$132 \times 156 \approx 20592$！

师：是的！虽然这个结果有误差，不过它能给当时的数学家们一个重要的启示．如果能制作出足够多组这样数字的表格，那么就可以利用它来进行很多较大整数的运算，甚至是开方运算！

苏格兰数学家纳皮尔是第一个在 1614 年做出这样表格的！不过他选取的底数比较复杂，后来纳皮尔的朋友布里格斯与他商定，把这个表格改成了底数为 10，这符合我们使用十进制的习惯，在数字计算上具有更大的优越性．

那么同学们想想如果你们也来编写这样的表格，它计算的关键是什么呢？

生：令一个数等于 10^x，然后再把 x 求出来！

师：非常好，通过前面的训练，我们发现了这个规律．那么如果现在选择的底数是 2，就要写成数 $N = 2^x$，再把 x 求出来．一般地，我们以 a 为底数，在 $N = a^x$ 这个关系中，怎么样才能准确地把 x 值表示出来呢？

教学片段二：

师：同学们，这个就是我们本节课要讲的一个非常重要的概念：对数．

一般地，如果说 $a^x = N (a > 0, a \neq 1)$，那么我们就把数 x 叫作以 a 为底 N 的对数，记作 $x = \log_a N (a > 0, a \neq 1, N > 0)$．其中，$a$ 叫作对数的底数，N 叫作真数．注意：在对数式中，$N > 0$，所以负数和 0 没有对数．

同学们，我们刚刚学习了纳皮尔做出对数表、发明对数的过程，但教材中的这个定义却是由瑞士数学家欧拉给出的，而且是在对数发明的一百多年后！这是为什么呢？现在，请大家仔细观察根据对数的定义，对数式是由什么得到的？

生：指数式！

师：对！因为在数学史上，对数先于指数发明！所以纳皮尔才不能给出教材上的定义．那现在你们看，对数式和指数式之间存在什么关系呢？

生：指数式可以化为对数式．

师：那对数式可以化为指数式吗？

生：也可以！

师：很好！即当 $a > 0, a \neq 1$ 时， $a^x = N \Leftrightarrow x = \log_a N$ ．所以本节课我们还得继续学习指数式和对数式两者之间是如何进行互化的．请看教材上 63 页的练习题．

2. 教学分析

以上第一个教学片段是根据数学史上对数的发明历程来引入对数概念的．随着 16 世纪社会飞速地发展，急需改进数学计算功能，以降低工作量．纳皮尔由斯蒂菲尔阐述的运算体系得到了启示，发明了对数．教学片段重现了数学家的思维过程，一步一步引导学生通过表格简化计算，发现规律，"发明"对数．

第二个教学片段是引入对数的定义后，通过对其定义的发明历程来引导学生发现它和指数之间的关系，从而学习对数式和指数式两者之间的互化过程．这样的教学过程自然流畅，还能让学生知道对数的发明是先于指数的，感受对数发明的艰辛与伟大．

综上所述，这两个教学片段均采用 HPM 的视角，用对数的发明历程来引入并学习对数的概念，但他没有依照教材上的方式从指数式直接引入对数式，而是让同学们紧跟数学家斯蒂菲尔、纳皮尔和他朋友布里格斯的思路，遵循历史的次序重演火热的思维发展过程．这也更符合学生的认知规律，从而让他们更容易地吸收并接纳新知识．而对于知识点：指数式和对数式之间的相互转化，课堂也是通过纳皮尔和欧拉的思维过程进行引导的，让同学们自主发现了两者之间的关系，获得学习的成就感．

数学史料不仅给课堂增加了趣味性，也让我们看到了知识求索过程中数学家们的艰辛与不易.

7.5.6 课后实际问题类：祖暅原理与柱体、椎体、球体的体积

1. HPM 教学片段

"祖暅原理与柱体、锥体、球体的体积"是"空间几何体的表面积与体积"后的"探究与发现"内容. 根据题目，我们便可知祖暅原理是可以用于新课内容，推导柱体、锥体和球体体积的. 根据教材编排，该节的第一课时为"柱体、锥体、台体的表面积与体积"，第二课时为"球的体积和表面积"，因此，祖暅原理这则数学史料可分开融入两次课堂. 以下为具体的教学片段.

教学片段一：

师：同学们，学完了柱体、锥体、台体的表面积公式后，我们继续来探究它们的体积公式. 现在请同学们放一摞大小相同的书在桌上，我们可以将它看作一个长方体. 轻轻推动，试着改变它的形状. 那么这摞书的体积改变了没有？

生：没有.

师：对，不管这摞书的形状如何变化，它的体积都是不变的. 那么请问同学们有没有发现除了体积，还有哪些因素不会变呢？

生：底面面积和高度！

师：非常好，这是因为书的本数和大小不会变. 不知道这个小实验有没有给同学们什么启发呢？

生：因为底面积和高度不变，所以体积不变！

师：说得很好！那么事实是不是这样的呢？其实啊，同学们已经快得出"祖暅原理"了. 它是南北朝时期一位伟大的科学家 ——祖暅，祖冲之的儿子发现，并在 5 世纪末时通过一系列实践得出的一个数学结论.

祖暅原理说："幂势相同，则积不容异". 这里的"幂"是面积，"势"是高度，同学们能翻译下吗？

（结合已有的猜测，学生大致能翻译祖暅原理了）

用现在的话就是说：两个等高的几何体，如果在同高处截得的两几何体的截面积恒等，那么这两个几何体的体积相等. 令人自豪的是，我国祖

晒原理的提出相比其他国家早了一千多年！意大利数学家卡瓦列里直到 17 世纪才提出了此结论. 所以同学们今后也要学习祖晒，多实践多思考，探索发现更多未知的事物.

反过来，我们再用祖晒原理来说明刚刚的小实验，这摞书的形状改变前后，其高度和同高处的截面积不变，所以体积不变！同学们刚刚提出的想法非常正确，那么接下来我们就利用祖晒原理来推导柱体的体积公式！

首先请同学们先回答，柱体分为哪几类？

生：圆柱和棱柱.

师：那我们学过圆柱的体积求法是什么？

生：底面积乘高.

师：好，长方体和正方体这种特殊的棱柱体积呢？

生：也是底面积乘高.

师：那么我们现在只要求出一般棱柱的体积公式，柱体的体积就解决了，对吧？同学们大胆地猜测一下，柱体的体积公式是什么？

生：就是底面积乘高！

师：那好，我们就按照这个思路来探究. 如图 7-15 所示，有一个一般的棱柱 $ABCDE\text{-}A'B'C'D'E'$，已知它的底面积为 4，高为 4. 请同学们利用祖晒原理求出它的体积.

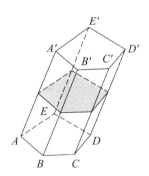

图 7-15　棱柱 $ABCDE - A'B'C'D'E'$

生：做出一个底面积为 4，高为 4 的长方体 $ABCD\text{-}A'B'C'D'$（见图 7-16），根据祖晒原理，它们俩的体积是一样的，都为 16！

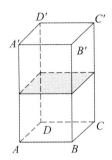

图 7-16　长方体 $ABCD-A'B'C'D'$

师：是的．如果这两个几何体的底面积和高都相等，那么由柱体的特征，便有在同高处截得的两几何体的截面积始终也相等．所以我们根据祖暅原理便推导出一般棱柱的体积就等于长方体的体积．

同学们的猜想得以证明！一般柱体的体积是 $V=Sh$ ，即底面面积乘以柱体的高．

那么锥体的体积公式呢？我们曾经学过了圆锥的体积是什么？

生：$V=\dfrac{1}{3}Sh$ ．

师：很好，是与它同底等高的圆柱体积的 $\dfrac{1}{3}$ ，那么棱锥是不是也有同样的体积公式呢？

生：应该是．

师：好，那我们按照这个想法，如图 7-17 所示，将一个三棱柱分割成三个三棱锥，如果能证明这三个棱锥的体积相等，是不是就能证明三棱锥的体积是与它同底等高的三棱柱体积的 $\dfrac{1}{3}$ ？

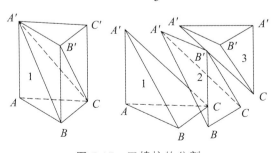

图 7-17　三棱柱的分割

生：是！

师：接下来就先请同学们思考如何应用祖暅原理证明锥体 1 和锥体 2 的体积相等．

生：把 $\triangle A'AB$ 和 $\triangle A'B'B$ 作为两个锥体的底面，点 C 到四边形 $A'ABB'$ 的距离作为两个锥体的高，得到锥体 1 和锥体 2 的底面积和高都相等．再用平行于底面 $A'ABB'$ 的平面去截这两个锥体，截面为两个全等的三角形，故面积恒等．所以由祖暅原理得到锥体 1 和锥体 2 的体积相等．

师：很好，那么锥体 2 和锥体 3 的体积呢？

生：同样地，把 $\triangle B'BC$ 和 $\triangle B'C'C$ 作为两个锥体的底面，点 A 到四边形 $B'BCC'$ 的距离作为两个锥体的高，用平行于底面 $B'BCC'$ 的平面去截这两个锥体，就能得到锥体 2 和锥体 3 的体积相等．

师：那么现在我们就得到了什么结论？

生：这三个锥体体积相等，三棱锥的体积就是 $\frac{1}{3}Sh$．

师：对，三棱锥的体积公式是这样的，那对于一般的棱锥呢？同学们能不能类比我们求一般棱柱的体积来推导出来？

生：对于一个任意的棱锥，我们都能作出一个与它等底等高的三棱锥！

师：对了！所以由祖暅原理，一般棱锥的体积公式就为 $V=\frac{1}{3}Sh$！即与它同底等高的棱柱体积的 $\frac{1}{3}$．

综上所述，不管是圆锥还是棱锥，一般锥体的体积公式都是？

生：$V=\frac{1}{3}Sh$．

教学片段二：

师：同学们，上一节课我们将柱体、锥体、台体展开成了平面图，从而求出它们的表面积，又利用祖暅原理推出了它们的体积．而本节课，我们面对的是圆，它没有底面，还能利用祖暅原理求出体积公式吗？

生：不知道．

师：没关系，球没有底面，我们就先将它分为两半，若能求出半球的体积公式，问题就解决了对吧．

如图 7-18 所示，有一个半球，球心为 O，半径为 R，要求出它的体积，同学们能不能根据祖暅原理来构造一个和它体积相等，而且体积可以计算出来的几何体呢？

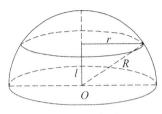

图 7-18 半球

这个构造相较之前求柱体、锥体体积时的构造就难多了. 我们要找到一个与它高度相等，等高处的截面积也始终相等的几何体. 根据已知的半球的条件，我们现在可以做哪些工作？

生：可以求出半球的截面面积！

师：表述清楚，什么截面？

生：用距离底面大圆长为 l 的平面去截半球所得的截面.

师：那此时截面的面积是多少？

生：截面是一个小圆，它的面积 $S_1 = \pi r^2 = \pi(R^2 - l^2) = \pi R^2 - \pi l^2$.

师：那么同学们想想，根据这个式子，小圆还可以看作什么平面图形呀？

生：同心圆！半径为 R 的圆面中挖去一个半径为 l 的同心圆！

师：非常好，那么你们现在有没有什么启示？

生：这可以当成另一个几何体的截面！

师：可以！所以我们现在就通过这个截面，把它立体化，是一个怎样的空间几何体呢？请同学们动手画一画.

生：是在半径为 R 的圆柱中挖去一个底面半径也为 R 的圆锥，高度与半径高度相等，为 R.

师：很好，就像图 7-19 中的两个几何体，它们的高度相等，而且在等高处用水平面截得的截面面积始终都等于 $\pi R^2 - \pi l^2$. 因此，由祖暅原理，半球的体积就等于第二个几何体的体积，等于？

生：$V_1 = \pi R^2 \cdot R - \dfrac{1}{3}\pi R^2 \cdot R = \dfrac{2}{3}\pi R^3$.

师：那球的体积公式是什么？

生：$V = \frac{4}{3}\pi R^3$.

师：那么我们现在就利用祖暅原理推出了球的体积公式，而这个过程的关键在于什么呢？

生：通过已知的截面面积的表达式来构造未知的空间几何体！

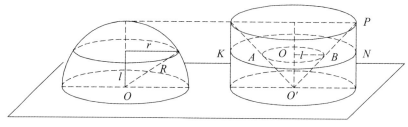

图 7-19　几何体的构造

2. 教学分析

以上第一个教学片段是祖暅原理应用于"空间几何体的表面积与体积"的第一课时. 根据课堂小实验让同学们有所启发，得到祖暅原理的雏形. 这个过程可以让同学们感受到数学中的成就并不是遥不可及，通过实践和积极的思考，他们也是可以推出的，从而提高学生学习数学的兴趣、对生活中问题的发现力以及思考问题时思维的积极性和发散性.

在利用祖暅原理推导一般棱柱和一般棱锥体积公式的过程中，同学们主要体会到了由特殊到一般、化未知为已知的思想方法，经历猜想、构造、验证等过程. 其实方法很简单，关键是让同学们真正理解和运用祖暅原理，感受它的作用和魅力，并将数学史内化成可用的数学知识.

第二个教学片段为祖暅原理应用于"空间几何体的表面积与体积"的第二课时. 它所采用的思想是通过构造一个可求出体积的空间几何体，再由祖暅原理来推导出球的体积公式. 相对于第一课时的构造方法，这里的构造较难，学生思维受阻也可以预见. 因此，作为学生的引导者、帮助者和组织者，教师应设计问题启发学生，给他们思考的可能性和空间. 通过一系列的追问，学生可自主得到构造方法，推出球的体积公式.

实质上，这个构造方法的关键就是祖暅原理的条件之一，满足截面积相等. 所以按照这个教学片段的教法学法，学生不仅可以掌握球的体积公式，还能将祖暅原理更高水平地应用在空间几何体的问题中.

综上所述，将祖暅原理融入课堂，可以加深学生对于传统数学文化的学习，了解到祖暅原理如何应用，增强他们的民族自豪感. 与教材编排中没有推导和证明过程，直接给出柱体、锥体和球体体积公式的教学相比，利用教材课后的数学史料推导出公式可以让学生真正地理解数学，学会数学，还可以利用这个过程培养他们的逻辑思维能力和空间想象能力，为以后的学习和生活提供可持续的发展.

7.6　基于教材解读的 HPM 教学策略

通过多个数学史内容的教学片段，我们感受到了数学史料在新课教学中使用的多样化和可行性. 所有教学片段均只采用了教材中的数学史，没有在课外继续深挖史料，只是从学生的实际情况出发并将之融入了新课课堂. 可以看到，基于教材解读的 HPM 教学是完全可行的. 具体的教学策略如下.

7.6.1　沿用教材中数学史的编排意图设计教学

对于教材新课内容中的数学史，教师可以考虑沿用教材中数学史的编排意图设计教学，这也是常用的 HPM 教学方法.

首先，将数学史料与跟它相关的课本内容结合起来分析解读，研究教材这样编排的原因和目的，分析其实际的使用方法和情况，厘清 HPM 教学的思路.

其次，根据教材的编排，设计教学流程，即在课堂上利用教材中的数学史料来进行新课的引入、讲解或延伸等过程. 并通过对教材意图的分析组织设计恰当的问题和教学语言，引导学生获得数学知识.

最后，对教学进行总结和反思. 比如，学生的课堂反映与预期是否一致；又如，自身的 HPM 教学虽然在形式上沿用了课本，但是否达成了教材中数学史编排的目的；再如，在沿用教材中数学史的编排意图来设计教学的基础上，又如何来改进 HPM 教学，使这些数学史料发挥更大的用处，等等.

7.6.2　改进教材中数学史的编排意图设计教学

除了沿用教材中数学史的编排意图设计教学，很多教师也会思考改进教材中数学史的编排意图，从而将教材中的数学史更多地融入课堂教学.

研究所展示的若干个 HPM 教学片段，是众多教育工作者研究实践后的教学成果，这也让我们领略到了教材中数学史料的无穷魅力和作用. 但由于这样的 HPM 教学并不是出自课本中经过严格考量后的编排，所以教学策略应当更加严谨，以保证一个高效有益的课堂.

第一步，仍然是对教材及教材中数学史料的分析. 当我们理解了教材中数学史编排的原因和目的后，我们才能说要改进数学史的应用. HPM 教学是基于教材，也是忠于教材的，即了解教材中数学史的编排意图是我们设计并改进 HPM 教学的基础.

第二步，在理解教材中数学史的编排意图后，要思考这些数学史的潜藏价值，也就是"由形得神". 比如教材中的"形数理论"只用于数列概念的引入，即只发挥了古人用石头表示数的思想，但为什么要用石头表示数呢？它的作用体现在哪里？其实这些都是可以用来计算的. 因此，毕氏学派的"形数理论"也可以用来帮助学生求特殊数列的前 n 项和，以培养他们的数形结合能力和化归能力. 所以教师应在真正理解史料和思考出它的原始意义后，再将之用于数学课堂，以发挥它们的潜藏价值，使得数学史发挥出更多更好的作用.

特别地，对于教材课后"阅读与思考"与"探究与发现"中的数学史料，并不是都适合融入课堂的，因为我们在弘扬 HPM 教学的同时还得考虑教学进度和学生的最近发展区. 所以对于这部分内容，应在解读教材后，选择合适的数学史内容通过精心设计后再将之融入课堂. 这也是为了保障 HPM 教学的有效性. 比如，在有关"对数"的教学片段中，大量的对数发明中的烦琐计算在课堂上被舍弃，只保留数学家们的思想，以引导学生提出对数的概念.

第三步，教学要体现新课程的教学理念. 首先，HPM 教学肯定是体现了数学的文化价值，数学史料本身就是古代数学传统文化知识. 但就像上面所给出的课堂教学片段，在课堂中，我们还应注意提倡数学思想方法，提高学生的数学思维能力，并通过数学史料提供给我们的背景知识，去创造一个更积极主动的学习方式.

第四步,教学要符合新课程的教学目标.HPM 教学的一大优点是可以通过数学史料吸引学生,以调动学生学习数学的积极性.事实上,除了这个,我们还应利用它来引导学生遵循历史发生原理,提高他们的逻辑推理能力,形成锲而不舍的钻研精神和科学态度.而针对教材中几种不同类型的数学史料,每一类都有自己特有的作用和魅力.教师作为学生的组织者、引导者、合作者,应该更全面深入地对待教材中的数学史,并在课堂上绽放出它们应有的光彩,提高学生的能力,丰富学生的情感,培养学生的素养.

第五步,进行教学总结和反思.良好的教学态度势必要总结反思,要结合学生的课堂反应和课堂练习来思考教学方式的长短,逐渐形成适合学生发展的 HPM 教学方法,也逐渐形成教师自身的教学风格,最终达到教学相长的状态,这也让高中 HPM 教学不成熟的现状得以改善.

参考文献

[1] 曹一鸣，张生春. 数学教学论[M]. 北京：北京师范大学出版社，2010.

[2] 陈柏华. 教师教材观的三种取向[J]. 教育发展研究，2009（10）.

[3] 陈雪梅，刘红. 基于"三个理解"的"三角函数的诱导公式"教学设计[J]. 数学通报，2013（6）.

[4] 丛立新. 课程论问题[M]. 北京：教育科学出版社，2000.

[5] 崔蒙. 探析高中数学课堂中的数学史教学[D]. 大连：辽宁师范大学，2015.

[6] 韩蕾. "杨辉三角"的探究性教学设计与实践[J]. 中国数学教育. 2014（12）.

[7] 黄鹤，马云鹏. 探究式教学实施程度评价的一种探索：SIRA 课堂观察模式[J]. 教育发展研究，2012（6）.

[8] 黄红梅，欧慧谋. 数学文化的教育价值[J]. 教学与管理，2018（3）.

[9] 黄显华，霍秉坤. 寻找课程论和教科书设计的理论基础[M]. 北京：人民教育出版社，2002.

[10] 江灼豪，张琳琳，何小亚. 基于数学史的对数概念教学设计[J]. 中学数学研究，2015（5）.

[11] 康纪权，邓鹏，汤强. 初等数学研究概论[M]. 北京：科学出版社，2010.

[12] 孔凡哲，曾铮. 数学学习心理学[M]. 北京：北京大学出版社，2013.

[13] 刘超，代瑞香，陆书环，等. 数学史与数学教育[M]. 杭州：浙江大学出版社，2013.

[14] 刘冬雪. 中学数学新手教师与专家教师教学语言的比较研究[D]. 南昌：江西师范大学，2017.

[15] 刘俊华，胡典顺，纪静萍，等. 高中数学教师 MPCK 发展的调查研究[J]. 数学教育学报. 2015，22（01）.

[16] 刘儒德，陈琦. 教育心理学[M]. 北京：高等教育出版社，2012.

[17] 罗义铭，汤强. 从 APOS 理论分析"任意角的三角函数"的教学难点 [J]. 中国数学教育，2016（5）.

[18] 罗增儒."同课异构"视角下的课例点评[J]. 中学数学教学参考，2016（12）.

[19] 罗增儒."同课异构"与教学的二重性[J]. 中学数学教学参考，2019，（8）.

[20] 宁丹. 关于中学 HPM 教学案例特征的研究[D]. 西安：陕西师范大学，2015.

[21] 沈丽霞. 数学史与中学数学教育[D]. 呼和浩特：内蒙古师范大学，2007.

[22] 石志群. 从"三角函数诱导公式"谈数学记忆内容的教学[J]. 数学通讯，2013（2）.

[23] 史宁中，王尚志. 普通高中数学课程标准（2017 年版）解读[M]. 北京：高等教育出版社，2018.

[24] 孙杰远. 现代数学教育学[M]. 桂林：广西师范大学出版社，2004.

[25] 汤强，李王芳. 凸显数学本质的教学设计探微 —— 以"弧度"教学设计为例[J]. 中国数学教育，2017（9）.

[26] 汤强. 名师教学案例（一）[M]. 北京：科学出版社，2015.

[27] 涂荣豹. 数学教学认识论[M]. 南京：南京师范大学出版社，2004.

[28] 汪晓勤，欧阳跃.HPM 的历史渊源[J]. 数学教育学报，2003，12（3）.

[29] 魏钰婷. 两套高中数学教材函数内容的比较研究[D]. 武汉：华中师范大学，2011.

[30] 武小鹏. 基于 FIAS 的高中数学课堂语言互动比较研究[D]. 西安：西北师范大学，2015.

[31] 徐文彬. 现代系统论基本原理在数学教学中的体现[J]. 西北师范大学学报（自然科学版），1997（02）.

[32] 严世健，张奠宙，王尚志. 数学课程标准（实验）解读[M]. 江苏：江苏教育出版社，2010.

[33] 叶立军. 数学教师课堂教学行为比较研究[D]. 南京：南京师范大学，2012.

[34] 张奠宙，曾慕莲，戴再平. 近代数学教育史话[M]. 北京：人民教育

出版社，1990.

[35] 张奠宙，何文忠. 交流与合作 ——数学教育高级研讨班 15 年[M]. 南宁：广西教育出版社，2009.

[36] 张维忠，汪晓勤，等. 文化传统与数学教育现代化[M]. 北京：北京大学出版社，2006.

[37] 赵思林，李正泉. 由椭圆中点弦问题引发的研究性学习[J]. 数学通报，2016，55（9）.

[38] 中华人民共和国教育部. 普通高中数学课程标准（实验）[M]. 北京：人民教育出版社，2003.

[39] 中华人民共和国教育部. 普通高中数学课程标准(2017 年版)[M]. 北京：人民教育出版社，2017.

[40] 周静，周宇. 教师专业技能 ——走向专家型教师之路[M]. 北京：高等教育出版社，2010.

[41] 周小华. 基于有效教学理论的高中数学课堂教学设计研究[D]. 南昌：东华理工大学，2018.

[42] 朱函颖. 高中数学课堂教学反思的实践和体会[J]. 数学教学通讯. 2019（21）.

[43] BICCARD P, WESSELS J. Documenting the development of modelling competencies of grade 7 mathematics students. In KAISER G., BLUM W., BORROMEO FERRI R., Stillman G (Eds), Trends in Teaching and Learning of Mathematical Modelling. Dordrecht, The Netherlands: Springer. 2011.

[44] BICCARD P, WESSELS J. Six principles to assess modelling abilities of students working in groups. In STILLMAN G., BLUM W., KAISER G (Eds), Mathematical Modelling and Applications: Crossing and Researching Boundaries in Mathematics Education. Cham: Springer. 2017.

[45] KEITH. Students' understanding of trigonometric functions[J]. Mathematics Education Research Journal, 2005, 17(3).

[46] REMILLARD J T. Modes of engagement: toward understanding teachers' transactions with unfamiliar curriculum resources. Paper

Presented at the Annual Meeting of the American Educational Research Association, New Orleans, 2002, 8.

[47] SHERIN M G, DRAKE C. Identifying patterns in teachers' use of a reform-based elementary mathematics curriculum[J]. Manuscript Submitted for Publication, 2004:10.

[48] STACEY K, BALL L. How might computer algebra change senior mathematics: the case of trigonometry, in Mathematics Shaping Australia, Proceedings of the 18th biennial conference of the Australian Association of Mathematics Teachers. 2001.